昭咕厘佛寺

库木吐拉石窟五联洞

俄羅斯國立艾爾米塔什博物館藏
龜茲藝術品

I

俄羅斯國立艾爾米塔什博物館
西北民族大學
上海古籍出版社

上海古籍出版社·2018

監 印

趙德安 高克勤（中方）

維林巴赫夫（俄方）

主 編

才 讓（中方）

謝苗諾夫（俄方）

副主編

束錫紅 府憲展（中方）

薩瑪秀克（俄方）

撰 文

薩瑪秀克

攝 影

列昂納德・海菲茨 斯維特蘭娜・蘇耶托娃

達利亞・鮑勃羅娃 尤里・莫洛德科維茨

俄－漢翻譯

楊軍濤

責任編輯

盛 潔

裝幀設計

府憲展

Памятники искусства из Кучарского оазиса хранящиеся в Государственном Эрмитаже

I

Государственный Эрмитаж

Северо-западный Национанный Университет

Шанхайское Издательство "Древняя книга"

Шанхайское Издательство "Древняя книга"

Шанхай 2018

Наблюдение за изданием

Г.В.Вилинбахов (Россия)

Чжао Дэ-ань Ван Син-кан (Китай)

Ответственные редакторы

Г.С.Семенов (Россия)

ЦеРинг (Китай)

Заместители ответственные редакторы

Кира Самосюк (Россия)

Шу Сы-хун Фу Сянь-чжань (Китай)

Автор каталога

Кира Самосюк

Фотографы

Леонард Хейфиц Светлана Суетова

Дарья Боброва Юрий Молодковец

Перевод с русского языка на китайский

Ян Цзюнь-тао

Отвестенный редактор

Шэн Цзе

Художественное оформление

Фу Сянь-чжань

Kuche Art Relics Collected
in
the State Hermitage Museum of Russia

I

The State Hermitage Museum, Russia
Northwest University for Nationalities
Shanghai Chinese Classics Publishing House

Shanghai Chinese Classics Publishing House
Shanghai 2018

Supervisors

G.V.Vilinbahov (Russia)

Zhao De'an Gao Keqin (China)

Editors-in-Chief

Grigory Semenov (Russia)

Tshering (China)

Vice Editors-in-Chief

Kira Samosiuk (Russia)

Shu Xihong Fu Xianzhan (China)

Author

Kira Samosiuk

Photographers

Leonard Kheifets   Svetlana Suetova

Dariya Bobrova   Yuriy Molodkovets

Russian Chinese Translator

Yang Juntao

Editor-in-Charge

Sheng Jie

Cover Designer

Fu Xianzhan

庫車州總圖

府

輪

台

縣

于

闐

縣

府

里

塔

宿

溫

伊

犂

府

例 比
尺 例 第三 萬三千 之分一

圖例
卡倫 村莊 河 山嶺 驛騎 驛站 縣會 州會 縣界 線界 圖例

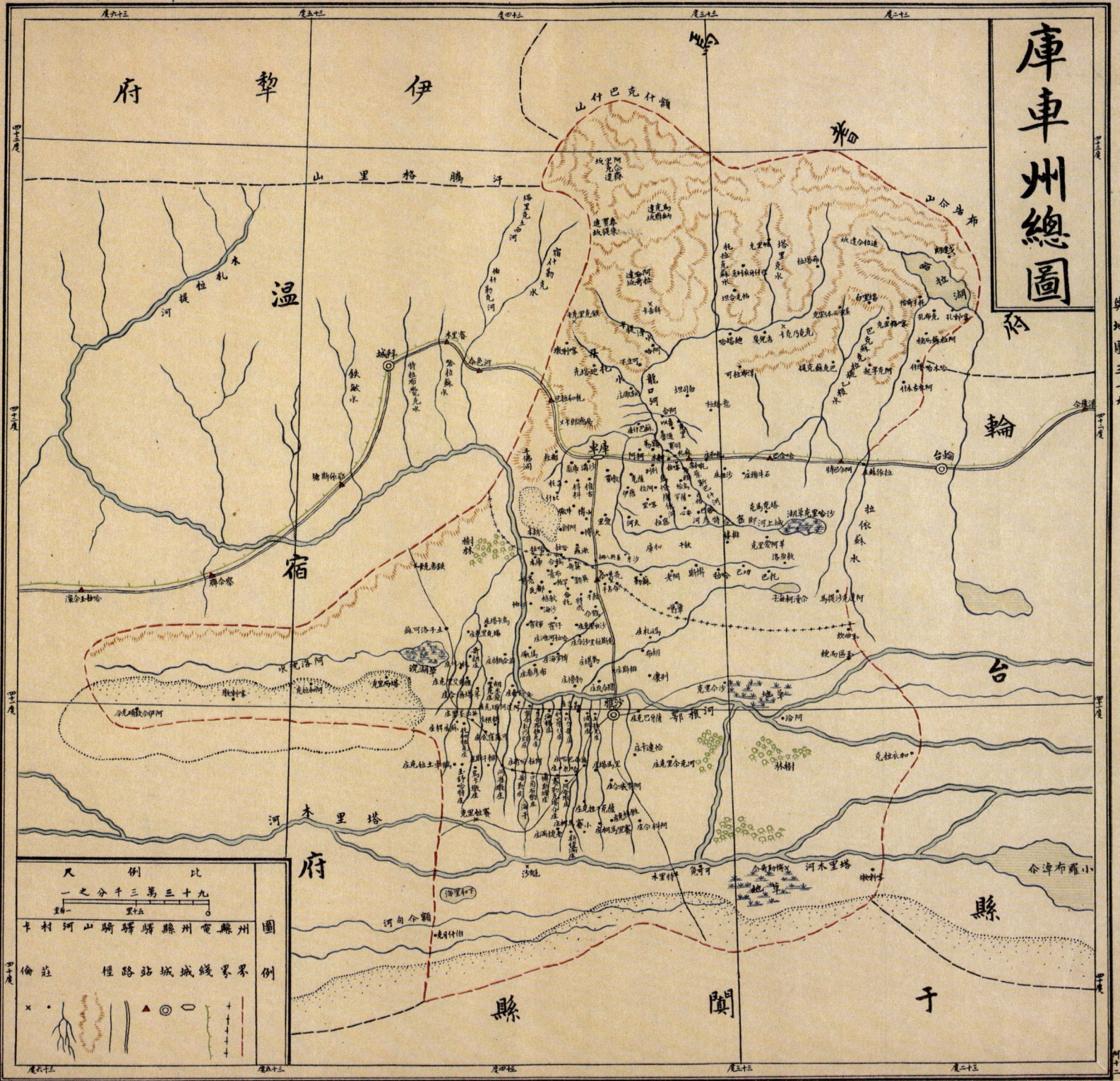

《庫車州總圖》，選自【清】王樹枬等纂修、朱玉麒等整理《新疆圖志》，上海古籍出版社，2015年12月。

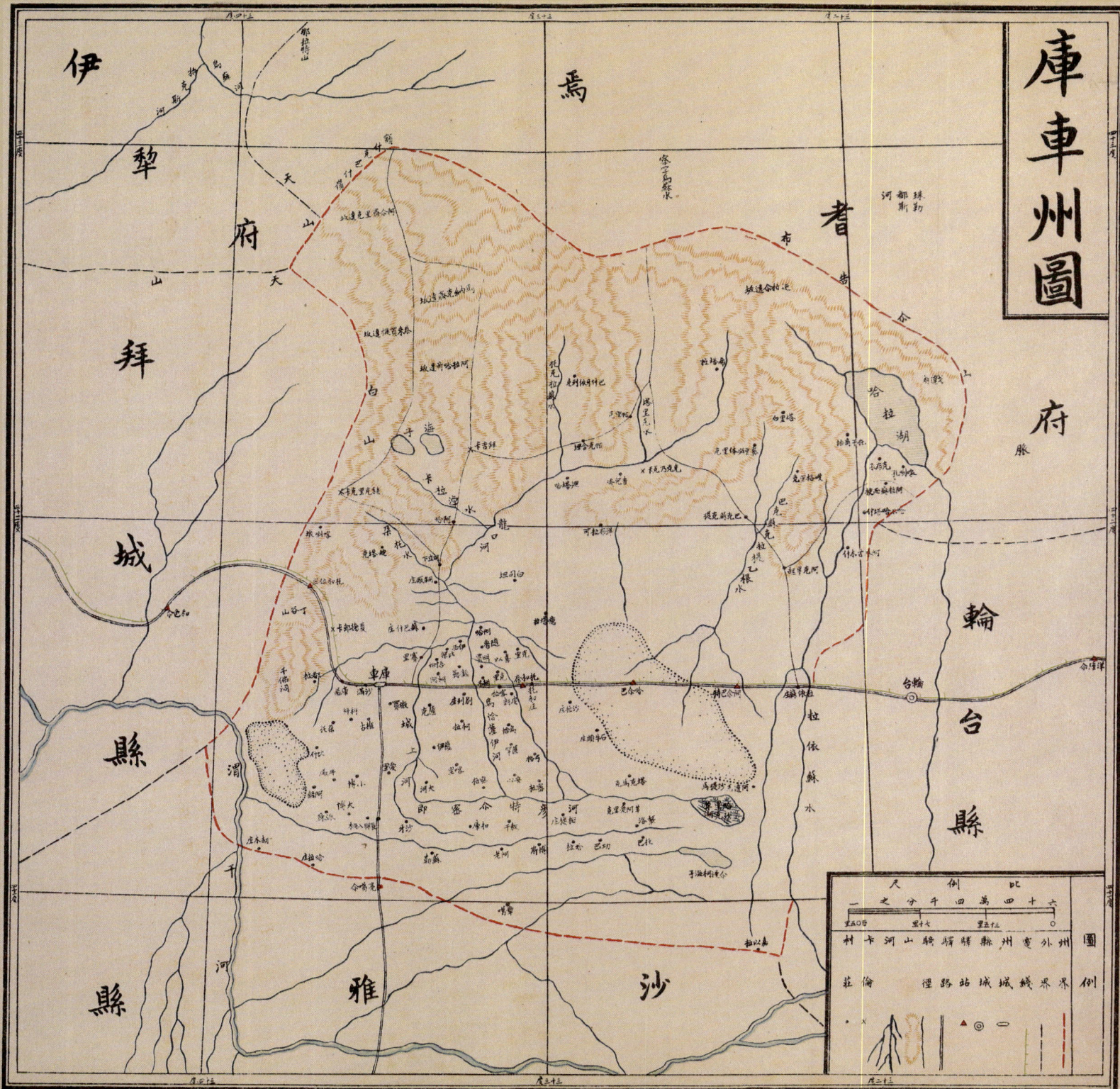

《庫車州圖》，選自【清】王樹枏等纂修、朱玉麒等整理《新疆圖志》，上海古籍出版社，2015年12月。

目 録 Catalogue

第一冊 Volume Ⅰ

藝術品圖版
Artwork Plates
95-296

壁畫
Wall Paintings

木板畫
Wood Paintings

雕 塑
Sculptures

第二冊 Volume Ⅱ

釋迦武士雕塑
Statues of Śakya Warrior

木 雕
Wood Carvings

陶器殘片
Fragments of Ceramics

石刻
Stone Carving

模具
Moulds

裝飾物殘塊
Fragments of Decoration

首飾
Jewelry

印 章
Seals

錢 幣
Coins

探險資料
Н・М・別列佐夫斯基

The Materials of the Expedition
by N.M.Berezovsky

297-364

影描圖

"2505"臨摹圖

"庫車 1906"水彩畫冊（3KV-743）

考察隊照片
A Photo Album of the Expedition Team

365-396

參考書目
Bibliography

397-409

序言

才　讓　府憲展

插圖一：庫車縣庫木吐拉石窟。2004年8月，府憲展攝。

　　《俄藏龜茲藝術品》是西北民族大學、上海古籍出版社和俄羅斯國立艾爾米塔什博物館合作編纂、出版的第三部大型考古圖録。此前，在上海古籍出版社和艾爾米塔什博物館合作出版《俄藏敦煌藝術品》總六册的基礎上，分別由西北民族大學趙德安校長、馬景泉副校長和上海古籍出版社王興康社長，率領西北民族大學海外民族文獻研究所所長束錫紅、副所長才讓和上海古籍出版社敦煌西域編輯室主任府憲展，和艾爾米塔什博物館副館長維林巴赫夫、東方部主任G・謝苗諾夫、研究員薩瑪秀克進行了數次會談，共同開展了俄藏中國西北地區考古資料的編纂出版項目：以艾爾米塔什博物館研究員薩瑪秀克博士的整理、研究爲主，在2008年和2011年完成了1909年俄羅斯科兹洛夫考察隊考古資料集《俄藏黑水城藝術品》上下兩册的編纂出版；在佳科諾娃《錫克沁》的基礎上，翻譯補充更新材料，在2011年12月出版了奧登堡考察隊1909年考察研究的成果《俄藏錫克沁藝術品》。本書的出版將進一步完成20世紀初俄國探險隊所獲中國西北絲綢之路文物的整理工作。[1]

　　上海古籍出版社自1989年開始和俄羅斯科學院東方學研究所聖彼得堡分所（今俄羅斯科學院東方文獻研究所）、俄羅斯科學出版社東方文學部合作，相繼出版了《俄藏敦煌文獻》18册，近乎全部地公佈了奧登堡探險隊1909年、1914年兩次新疆、敦煌探險所獲寫本18911號（有部分缺漏）。與此同時，又和俄羅斯科學院東方學研究所聖彼得堡分所、中國社會科學院民族研究所合作，從1996年開始出版《俄藏黑水城文獻》漢文部分1-6册和西夏文世俗文獻部分

---

[1]　俄藏吐魯番文物、和闐文物由於博物館方面整理工作未完成，暫未能進行。

插圖二：克孜爾蘇巴什西寺佛塔。2004年8月，府憲展攝。

7-14冊，正在進行和即將完成西夏文佛教文獻部分，總數約將達到32冊。從1997年開始，上海古籍出版社在和俄羅斯艾爾米塔什博物館、敦煌研究院合作出版了《俄藏敦煌藝術品》6冊，包括奧登堡探險隊所獲全部敦煌壁畫、雕塑、絹畫、幡畫、工藝品等，以及奧登堡探險隊的敦煌石窟和西域旅途照片、測繪圖、臨摹圖和筆記等全部考古材料。這些大型文獻資料集的出版，無疑已經改變了相關歷史文化學科資料匱乏的局面，推動了20世紀九十年代以來敦煌學、西夏學的突破性發展。

本書是俄羅斯探險隊庫車考察收獲的第一次出版。圖錄分爲兩個部分：第一部分是介紹庫車綠洲的歷史與獨特文化形態，其文化特徵以及對藝術的影響。第二部分是圖錄與說明條目。

龜茲是庫車的古稱，曾是唐代經營西域的安西都護府所在地。龜茲石窟始建於公元3世紀，是中國境內最古老的石窟群。龜茲石窟是今庫車地區佛教石窟寺的總稱，包括俄羅斯探險隊所到的克孜爾、庫木吐拉、克孜爾尕哈、森木塞姆、都勒都爾–阿護爾、蘇巴什、鐵吉克、托乎拉克艾肯和其他總共20多處石窟和古遺址。自漢唐以降，絲綢之路從龜茲繼續向西延伸，過疏勒而越蔥嶺，經中亞而達歐洲，數千年中綿綿不絕。從犍陀羅向東，從龜茲向西，在我國境內還有疏勒（今喀什地區）的三仙洞、莫爾佛塔、圖木舒克、托庫孜薩來等石窟和寺廟遺址，其中不乏精彩的繪畫和雕塑，但其規模和遺存數量都不能和龜茲石窟相比。

龜茲是古代新疆佛教石窟數量最多、最集中的地區，其石窟數量占全新疆石窟總數的泰半。由於其位於絲綢之路中道的要衝，首先受到犍陀羅風格的影響，約在公元4世紀至8世紀，形成了獨具一格的龜茲風格，主要集中在庫車、拜城及新和一帶；龜茲同時也是中原文化向西突進的前沿，成爲吐魯番、焉耆以西漢風流浸最深厚的地方，約在公元7世紀至9世紀，西域漢風的壁畫主要集中在庫車的庫木吐喇和阿艾石窟。這些材料的"國際性"是陽關以內的敦煌石窟所不具備的。[2]由於自然和人爲破壞，大多數石窟都損毀嚴重。

20世紀初，西方國家爲爭奪中亞地區的勢力範圍，派出諸多探險隊進行地理、生態和古代遺跡考察。俄羅斯、英國、德國、瑞典、日本等國派出的探險隊，以及後來參與的中國專家學者，對新疆各地的佛教石窟進行了廣泛的調查與發掘。外國探險隊的采、挖、剝、奪，使得龜茲石窟壁畫繼續遭受破壞，滿目瘡痍。而幾乎所有可移動的文物如雕塑、建築構件和小型藝術品則蕩然無存。其中盜挖和獲取最豐富的是德國，所獲文物收藏於今德國柏林亞洲藝術博物館。

俄羅斯國立艾爾米塔什博物館（冬宮）收藏的龜茲文物，是1905–1907年由地理學家、民族學家和動物學家米哈伊爾·米哈伊洛夫·別列佐夫斯基（Михаил Михайлович Березовский, 1848 – 1912）及其親戚民用工程學院的大學生、藝術家尼古拉·馬特維耶維奇·別列佐夫斯基（Николай Матвеевич Березовский）等人爲首的探險隊，以及1909 – 1910年由後來的科學院院士、印度學家、佛學家、著名的科學研究組織者謝爾蓋·費多羅維奇·奧登堡（Сергей Федорович Ольденбург, 1863 – 1934）第一次新疆探險所得。本書

[2] 晁華山《新疆石窟壁畫中的龜茲風格》，載《中國美術全集·繪畫編16·新疆石窟壁畫》，文物出版社，1989年6月，第2頁。

收錄總數爲262件。其中將近半數是壁畫，其餘包括彩繪泥塑、木板畫、木雕工藝品和建築以及雕刻構件、歐亞各國的多種印章、各國各朝的錢幣等。

正如艾爾米塔什博物館著名的西域考古專家佳科諾娃所説："乍一看，俄羅斯學者整理出的收藏品確實遜色於豐富的英國收藏品，更比不上德國的收藏品。……但在研究我們的材料時，特別是在研究奧登堡率領的兩次考察隊所收集的材料時，情形就清楚了。儘管運回的壁畫和塑像樣品數量不大，儘管它們很殘碎或保存得不好，但因爲是精心挑選的，因爲它們體現了各種各樣的風格和題材，所以可以充分地仔細研究藝術形式發展的一般圖景。"[3]

插圖三：俄羅斯探險隊所獲對鳥聯珠紋壁畫。

俄藏龜兹藝術品材料的公佈，不僅是對現有研究對象的補充完善，更是新問題、新研究、新觀點的新開端。

小乘佛教的佛本生故事菱格畫匯集了佛教東漸的初期演變。而根據商旅戍軍的需求定製的大乘佛教壁畫，則體現了從東向西的漢傳佛教的交融和反哺。漢傳佛教壁畫主要有宏大場景的"佛説法圖"和"降魔變"等。

雕塑部分收錄的"釋迦武士"雖然是購買所獲，不能確定準確的出土地點，但造像風格和壁畫圖像基本對應。其反映的應是"八王分舍利"的佛傳故事。正如薩瑪秀克研究員的分析："'釋迦騎士'小武士像構成了單獨一組黏土塑像。他們通常佔據中心柱背面的位置，在'涅槃'場景對面。"

衆多突厥人[4]頭像，不僅暗示了突厥人對佛教的皈依，更提示我們關注突厥人在絲綢之路商貿活動中擔當的重要角色。這些泥塑頭像同樣是別列佐夫斯基收購所得，在石窟中處於什麼位置，體現什麼功能，也是值得研究的饒有意味的課題。

木雕構件中有不少龍的形象，非常有趣，如玄奘《西域記》所載傳説中龜兹以龍爲圖騰、龜兹王族起源於龍。[5]兩件背光的龍頭裝飾構件體現的是中原龍的風格，七件背光的蛇形木構件則是印度式的"龍"，在犍陀羅石刻中經常可以看到這種蛇形龍的背光裝飾。

石膏模具，在環繞塔里木盆地的許多寺廟遺址中，都有大量的遺存。例如斯坦因在焉耆就發現有30多件，1928

插圖四：俄羅斯探險隊所獲天人胸像模具。

---

[3] 佳科諾娃《錫克沁——歷史與研究》，載於《俄藏錫克沁藝術品》，上海古籍出版社，2011年12月，第46頁。

[4] 突厥——"本爲古代阿爾泰山一帶的游牧民族。北魏拓跋燾（太武帝）滅沮渠氏，有阿史那以五百家奔投柔然（茹茹），居於金山（阿爾泰），爲鐵工。金山狀似兜牟，方言稱兜牟爲突厥，因以名其部。"可見其始祖與西亞並無關聯。見《辭源》，北京：商務印書館，2015年11月第三版，第2539頁。

[5] 玄奘《大唐西域記》記載龜兹國"東境有大龍池"，"人皆龍種"。見季羨林等校著《大唐西域記校注》，北京：中華書局，1985年，第57頁。

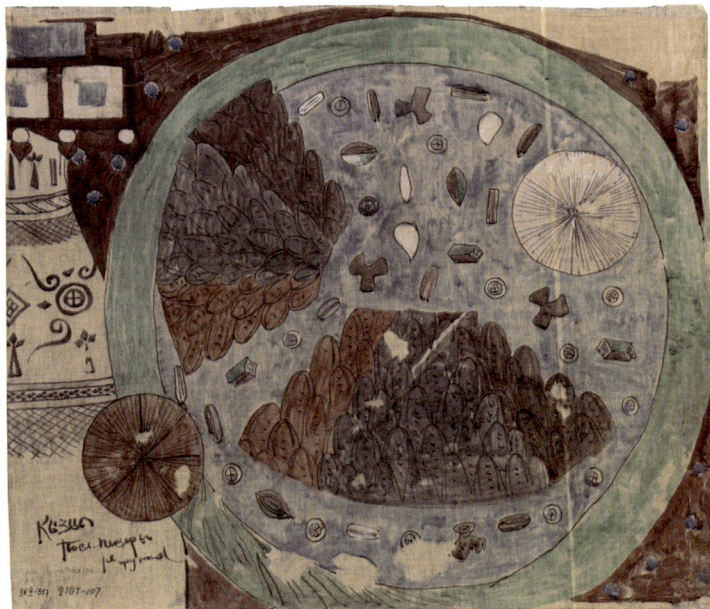
插圖五：俄羅斯探險隊臨摹壁畫。

年中瑞聯合考察團黃文弼也有發現。在絲綢之路南道的民豐、且末、皮山也均有出土。而龜茲此類遺存更多、更完整。正如編者薩瑪秀克所說，"М·М·別列佐夫斯基最有意義的發現之一，是一整套製作黏土塑像的模具搜集品。其中，有大型軀幹，有頭，還有臉或塑像的單獨部件：雙耳、雙腿，以及武器裝備部件。"[6]

印章和錢幣，有不少是收購所獲，缺少可靠的記錄，需要謹慎甄別。印章，可辨識印文的有約6世紀的"常宜之印"、"常之印"。還有一些圖案、符號的畫押印。不少硬玉、瑪瑙、石蠟脂雕刻的西方風格的肖形押印，直接反映了東羅馬帝國的影響。作封泥、封蠟用的"肖形押印"，是三維立體的陰刻圖形，有獸紋、人紋、頭像，以及阿拉伯銘文。

絲路沿綫各國的貨幣，承載着頻繁活躍的交易活動，聯繫了長安和中亞和歐洲。錢幣中除了中原地區的漢魏五銖錢、唐開元通寶、乾元重寶之外，還有薩珊銀幣、成吉思汗銀幣、察合臺銀幣、熱西丁銅幣等，分別來自新疆和中亞的不同地區，其中不乏珍貴的材料。

別列佐夫斯基兄弟繪製的臨摹圖，毫無疑義對於保存、還原洞窟壁畫信息具有重要的科學價值和藝術價值。研究者可以通過現場比對，找到一部分臨摹圖的壁畫母本。有些壁畫母本，在臨摹後不久被探險隊揭取，已經很難追踪到壁畫的原始位置，以及和洞窟環境、整幅壁畫的相互關係。至少在一個世紀的自然、人爲損毀之後，我們還能從臨摹圖中看到比較完整的小主題、小結構。由於東西方學者通常有着不同的關注點，這些小品性質的臨摹圖，對於後人完整理解石窟壁畫，同樣是十分有益的。

如果說，《俄藏敦煌藝術品》是比較純粹的漢傳佛教藝術，《俄藏黑水城藝術品》是宋、夏、遼、金、元的民族藝術匯聚，《俄藏錫克沁藝術品》傳承了西方雕塑和中亞繪畫旨趣，而《俄藏龜茲藝術品》則真正體現了歐亞大陸幾大主體文化的浸潤和融合。

本書的出版，仍然按照最初出版《俄藏敦煌藝術品》以來的設想，不是簡單陳列文物的美術圖錄，而是匯集所有考察隊攝影、臨摹、筆記的綜合考古資料匯編。此前出版的敦煌、黑水城、焉耆錫克沁的考古資料，已經被用於對相關遺址的歷史原貌的研究、規劃和修復中；本書的出版對於龜茲研究者綴合、還原洞窟壁畫的虛擬圖像，重構絲綢之路歷史面貌，也將起到積極的作用。

我們欣喜地看到，龜茲研究院趙莉研究員多年從事的科研項目《克孜爾石窟壁畫復原研究》，已經調查了德國、英國、俄國、法國、匈牙利、美國、日本、韓國收藏的全部龜茲壁畫；龜茲研究院和合作單位，正在開展壁畫的數字化還原工作。毫無疑問，俄羅斯收藏的龜茲壁畫，在國際合作中也將重現在龜茲石窟。我們非常感謝趙莉研究員把幾十年的工作積累和科研項目成果提供給我們，糾正了考察隊對於文物出土地點記錄的一些錯誤。

我們正處在一個偉大變革的時代。數字技術和三維影像爲考古研究帶來了更有力的手段和真實鮮活的圖形。平面圖錄和數字技術的結合，將前所未有地推動保護、研究和傳承文化遺產。在不遠的將來，本書的讀者不妨去看看這些藝術品回到洞窟中的虛擬場景；而參觀過虛擬場景以後，也有必要從書中尋找最原始的圖像和記錄。

這祇是一個開始。流失海外的更多文物，都應該同時以傳統書本和數字技術記錄下來，傳播開去。

---

[6] 見本書"模具"章節概述。

公元4−9世紀龜茲綠洲佛教石窟寺的壁畫和雕塑

M.M.別列佐夫斯基和С.Ф.奧登堡搜集品的發表公佈

薩瑪秀克 （К. Самосюк）

插圖1：克孜爾石窟。2004年8月，府憲展攝。

艾爾米塔什博物館收藏的龜茲綠洲文物是新疆藝術收集品的一部分，新疆藝術收集品中還包括焉耆和吐魯番的材料。[1]

龜茲綠洲[2] 位於絲綢之路上，這條主要商路將中央帝國的都城與漢文文獻史料中的西域聯係起來。19世紀，西域被稱爲新疆。現在，龜茲綠洲是新疆維吾爾自治區的一個行政單位。【插圖1】

龜茲古城距現庫車縣城約7公里，距焉耆縣城350公里。在城市周圍，沿東部的庫車河和西部的木札提河分布着一些遺址——佛教石窟寺和地面建築。最大的寺院是克孜爾，有200多個洞窟。蘇巴什位於現庫車縣城北，是分布在木札提河兩岸的宏大的古城和寺廟遺址。在木札提河北面和現庫車縣城西北是克孜爾、托乎拉克艾肯和20世紀初名爲鐵吉克的地方。該河東面是庫木吐喇。在綠洲境內還有：克孜爾尕哈、阿奇克−伊列克（Ачик-илек）、克里什——森木塞姆。這些遺址相距很遠。從新疆的首府烏魯木齊經焉耆到庫車是670公里，從庫車乘公交車到烏魯木齊的路途需10個小時。從庫車城到克孜爾約70公里，

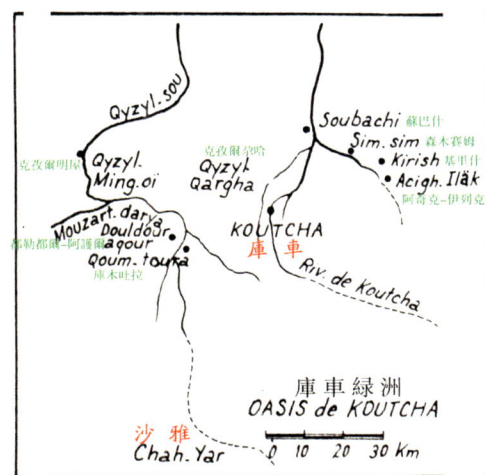

插圖2：龜茲綠洲地圖

---

[1] 焉耆的文物已出版公佈：Н・В・佳科諾娃《錫克沁：1909－1910年С・Ф・奧登堡院士第一次新疆探險考察材料》（Дьяконова. Шикшин: материалы Первой Русской Туркестанской экспедиции академика С.Ф. Ольденбуога 1909－1910.），莫斯科，1995年。中文本《俄藏錫克沁藝術品》，上海古籍出版社，2012年12月。

[2] 龜茲綠洲，主要城市是龜茲——古代綠洲王国。在汉文文献史料中稱作龜茲。此外，還有許多其他不同稱謂：丘慈、屈支、苦叉，居民是苦先人、苦叉人。他們屬於印歐起源的民族吐火羅人的文化，其族源不明。詳見А・Г・馬利亞夫金（Малявкин）《唐代中央亞細亞國家編年史》（Танские хроники о государствах Центральной Азии.），新西伯利亞，1989年，第218頁。

插圖3：С・Ф・奧登堡的照片，1914-1915年。

插圖4：С・М・杜金、С・Ф・奧登堡和Д・А・斯米爾諾夫的照片。後面是厨師扎哈利，1909年10月11日，吐魯番。

W. CLASEN   ST.PETERSBURG.

插圖5：М・М・別列佐夫斯基的照片，1870-1880年。

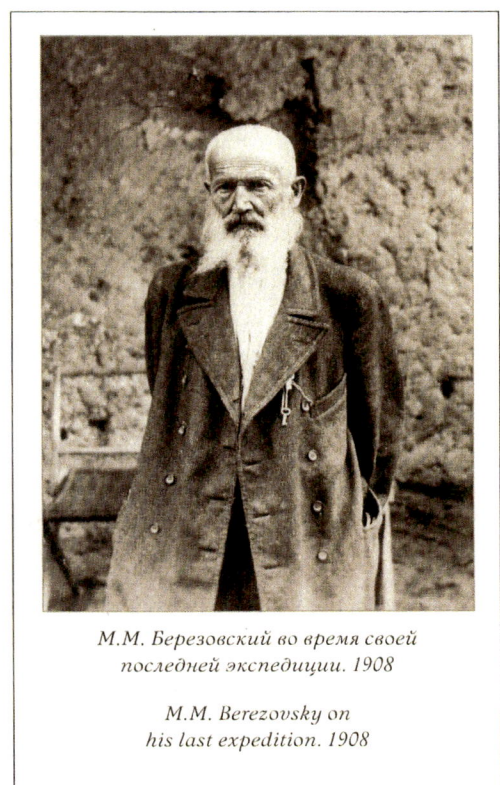

M.M. Березовский во время своей последней экспедиции. 1908

M.M. Berezovsky on his last expedition. 1908

插圖6：М・М・別列佐夫斯基的照片，1908年。

從克孜爾向南到克孜爾尕哈是50公里。從庫車城到庫木吐喇是25公里，奧根河（Оген-дарья，中文爲渭幹河）流經那裏，從庫車至蘇巴什是15公里，康河（Кан-дарья，中文爲銅廠河）流過那裏。【插圖2】

本圖録中，第一次公佈了艾爾米塔什博物館收藏的龜兹緑洲石窟寺的文物。收藏品種類繁多，不僅包括少量的壁畫和雕塑，還包括大量的考古材料，其獲取歷史説明了這一點。龜兹緑洲文物搜集品於1930年和1931年成爲艾爾米塔什博物館的收藏品。它們是從蘇聯科學院人類學與人種志博物館轉交過來的，兩次著名的中亞探險考察的成果都運送到了那裏：1905－1907年——米哈伊爾・米哈伊洛夫・別列佐夫斯基（Михаил Михайлович Березовский，1848－1912）的探險考察和1909－1910年——謝爾蓋・費多羅維奇・奧登堡（Сергей Федорович Ольденбург，1863－1934）的俄羅斯第一次新疆探險考察。後者是未來的院士、印度學家、佛學家、著名的科學研究組織者。【插圖3、4】

德國、英國、法國、日本和俄羅斯在新疆和敦煌進行探險考察的時間已過去了近百年。[3]

新疆早在漢代的漢文文獻史料中就被稱爲“西域”，“西域”探險考察隊的調查研究發現了新疆伊斯蘭化前的歷史時期，而對新疆這一歷史時期的科學瞭解很少。一方面，由於俄羅斯的政治利益，另一方面，19世紀末至20世紀初的文化危機，都使政府和知識界關注東方。這是受東方吸引的第二次浪潮。在向東方尋求新的精神和探索不同的文化價值的活動中，不僅是科學家們，藝術家、詩人和普通的东方文化愛好者們都做出了積極的努力。

在歐洲和俄羅斯都成立了研究西域的委員會，甚至達成了在各國家間劃定考察研究地域界限的協議。俄羅斯中亞和東亞歷史學、考古學、語言學和民族學研究委員會成立於1903年，並置於外交部的管轄之下。這證明了俄羅斯帝國政府對研究與其相鄰的新疆和列强在中亞的角逐極爲重視，但却無錢向龐大的俄羅斯探險考察隊提供資金。歐洲科學家們趕在了希望組成俄羅斯探險考察隊的С・Ф・奧登堡的前面。

俄羅斯皇家地理學會和俄羅斯科學院組織了數支探險考察隊，其中，尼古拉・米哈伊洛維奇・普爾熱瓦爾斯基（Николай Михайлович Пржевальский，

---

[3]　阿爾伯特・格倫威德爾（Альберт Грюнведель）於1898－1900年、1902－1903年、1905－1907年在新疆考察，在龜兹緑洲待了四個月——1906年1月至5月；阿爾伯特・馮・勒柯克（Альберт фон Лекок）於1904－1905年和1913－1914年在新疆考察，自6月至11月在龜兹緑洲考察；奧雷爾・斯坦因（Аурел Стейн）於1900－1901年、1906－1908年、1913－1916年、1930－1931年在新疆考察，他在庫車待了一天；保爾・伯希和（Поль Пеллью）於1906年、1907年、1908年在新疆考察，他自1月至9月在庫車工作；日本探險考察隊於1902－1904年（在大谷光瑞的領導下）、1908－1909年和1913年（在橘瑞超的領導下）在新疆考察。

1839 – 1888）自1867年至1880年間完成了5次中亞旅行。

格里高利·葉菲莫維奇·格魯姆·格爾日麥洛（Григорий Ефимович Грумм-Гржимайло, 1860 – 1936）於1889年進行的中亞旅行，他們的目的都是研究地質學、水文學、氣象學、繪製地圖。

繼他們之後，米哈伊爾·瓦西里耶維奇·別夫佐夫（Михаил Васильевич Певцов, 1843 – 1902）的探險考察隊爲準確繪製地圖和熟悉瞭解西域的文化也出發了，其成員有弗謝沃洛德·伊萬諾維奇·羅鮑羅夫斯基（Всеволод Иванович Роборовский, 1856 – 1910）和彼得·庫茲米奇·科茲洛夫（Петр Кузьмич Козлов, 1863 – 1935）（波波娃 Попова, 2008年，第11–39頁）。

在德米特里·亞歷山大羅維奇·克列門茨（Дмитрий Александрович Клеменц）於1898年赴吐魯番綠洲探險考察取得成果後，一群學者和С·Ф·奧登堡於1900年提交了《關於派遣考古探險考察隊赴塔里木盆地的呈文》（«Записки о снаряжении экспедиции с археологической целью в бассейн Тарима»）。但系統研究"西域"的提議直到1905年纔得以實施（維謝洛夫斯基 Веселовский, 1901年，第17頁）。

探險考察、研究、發現

1905–1907年，俄羅斯中亞和東亞研究委員會終於組織了由М·М·別列佐夫斯基領導的赴龜茲綠洲的探險考察隊。探險考察的目的是初步察看、記錄、拍照和複製壁畫。1905年11月2日，考察隊從聖彼得堡出發，於1906年2月6日抵達庫車，於1907年12月結束考察工作並返回聖彼得堡。1909年3月6日，М·М·別列佐夫斯基在科學院會議上報告了其新疆之行。[4] 其親戚民用工程學院的大學生、藝術家尼古拉·馬特維耶維奇·別列佐夫斯基（Николай Матвеевич Березовский）與М·М·別列佐夫斯基一起參加了考察（納濟羅娃 Назирова, 1992年，第92頁）。

М·М·別列佐夫斯基畢業於聖彼得堡大學，成爲一名動物學家。自1876年起，他多次參加了Г·Н·波塔寧（Потанин, 1835–1920）領導的赴蒙古、中國西北部包括新疆以及西藏西北部的探險考察隊。М·М·別列佐夫斯基共參加

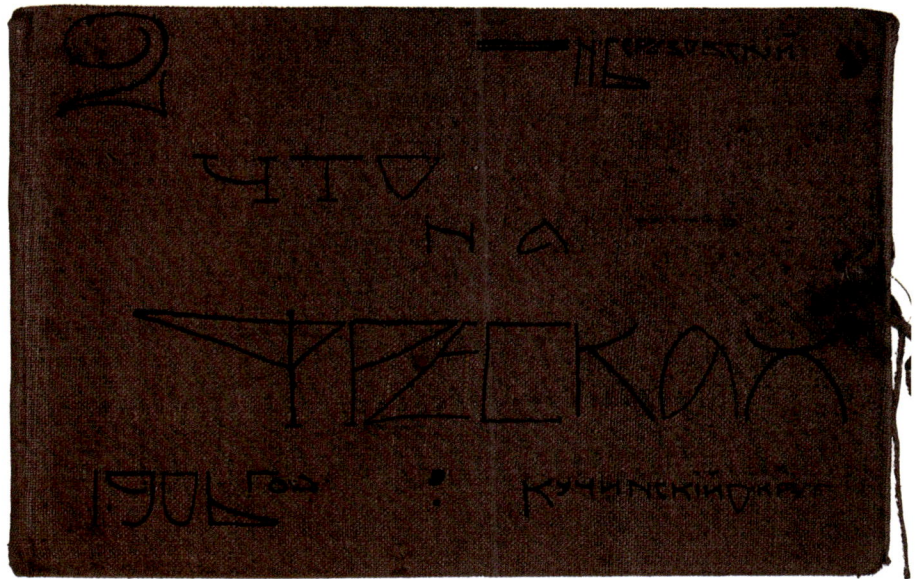

插圖7：Н·М·別列佐夫斯基的畫冊；Н·М·別列佐夫斯基有手寫標題的畫冊封面。畫布、紙張、墨，1906年。資産清冊編號3K V 743，國立艾爾米塔什博物館。

插圖8：Н·М·別列佐夫斯基的畫冊的一頁描圖紙。"窟頂中央"，第6頁，Н·М·別列佐夫斯基手寫的題記。紙張，水彩，1906年。資産清冊編號3K V 743，國立艾爾米塔什博物館。

插圖9：Н·М·別列佐夫斯基的畫冊，森木塞姆，"兩隻綠鸚鵡"，繪自其中一座洞窟的券頂圖。紙張，水彩，1906年。俄羅斯科學院東方文獻研究所《庫車·1906》，文獻庫59，目錄1，存儲單元23，東方文獻研究所。

---

[4] 《公文和信函副本》，俄羅斯科學院 檔案館列寧格勒分館，文獻庫148，目錄清冊1，存儲單元55。

插圖10：H·M·別列佐夫斯基的畫册《庫車·1906》，說法場景中的騎士。紙張，水彩。俄羅斯科學院東方文獻研究所，文獻庫59，目録1，存儲單元23a，東方文獻研究所。

插圖11：H·M·別列佐夫斯基的畫册，"惡魔"，第8頁，題記："克孜爾，繪自甬道壁。"紙張，水彩。第198窟的壁畫複製品，資産清册編號3K V 743。

插圖12：克孜爾朶哈，圍攻拘尸那，M·M·別列佐夫斯基拍攝的現編號第14窟的壁畫照片，國立艾爾米塔什博物館藏照片。

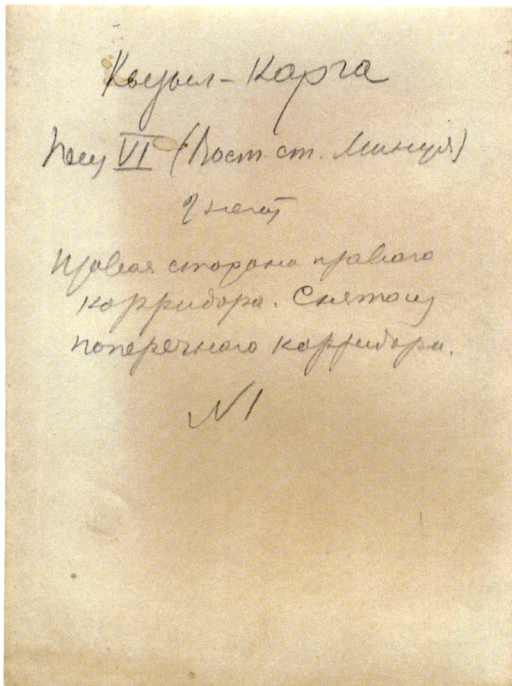

插圖12v：別列佐夫斯基在照片背面手寫的題記："克孜爾朶哈，第6號，明屋以東，右甬道右側，從橫向甬道拍攝。"

了14次探險考察隊，自1902至1908年，作爲地理學家和民族學家領導了赴中國和中亞的探險考察隊。【插圖5、6】

H·M·別列佐夫斯基的主要目標是繪製古城堡遺址和考古遺址位置的準確地圖。他在日記中指出，他在庫車城四周發現了20處殘存的古遺址，其中包括石窟寺、地面寺院和生活建築。廢墟中有保存下來的壁畫殘塊，未被之前的探險考察隊運往歐洲。M·M·別列佐夫斯基收集了一些壁畫碎塊，並拍攝了大量照片，繪製了許多平面圖。M·M·別列佐夫斯基寫給C·Φ·奧登堡的信保存下來了（俄羅斯科學院檔案館聖彼得堡分館，文獻庫208，目録清單3，存儲單元53、92）。H·M·別列佐夫斯基在畫册中描畫了大量臨摹圖，複製了墻上殘存的一些壁畫，描繪了水彩速寫。其一本畫册保存在俄羅斯科學院東方文獻研究所東方學家檔案館，另外兩本和水彩畫複製品及描摹圖則保存在國立艾爾米塔什博物館。【插圖7、8】

在H·M·別列佐夫斯基的畫册《庫車·1906》（24張册頁；俄羅斯科學院東方文獻研究所東方學家檔案館，文獻庫59，目録清單1，存儲單元23）中，前8張是托乎拉克艾肯石窟寺的壁畫複製品，9張圖屬於庫木吐喇石窟，6張圖是複製克里什——森木塞姆石窟的。文件中，M·M·別列佐夫斯基未記録所說的最後一個遺址，但在艾爾米塔什博物館的畫册中和水彩畫複製品的個別紙張上有森木塞姆的圖畫。【插圖9】H·M·別列佐夫斯基在每張上都手寫注明了複製的位置(入口右邊或左邊的墙壁、券頂或頂)，但很遺憾，未標明洞窟編號或名稱，因此，這些複製品是探險考察隊留下的寶貴文件，雖具有一定的價值，但僅可使用個別的圖畫來確定被運往彼得堡的壁畫的位置。

一些紙張上的描摹圖和水彩畫複製品可與艾爾米塔什博物館現收藏的壁畫鑒定爲同一的。如現保存在俄羅斯科學院東方文獻研究所的畫册第14頁上的"釋迦牟尼佛說法"圖殘塊速寫：踮起脚來站立的武士形象，腰旁有箭筒。【插圖10】（詳見《圖録》部分圖録3）

保存在艾爾米塔什博物館的兩本畫册，畫滿了H·M·別列佐夫斯基在吐魯番緑洲吐峪溝麻扎（畫册1）和庫車地區克孜爾、克孜爾朶哈和庫木吐喇（畫册2）描繪的圖畫。6幅速寫繪於庫木吐喇，31幅繪於克孜爾，3幅有動物形象的圖

繪於克孜爾尕哈。從其中可輕易地認出克孜爾
"惡魔窟"甬道壁上的壁畫（圖錄7、8）。佛
傳故事題材壁畫和頂上的鮮艷繪畫吸引了別列
佐夫斯基兄弟。【插圖11】他們既不是考古學
家，也不是東方學歷史學家，但他們還是恰好
選擇了描摹圖和速寫最具表現力的圖形。[5]水彩
畫複製品在20世紀初具有巨大的科學價值；C·
Φ·奧登堡打算公佈它們，遂描述記錄了它們
（C·Φ·奧登堡，1914年，第71頁）。現在，
這些複製品從科學史的角度和作爲對石窟寺最
早的研究者的紀念來看是很有意義的。

庫木吐喇有"說法"場景的洞窟均被拍
照，因此清晰可見，它們處於某種凄慘的糟
糕狀態：它們有完全坍塌的危險，河谷上的
陡岸崩塌，洞窟正面的牆壁那時已完全不存
在了，而且洞窟向一切暴風雨和大風敞開。
偶有保存下來的突厥文、吐火羅文和漢文題
記。【插圖12、13、14、15、16】：五張考察照
片，兩張克孜爾尕哈的，兩張庫木吐喇的，
一張克孜爾的。

在克孜爾，M·M·別列佐夫斯基發現了
製作塑像、人像某些部件和圖案裝飾的模具。
（圖錄198–208）在庫木吐喇，M·M·別列佐夫
斯基拍攝了原先有木雕像和石膏雕塑像的洞
窟。在殘存的木頭上，某些地方保存下了敷金
痕蹟。

M·M·別列佐夫斯基從當地居民手中收
購了一些文物。特別是在1906年1月14日出發
去喀什的途中寫的信中，我們讀到：

我從拉斯托奇金（Ласточкин）中校那兒
購得一些在波蓬卡（Попонка，在斯坦因的地
圖上有——別列佐夫斯基標注）發掘出的小物
件，它們來自於和闐受敬重的人。它們包括
有頭像（工藝很粗糙）的光玉髓小圖章、（圖
錄246、247）兩件辨別不清的小型藝術品、十五
枚錢幣、有四尊佛的板岩石柱冠（窣堵婆頂
部）。（圖錄197）拉斯托奇金那兒還留有一枚
粉紅色石製小印章，也有可能是紅寶石的，上
有兔雕像。[6]

插圖13：克孜爾尕哈石窟外景，倒塌的洞窟牆壁，右邊——金剛力士，現藏艾爾米塔什博物館，圖錄2，持供養天，現藏艾爾米塔什博物館。C·Φ·奧登堡的照片，1909–1910年俄羅斯第一次新疆探險考察隊，照片編號1969-96。國立艾爾米塔什博物館。

插圖14：庫木吐喇石窟外景，C·Φ·奧登堡的照片，1909–1910年俄羅斯第一次新疆探險考察隊，照片編號1969-96。國立艾爾米塔什博物館。

插圖15：庫木吐喇，窟頂壁畫，未注明窟號。M·M·別列佐夫斯基的照片，1905–1906年探險考察隊，照片編號1969-164。國立艾爾米塔什博物館。

[5] 在1號畫册最後一頁上粘貼着有圖畫的絲綢碎片，也
許那正是出自托乎拉克艾肯地區的絲綢，它是在寺
廟旁的小型黏土建築中發現的。現在，絲綢收藏於
艾爾米塔什博物館，資産清册編號3K V 743。

[6] M·M·別列佐夫斯基寫給C·Φ·奧登堡的信，
俄羅斯科學院檔案館聖彼得堡分館，文獻庫208，目
録清單3，存儲單元53，第4頁；奧登堡，1914年，
第71頁。奧登堡衹記録了到達鐵吉克和托乎拉克艾
肯的情況。

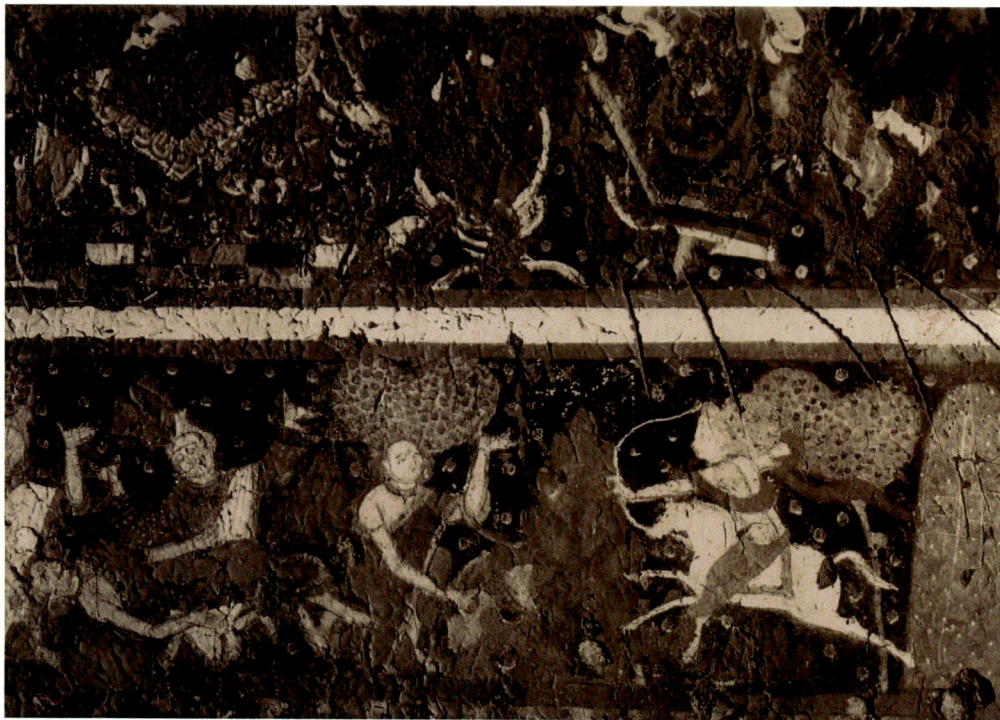

插圖16：克孜爾，墙壁下部的壁畫，睒子本生。С·Ф·奧登堡的照片，1909–1910年俄羅斯第一次新疆探險考察隊。

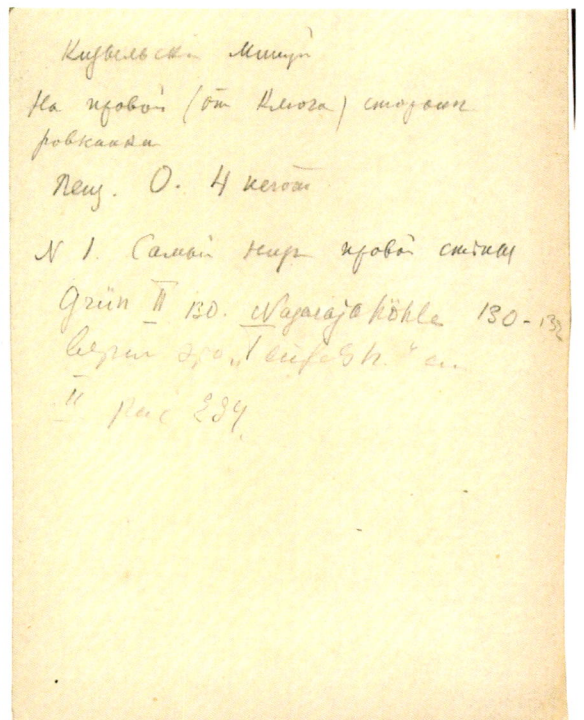

插圖16v：照片背面的題記："克孜爾。"

農民們隱瞞了他們所賣物品的來源地點，因此僅能推測它們在某個洞窟或在某個遺址的原位。如，在中心柱後，那裏通常安排"圍攻拘尸那城"和"分舍利"的場景，立有釋迦武士黏土塑像。我們收藏有許多武士像，而且在資產清册中未說明它們的來源。（圖錄121–149）正如С·Ф·奧登堡所指出的，釋迦武士塑像正是來自克孜爾，而且它們大概就是由М·М·別列佐夫斯基購買來的。

別列佐夫斯基兄弟是西方新疆研究者中最早來到龜兹綠洲的鐵吉克和托乎拉克艾肯的，兩地相距很近，位於現庫車城西北的天山山麓，在最大的克孜爾寺院以東。

很遺憾，М·М·別列佐夫斯基的日記僅部分保存了下來，現有的記錄涉及日常財務支出。但他寫給С·Ф·奧登堡的信件都保存下來了，信中描述了托乎拉克艾肯地區的遺存，它們是存在有壁畫洞窟的唯一文獻資料。尼古拉·馬特維耶維奇在托乎拉克艾肯描繪的複製品和描摹畫是別列佐夫斯基到達托乎拉克艾肯最可信的證明文件。[7]

М·М·別列佐夫斯基考察隊與П·伯希和的法國考察隊（1906–1908）活動時間吻合。從伯希和的報告中可以得出結論，他與俄羅斯研究人員會面了，收到了М·М·別列佐夫斯基的信，並斷定後者在龜兹綠洲的發掘將持續整個冬季。法國學者在1907年3月29日的日記中寫到："我看到了別列佐夫斯基的所有發現品。一面青銅鏡，大概是佛教的，有兩個赤裸的人物，其身軀模糊得像是受到古典作品的影響。並且一些小木佛像工藝令人喜愛，但幾乎完全毀壞"。（圖錄160）

我們在伯希和的日記中還讀到，他曾與別列佐夫斯基兄弟同時在龜兹綠洲的都勒都爾–阿庫爾和蘇巴什工作過。在其4月17日至5月28日的日記中，描述了在都勒都爾–阿庫爾寺院的工作。在那裏，發現了所謂的"圖書館"——大量手寫文獻和"持琵琶的迷人小神像，它現收藏於吉美博物館"（《伯希和探險考察》，1987年；М·梅拉德，1983年，第85頁，注釋25）。

根據艾爾米塔什博物館的文件，青銅鏡未被統計在內，且已無法找到了。

---

[7]　旅行家們將聽到的翻譯者或當地居民的發音當作地點名稱，因此出現了不同的讀法——別列佐夫斯基兄弟的是"鐵吉特"，С·Ф·奧登堡和歐洲學者的是"鐵吉克"。

20世紀初，鐵吉克是一個荒廢的無人之地。但是，根據英國旅行家和著名的研究者A・斯坦因爵士的印象，當他於1914–1915年第三次赴中亞考察時，鐵吉克在19世紀還是有人居住的，那裏有水井，斯坦因在廢墟中發現了殘餘的防禦建築、不久以前的塔，以及古老的中世紀建築（斯坦因， 1928年，卷II，第812－815頁、 第823頁；卷III ，第41、42頁部分）。

我們在A・斯坦因的描述中讀到，托乎拉克艾肯保存最好的一個洞窟已被考察過，並被部分地發掘過。除了M・M・别列佐夫斯基，日本學者也在鐵吉克和托乎拉克艾肯石窟工作過，但他們未從墻壁上揭取壁畫，我未能找到關於哪支探險考察隊的日本人在那裏待過的信息。Π・伯希和也未從墻壁上揭取壁畫。因此我們可以推測，其上有H・M・别列佐夫斯基手寫的“鐵吉特”的圖畫、水彩畫複製品，現在是歐洲博物館中關於洞窟裝飾的唯一證明。[8] 至於考古材料，Π・伯希和與A・斯坦因都從鐵吉克和托乎拉克艾肯運走了少量的材料——錢幣、印章、陶器殘片和玻璃碎片、帶釦，它們已在相關的出版物中公佈。

畫册中，H・M・别列佐夫斯基在托乎拉克艾肯所畫的描摹畫和水彩畫，有一些僅繪出黑色輪廓綫，一些塗有各種顏色，並按一比一的比例描畫，畫册頁上的複製品縮小了，有時注明比例。很可能是在考察之後，而不是在野外，H・M・别列佐夫斯基將描摹畫複製到繪圖紙上，而且描圖紙上和繪圖紙上的顏色有時不一致，確切地説，他很可能是根據記憶大概地表現出來。

M・M・别列佐夫斯基很可能從墻壁上揭取了壁畫，他有一些助手，H・M・别列佐夫斯基也和他一起工作過。我們在米哈伊爾・米哈伊洛維奇的信中讀到：

> 關於既未被現代野蠻行爲也未被現代文明觸動過的唯一洞窟，我僅説幾句話。不論是當地居民，還是日本人、德國人，大概均未進入過該洞窟。它位於第一道峽谷的顯眼位置，但要進入它却很困難——需要梯子和繩子……洞窟被填埋了1.5俄尺（譯者注：1俄尺等於71釐米），因此我清理了它。下面是一些相對保存較好的壁畫。洞窟大概在穆斯林入侵後很快就遭到劫掠。應該不是穆斯林劫掠的，因爲眼睛未被挖掉，壁畫未遭到不必要的破壞。僅從壁畫上謹慎地刮掉貼金。僅圓穹頂下方的一小塊彩繪保存下來——這裏的金也被刮掉了……雨水和暴風將壁畫從墻上洗刷掉了……在保存下來的草泥層上仍可見輪廓痕跡和刮取貼金留下的槽形凹坑痕跡，主要是在佛冠與袈裟上……洞窟大概是嚴格的印度教風格，非常好，但是單一的印度風格。所有方形説法圖約爲1俄尺（6排），佛位於畫面中央寶座上，周圍有4身像（有時有5身）。佛的面部總是四分之三朝向其中一位供養人。特殊的是，有大量赤身露體的小男孩或生殖器裸露的青年。在整個明屋（維吾爾語“千間房”之意，當地居民也這樣稱呼石窟——作者），我在旁邊亦爲印度風格的洞窟内也遇到了同樣的人物形象。但那裏的小型人物形象更天真質樸。這裏，所有赤裸的愚笨者……（難以辯認）與其説像青年和小孩，不如説更像神。洞窟真的是布滿了金子。佛和其他人物的所有冠冕、佛的袈裟、耳環、項圈甚至是細小的圖案裝飾——均曾敷金。窟内曾經華麗輝煌。……現附上所描述洞窟的四張照片。選取了三幅大型壁畫。揭取很容易，但在取下時將它們折斷了。不過，兩塊還是得到保全。……是否值得運走？它們很重，搬運費很昂貴。[9]

[8] H・M・别列佐夫斯基的複製品絶對獨一無二，且因某種原因任何人都未記録鐵吉克的壁畫，正如龜兹研究院副院長趙莉告訴我的，中國學者未公佈過鐵吉克的材料。在本圖録的附文中公佈了保存在艾爾米塔什博物館的H・M・别列佐夫斯基的描摹畫和複製品。

[9] 俄羅斯科學院檔案館聖彼得堡分館，文獻庫208，目録清單3，存儲單元53，第13、13a、14頁。

М・М・別列佐夫斯基拍攝了庫木吐喇有善財童子——赤裸小孩的"説法圖"。（圖録1）此外，М・М・別列佐夫斯基，既不是專家，也完全不瞭解佛教文獻，描述記録了使其想象力感到驚訝的壁畫，他認爲，畫中描繪的赤裸的孩子是"裸露的愚笨者"。最有可能説的是須大拏本生故事，他是具有世襲統治權的、富有的太子，他不僅布施了其所有財産，與心愛的大象分別，而且和夫人、孩子一起避入熱帶叢林，並在那裏按照惡毒的婆羅門的請求將妻子與孩子交給他。通常在該場景中也描繪太子赤裸的兒子們。

М・М・別列佐夫斯基最珍貴的發現品是東方手稿文獻殘片，它們現保存在俄羅斯科學院東方文獻研究所（沃羅比耶娃–捷霞托夫斯卡婭 Воробьева-Десятовская，2008年，第65 – 73頁）。

別列佐夫斯基探險考察隊於1907年11月23日完成了在庫車的工作，並於1908年1月21日返回到聖彼得堡。С・Ф・奧登堡在1908年2月9日的俄羅斯中亞和東亞研究委員會會議上報告了考察隊的成果（《紀要》，1908年，第9頁）。別列佐夫斯基在1909年3月6日的科學院會議上報告了其考察情況（納濟羅娃 Назирова，1984年，第64頁；納濟羅娃，1986年，第24–34頁）。

在С・Ф・奧登堡的檔案中保存着未公佈的致М・М・別列佐夫斯基的悼詞，稱他是一個孜孜不倦的工作者，幾乎一生都在探險考察中度過（俄羅斯科學院檔案館聖彼得堡分館，文獻庫208，目録清單3，存儲單元280）。

С・Ф・奧登堡率領的1909–1910年俄羅斯第一次新疆探險考察隊是奉旨以俄羅斯委員會的資金裝備派遣的。1914年，公佈了關於此次探險考察的初步總結報告（奧登堡，1914年）。С・Ф・奧登堡的考察隊在吐魯番、焉耆和龜兹緑洲開展了工作。在龜兹緑洲，奧登堡待了不到一個月——自1909年12月29日至1910年1月12日，其同行者和助手——С・М・杜金（Дудин）和 Д・А・斯米爾諾夫（Смирнов）離開返回了聖彼得堡。因爲在冬季零下10度的情況下，奧登堡一人留下了，與翻譯Б・Т・霍霍（Хохо）和厨師扎哈利（Захари）在一起。[10]他住在庫車城中，在四周旅行。"在普魯士和法國探險考察隊考察之前，我僅能依照А・格倫威德爾教授通報給我的關於他考察研究過的壁畫的資料和別列佐夫斯基兄弟、伯希和教授通報給我的關於他們到訪過的地點的資料。後者以罕見的禮遇向我提供了明屋的一些草圖性的平面圖，它們對我來説是極爲有益的。在庫車四周，我考察了一系列有古代遺存的地方，以便瞭解其保存狀況，並弄清楚該如何對其進行考察研究"（奧登堡，1914年，第56頁）。他到過緑洲東部和東北部的明騰–阿塔（Мин-тен-ата）、蘇巴什、森木塞姆，然後到過西北部、西部的克孜爾尕哈、克孜爾、庫木吐喇、鐵吉克、托乎拉克艾肯和南部達坂庫姆（Даван-кум）沙漠中的遺址。

引用С・Ф・奧登堡日記中的一些片斷很有意義：

蘇巴什：

1909年12月30日的記録："記録、切割了壁畫，保存十分完美的數塊壁畫。我們的工具不令人滿意。"

12月31日："我拍照，描畫草圖，切割壁畫進行得不順。"

1910年1月2日："發現了一副模具（騎士的）。"

1月4日："鋸了一些壁畫。"

克孜爾：

---

[10] 在寒冷的冬季，没有助手，С・Ф・奧登堡未必能切割下大尺寸的壁畫。在其記録中無對此類工作的任何説明。僅在1910年1月2日的一份記録中，他提到爲清理洞窟按日雇傭了25名工人。但在1909年12月和1910年1月4日、5日和23日的記録中以及《初步總結報告》中有關於從墙壁上揭取壁畫的信息，有關於他拿走的黏土塑像頭的信息，有關於成功切割"壁畫"和打包裝箱以便馱運隊運往聖彼得堡的信息（《俄羅斯中亞與東亞研究委員會奉旨派遣的新疆探險考察隊日志》，俄羅斯科學院檔案館聖彼得堡分館，文獻庫208，目録清單1，第162頁）。

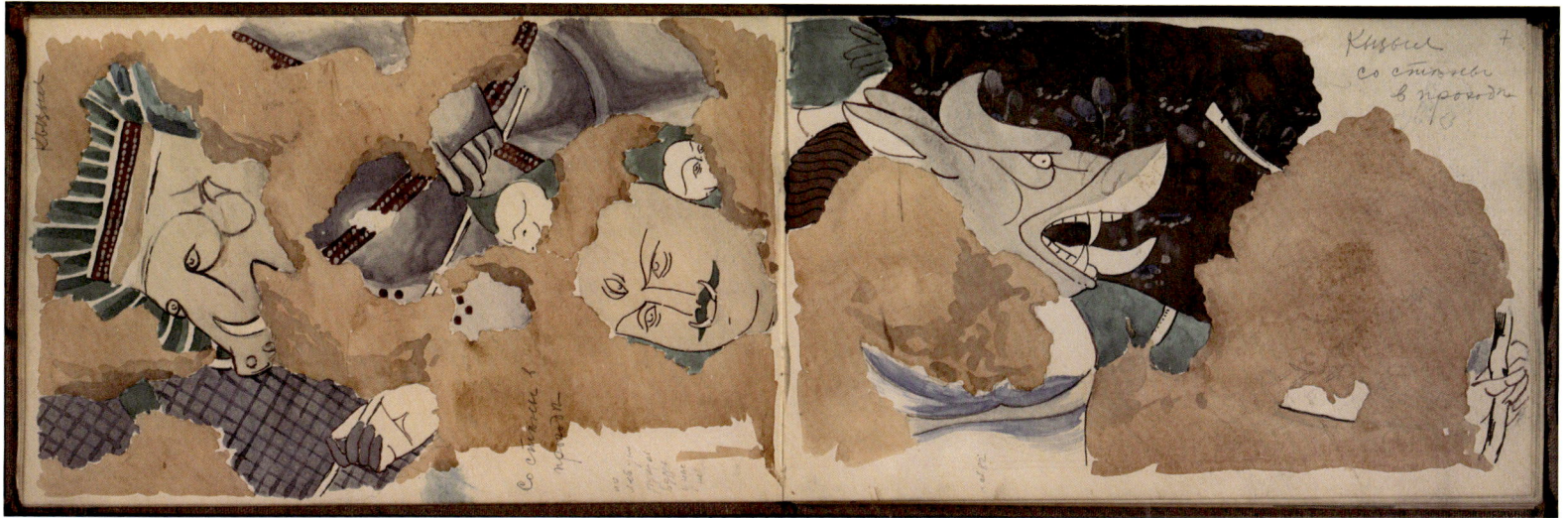

1910年1月23日："鋸了一些壁畫，進行得不錯。"

庫木吐喇：

1910年2月2日："到了明屋。爲了不浪費時間，決定住在洞窟中。很好——景象異常優美。我拍照了山巒、附近的天空、霧籠罩着的河。十分美好的一天。在洞窟前的垃圾堆中找到了各式各樣的物品。這裏也有——野蠻的鋸子。"

2月7日："這樣，考察結束。取得了什麼樣的成果呢？不多：第31號箱：一個裝有手稿文獻的手提箱，兩包壁畫和物品（庫木吐喇）。第32號箱：兩包壁畫（克孜爾和克孜尕哈）。第33號箱：壁畫（森木塞姆）和小物件。"（俄羅斯科學院檔案館裏彼得堡分館檔案，文獻庫208，目錄清單1，存儲單元162）

插圖17、18：Н·М·別列佐夫斯基的畫冊，克孜爾第198窟壁畫複製品，第6a、7頁，Н·М·別列佐夫斯基寫在背面的題記："繪自甬道壁"。資產清冊編號ЗК Ⅴ 743，國立艾爾米塔什博物館。

在明騰-阿塔，奧登堡清理了其中一座宰堵婆，它已被М·М·別列佐夫斯基挖掘過，正如С·Ф·奧登堡所寫到的，從那裏取出了若干個泥塑頭像，它們"現保存在科學院人類學與人種志博物館"（奧登堡，1914年，第58頁）。很遺憾，要將這些頭像與艾爾米塔什博物館現收藏的頭像進行對比是不可能的了。有趣的是，奧登堡認爲他在明騰-阿塔所見到的塑像與位於吐魯番以北的薩西克-布拉克（Сассык-булак）和塔拉雷克-布拉克（Талалык-булак）的遺存，還有吐峪溝麻扎的一些遺存以及黑水城吐蕃風的遺存近似。"在庫車發現喇嘛類型的物品，作爲吐蕃影響傳播如此之遠的標志，特別值得關注"（奧登堡，1914年，第60頁；薩莫秀克，1997年，第80–86頁）【插圖17、18】。

據《總結報告》判斷，蘇巴什是一個非常有意義且被П·伯希和調查研究過的一處遺址，僅С·Ф·奧登堡仔細察看過，而且他指出，М·М·別列佐夫斯基在這裏"做過"少量發掘。

接着，研究者描述了前往距克里什村（克里什——根據《總結報告》作者的書寫）不遠的森木塞姆的旅行。作者寫到："我們拍攝了一系列照片，描畫了洞窟的一些平面示意圖，並從損壞特別嚴重的洞窟中鋸下了一些壁畫樣本。"還是因爲沒有文件和日記而無法確定，現保存在艾爾米塔什博物館的哪些壁畫是從森木塞姆的墻壁上揭取下來的。奧登堡引用作範例的森木塞姆的"兩隻鸚鵡"是由Н·М·別列佐夫斯基描摹複製的，而不是切割下來的。【插圖9】

正如С·Ф·奧登堡所指出的，М·М·別列佐夫斯基拍攝了位於克里什村地區的遺蹟；奧登堡詳細記錄了其中一個洞窟的壁畫。

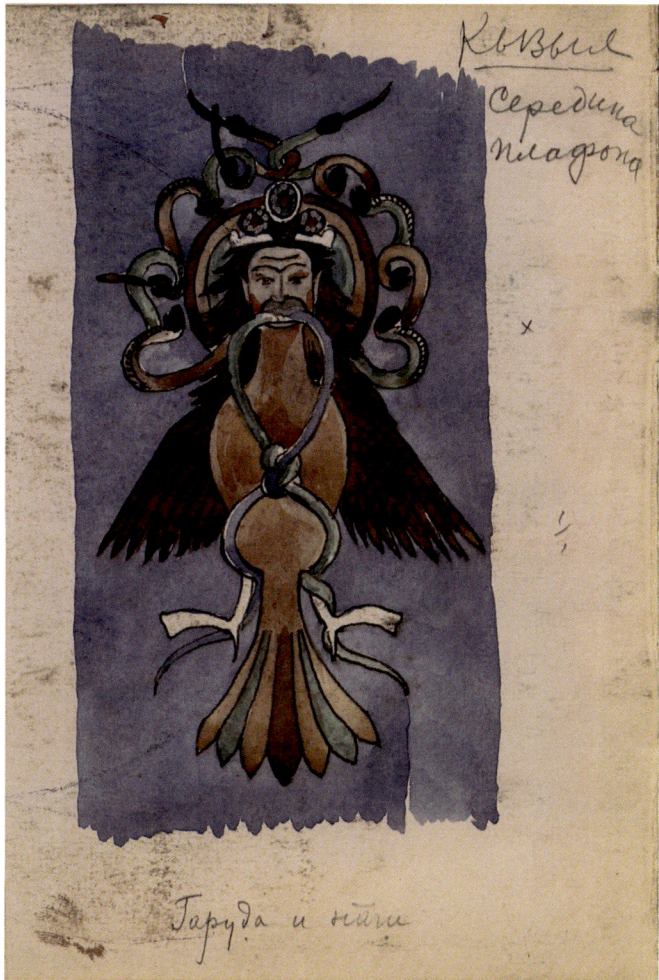

插圖19：H・M・別列佐夫斯基描繪的金翅鳥圖畫。《庫車・1906》（俄羅斯科學院東方文獻研究所東方學家檔案館，文獻庫59，目錄清單1，存儲單元23。）

在H・M・別列佐夫斯基繪製的示意平面圖的幫助下，奧登堡完成了赴克孜爾尕哈的旅行，並認識瞭解了該遺址。看來，奧登堡追尋了前人的足蹟。他寫到：

洞窟給人留下的第一印象，是它們非常古老。中國繪畫對壁畫的影響痕蹟不顯著；按照構圖：位於山景中的佛、大般涅槃、焚棺、本生故事、因緣故事、塔中佛、骷髏（在洞窟中描繪骷髏是爲了觀想——作者）等與古龜茲、錫克沁和吐峪溝麻扎的圖案情節有内在聯係。有許多龜茲文題記，但它們僅保存下來個別字母。儘管毀壞得非常厲害，但洞窟……在仔細研究下仍能爲理解龜茲壁畫提供極多的信息。（奧登堡，1914年，第65頁）

克孜爾是現在最重要的且被很好地研究了的遺址，C・Ф・奧登堡在那兒總共僅待了幾天。在那裏，他正好遇見了德國探險考察隊到過兩次且運走了大部分壁畫的洞窟，因此該著名洞窟世界上最好的壁畫現收藏在柏林。然而，援引用德國同行的話，奧登堡得出了一些那時很有意義且很新的結論。特別是，階梯窟（格倫威德爾說的"有階梯的洞窟"，現在編號第110窟——作者）中的壁畫，"佛傳場景異常地接近於印度古老的小型精美繪畫，且想必是後犍陀羅時期印度繪畫有代表性的樣本"（現在斷代爲公元4–7世紀初之間——作者）。"我們在這裏給出的H・M・別列佐夫斯基描繪的克孜爾圖畫，可以用作與格倫威德爾雙頭和四頭金翅鳥以及庫木吐喇單頭金翅鳥（古代母題構圖保存下來了——作者）圖的對照"。【插圖19】

接下來："最令人好奇的部分壁緣有橢圓形裝飾，内有喙銜珠環的大雁，M・M・別列佐夫斯基成功將其運回了聖彼得堡"。（圖錄34）有趣的是，在托乎拉克艾肯的描摹圖中有兩幅描繪大雁題材的複製品，爲不同構圖的大雁，這證明這一裝飾傳播很廣。如果相信資産清册登記，正是C・Ф・奧登堡運回了"惡魔的頭"的壁畫殘塊，它出自第198窟——"惡魔窟"，（圖錄9）它彌補了"說法"和"魔羅的誘惑"（圖錄7、8）的壁畫殘塊，它們也是由C・Ф・奧登堡運回的，但H・M・別列佐夫斯基早先複製過。[11]

正如謝爾蓋・費多羅維奇注意到的，別列佐夫斯基兄弟考察隊獲得的釋迦騎士塑像就來自克孜爾。也許，正如上文提到的，它們正是被收購來的。（圖錄121–149）

關於位於木扎提河左岸的"宏大的明屋"庫木吐喇，在稱贊自己歐洲和俄羅斯前輩的工作時以及提到M・M・別列佐夫斯基的"優秀"照片和H・M・別列佐夫斯基的描摹圖時，C・Ф・奧登堡指出，"庫木吐喇明屋特别令人好奇的是，在這裏的洞窟壁畫中匯集了各式各樣的風格"。

但因不明原因，奧登堡根本未曾提及H・M・別列佐夫斯基饒有興趣地複製描繪出的"鐵吉克"的壁畫，僅提到他臨摹的托乎拉克艾肯壁畫，也説明後者誤將托乎拉克艾肯記作鐵吉克了。

由於時間緊張和和資金不足，兩次探險考察隊基本上祇能進行調查、複製和拍照。因此，艾爾米塔什博物館中的龜茲綠洲收藏品很少，主要是撿拾的材料、壁畫和塑像的小殘塊。

赴新疆的探險考察隊做了很仔細的準備工作：翻譯了漢文的地理和歷史文

---

[11] 甚至是在奧登堡的日記中都未提到，他切割了這些壁畫。尺寸很小的殘塊大概是從地上采集起來的。現在，它們在艾爾米塔什博物館古畫修復室拼合成兩塊獨立的構圖。

獻資料、玄奘的《西域記》；[12]從歷代史中找出信息，補充伊阿金夫·比丘林（Иакинф Бичурин）已有的翻譯資料。

準備材料公佈在《俄羅斯中亞和東亞歷史學、考古學、語言學和民族學研究委員會通報》上（《俄羅斯中亞和東亞歷史學、考古學、語言學和民族學研究委員會通報》，1904年，第15–20頁）。在第4–12頁上，發表了《赴庫車和吐魯番考古探險考察隊籌備小組報告》。接着是《有關赴庫車考古探險考察隊的意見》。俄羅斯駐喀什領事Н·Ф·彼特羅夫斯基（Петровский）手繪地圖是路綫準備的主要文獻資料，地圖現保存在俄羅斯科學院東方文獻研究所。此外，還提到了購買在洞窟中工作所需的工具，其中包括必須購買從墻壁上切割壁畫用的長劍。

Н·В·佳科諾娃（Дьяконова）在艾爾米塔什博物館工作了近五十年，爲研究艾爾米塔什博物館的收藏品做出了巨大貢獻。她是新疆藝術日常陳列品和焉耆收藏品完整圖録——《錫克沁》的作者。此外，她還公佈了庫車最好的壁畫——"黃道十二宮和誓願場景"、説法場景之一的"阿輪迦施土"，在解釋其題材時，Н·В·佳科諾娃出色地將"脚尖"站立的騎士的社會屬性確定爲騎士階層（佳科諾娃，2000年，第234頁）。

新疆藝術與文化的陳列布展達到最高科學水平，持續了近五十年，是參考Н·В·佳科諾娃的科研和陳列工作復原的。

因爲艾爾米塔什博物館收藏的龜兹緑洲的壁畫和雕塑像圖録是第一次公佈，所以爲盡可能簡短地編寫複述該地區的政治、宗教和文化歷史，我不僅使用了艾爾米塔什博物館的收藏品，而且還援引了在原位置的壁畫和柏林亞洲藝術博物館最全面的收藏品。

地區歷史

龜兹緑洲位於戈壁荒漠中——塔克拉瑪幹沙漠以西，絲綢之路北道西部。[13]它佔據着塔里木河支流庫車河和木扎提河流域的廣大地區，兩河春季水流迅猛，秋季乾涸。天山支脉環繞緑洲，南面是崑崙山支脉。水流從山上帶下沙石，在數百萬年間形成了沿岸的山坡，洞窟就開鑿在這些山坡上。

該緑洲在歷史上屬於中央亞細亞文化（或如19世紀通稱該地區的——屬於新疆文化，或按漢文文獻資料屬於西域文化）。"中央亞細亞"的概念包括中華人民共和國新疆維吾爾自治區、中華人民共和國西北省份甘肅省、寧夏回族自治區、青海省的一部分；内蒙古自治區；以及興都庫什山以北的阿富汗和中亞國家——烏兹別克斯坦、塔吉克斯坦、土庫曼斯坦、吉爾吉斯斯坦、哈薩克斯坦。中亞的地理位置是這樣的，它位於古代和中世紀各個偉大文明印度、伊朗和中國之間。

緑洲位於絲綢之路北道西段。絲綢之路是一個道路系統，這些道路在不同的歷史時期屬於不同的統治者。貿易的功能和這個或那個國家的優勢影響取決於政治局勢，取決於戰爭。贏得戰爭的勝利爲商路的臨時主人帶來了財富，因此爭奪沿路優勢地位的交戰從未停止。其中一條路（北道）穿過吐魯番緑洲

---

[12] 玄奘（602–664），中國僧人，因赴印度朝覲（629–645）而聞名於世。其著述《大唐西域記》是有關絲綢之路沿綫國家和佛教藝術遺蹟的極其寶貴的文獻史料。請看圖書目録。

[13] 絲綢之路中段（新疆段），一般分爲北、中、南三道。南道（又稱于闐道）：束起陽關，沿塔克拉瑪幹沙漠南緣，經若羌（鄯善）、和闐（于闐）、莎車等至葱嶺。中道：起自玉門關，沿塔克拉瑪幹沙漠北緣，經羅布泊（樓蘭）、吐魯番（車師、高昌）、焉耆（尉犁）、庫車（龜兹）、阿克蘇（姑墨）、喀什（疏勒）到費爾幹納盆地（大宛）。北道：起自安西（瓜州），經哈密（伊吾）、吉木薩爾（庭州）、伊寧（伊犁），直到碎葉。本文所述"北道"爲漢代北道，在東漢開通"新北道"之後，原天山南麓和塔克拉瑪幹北緣之間的原"北道"即習慣改稱"中道"。——編輯注。

（高昌）、喀喇沙爾綠洲（焉耆）、庫車綠洲（龜茲），接着將旅行者引向帕米爾，經現在的布哈拉和撒馬爾罕（粟特國、大小安國）、梅爾瓦（穆國），並到達波斯和“西海”。

漢文文獻中首次提到西域是在公元前2世紀。公元前139年，中國漢朝從國都向西方派出了使者張騫，他於公元前126年返回祖國。張騫本應尋求抗擊匈奴的同盟並與西方諸國建立貿易關係。龜茲統治者們希望與漢帝國建立和平關係，於是龜茲王在公元前65年娶漢廷的孫女爲妻，前往宮廷朝賀，獲得了豐厚的賞賜，後來多次來到漢都城。正如文獻資料所證實的，在公元前1世紀期間，漢帝國與龜茲王之間的關係“是親密的”（馬利亞夫金 Малявкин，1989年，第52頁）。雖然漢人在西域的政權是名義上的，但漢帝國第一次在西域境內設置了都護府。

大約1世紀中葉，貴霜崛起，其民族起源於月氏部落，[14]並佔領了廣大地域。正是貴霜人將從印度西北到現在塔吉克斯坦和烏茲別克斯坦南部的遼闊區域統一在自己的政權下，在這些地域的文化統一和佛教傳播上發揮了巨大作用。貴霜帝國位於幾大文明交匯之地，並佔據着西起羅馬帝國和波斯、東至印度和中國，橫貫其境的主要貿易通道。貴霜時期的文化是國際化的，居民的多民族成份、語言的多樣性是貴霜和後貴霜時期文化傳統、藝術和物質文化的主要特點（《新疆》，Восточный Туркестан，1995年，第4–5頁）。

在西域傳播佛教的佛教文書翻譯者中有印度人、中央亞細亞移民：安息人、粟特人、于闐人、龜茲人。如果漢文文書中說某個傳教者從貴霜帝國來到中國，那麼這並不能確定其民族屬性，因爲貴霜人將印度和中亞各地區的移民統一成一個政治國家。貴霜王迦膩色伽一世的起始年代在公元78–278年之間。貴霜帝國存在的公認斷代——1世紀中葉至3世紀中葉——各國專家的許多著作都是研究貴霜年代問題和貴霜起源的（《中央亞細亞》，1974年；利特文斯基、比奇江 Пичикян，1986年，第81–125頁；斯塔維斯基 Ставиский，1998年，第9頁）。

公元4世紀，各游牧部落將漢人逼退。“中原陷入動蕩，野蠻民族相繼崛起……與外國人的交往停止了”（馬利亞夫金，1989年，第66–67頁）。佔領中國北部和西北部地區的前秦（351 – 394）國王是吐蕃人。他竭力奪取西域的土地，並於公元382年派遣呂光（337 – 399）率七萬大軍前往龜茲，根據出身他也是吐蕃人。呂光是一個吐蕃部落的首領和後涼國（386–403）的創建者，以漢人和公元4世紀之前成爲文明人的龜茲人的觀點來看，他是一個蠻夷。龜茲王未聽從鳩摩羅什（關於他，請看下文）不抵抗呂光的建議，結果自己死了，鳩摩羅什被俘，而城被毀。

公元4–5世紀，佛教已在西域以及被鮮卑人佔領的大平原北部（北朝）和漢人自己的南朝宮廷廣爲傳布。

龜茲國派遣使團向鮮卑北魏（386–535）皇帝進貢，以此承認依附於北魏，但所有這些政治措施對龜茲居民的文化和内部生活方式的影響很小。需要指出的是，北魏的皇帝們保護和優待佛教，建立宏偉的寺院和廟宇——雲岡和龍門，佛教成爲國教，因此龜茲僧團的崇高佛教文化及其與整個印度化的文明世界的聯繫對建立了自己國家的絲綢之路的新主人是有益的。

公元6世紀初，包括龜茲綠洲在內的西域被白匈奴（嚈噠）佔領，然後在公元563–567年之間，白匈奴被西突厥汗國擊敗。

唐帝國的征服新浪潮始於公元7世紀中葉，時值唐太宗在位期間（626–649在位），於公元647年攻佔龜茲城。因爲佔領了塔里木盆地，中央政府爲管理新的領土建立了四鎮：龜茲、焉耆、疏勒、于闐，後來是碎葉，都護府先是設

---

[14] 月氏——游牧部落。其一部在公元最初幾個世紀建立了貴霜帝國，在傳播佛教文化和聯合統一說不同語言的民族上發揮了巨大作用。

在高昌，而在公元648年移至龜茲。自公元658年，在唐軍戰勝突厥阿史那賀魯後，都護府最終設在龜茲，這在庫木吐喇石窟和龜茲綠洲其他遺址的風格上有所體現。（圖錄42–51）四鎮持續了一百年，直至大約公元760年吐蕃佔領前（馬利亞夫金，1989年，第178–179頁，注268）。

公元751年，唐軍在費爾幹納怛羅斯戰役中遭受了阿拉伯人的毁滅性打擊，阿拉伯人是新興力量，早在公元701年和712年就打敗了突厥人。爲平定公元756–763年的安禄山叛亂，唐帝國被迫將軍隊調遣至中原，吐蕃利用了唐帝國的衰弱，於公元786年攻佔敦煌，繼而佔領西域。

同時，回鶻人於公元9世紀中葉定居塔里木河流域，並將早在公元最初幾個世紀建立的高昌作爲自己的都城，高昌以高雅文化和著名寺院而聞名。稍後，回鶻人分散遷徙至焉耆、龜茲。回鶻王國於公元13世紀初被征服，更確切地說是自願降服於成吉思汗（約1155年或1162–1227年）。值得注意的是，蒙古入侵時期，居民的伊斯蘭化很可能進展極爲緩慢，因爲在公元13世紀甚至是公元14世紀，佛教在榆林窟的藝術中、在吐魯番綠洲、龜茲、黑水城都保留下來了。

龜茲綠洲因肥沃的土地和富足的水源、亦因在商路上佔據着有利的地理位置而繁榮富饒。

粟特商人在貿易中發揮了重要作用，他們自公元前4–前3世紀開始定居新

插圖20：克孜爾，第5窟的壁畫，吐火羅貴族供養人肖像——王室。資産清册編號ВД–888和ВД–889，國立艾爾米塔什博物館，1945年前收藏於柏林民俗博物館。

插圖21：克孜爾，第5窟的壁畫，一組供養人肖像。資産清册編號ВД-870，國立艾爾米塔什博物館，1945年前收藏於柏林民俗博物館。

疆。保存在艾爾米塔什博物館的商人雕像就是絲綢之路上存在西方民族的令人信服的證據。（圖録150）商人可稱得上是絲綢之路的主角之一。傑出無私的佛教傳教者、朝覲者和翻譯家與商人們一起沿着商路行進。

佛教

新疆歷史的整個第一個千年是在佛教傳播的旗幟下度過的。公元1世紀，佛教傳播到阿姆河兩岸。在與現阿富汗邊境相鄰的鐵爾梅兹城附近建立了佛教寺院，該寺以卡拉－捷佩（意爲"黑山丘"）的名義進入學術界。公元1世紀，該地區成爲貴霜帝國的一部分。在絲綢之路北道，正是龜兹綠洲成爲最早的佛教文化中心。早在公元3世紀，那裏開始建築寺院，裝飾廟宇的壁畫和塑像。或由一個供養人，或由全家，或由僧團出資。

自公元4世紀起，國王們保護和優待佛教，並成爲建築和内部藝術裝飾的出資人和資助者；他們做出了巨大的貢獻，也像普通平民一樣想成爲壁畫中被描繪的人。建築寺廟、出資製作塑像或描繪壁畫、抄寫佛經是善事，被認爲是宗教功績，有助於來生獲得回報，實現逝去親人的美好輪回。

國王們被描繪在一些洞窟的壁畫中。第207窟中的王室"肖像"在原位保存下來了。偶然的原因，А·格倫威德爾從第17窟運走的壁畫保存在艾爾米塔什博物館，該窟位於第16窟佩劍者窟（現在編號第8窟）旁（與第17窟同一）。可將其斷代爲公元4世紀，至少可定期爲公元5世紀初。[15]描繪的"一組肖像"，主要人物自左至右是：國王夫人、國王和一青年——兒子，是根據相同的綠色頭光（除了青年）、相同的衣服確定的。兒子踮起脚來站立，就像其騎士階層所應具有的特徵那樣站立。接着是保存得很差的一組：穿着白袍的人物形象，他顯然屬於王室，還有兩位僧人和一位騎士，後者手持某種類似於花瓶的器物。所有人物均着華服，國王頭上戴冠。【插圖20】

還是在同一洞窟中，但顯然在另一面墻壁上還繪有一小組穿衣的供養人，衣服下擺上有楔形角布——兩塊角布在前，兩塊在後，很像月氏人的衣服（雅岑科Yacenko，2001年，第73–121頁）。【插圖21】

格倫威德爾還公佈了第二道峽谷第205窟摩耶窟中的一組王室肖像，上面保存下來了X·呂德斯（Людерс）釋讀出的有國王和國王夫人名字——托提卡（Топтика/Tottika）和斯瓦揚普拉芭（Сваямпрабха/ Svayaṃprabha）的榜題。[16]呂德斯認爲，托提卡生活於公元6世紀末–7世紀初，在蘇伐那勃駛（Suvarṇapuspa）之前在位統治，後者的名字在紅色圓穹頂洞窟的六位國王中被提到。【插圖22】

寺廟中也有其他供養人的家庭肖像，其中的男性踮起脚來站立，携帶作爲其騎士階層標志的武器，女性則身着節日服裝。他們均屬無名氏。【插圖23、24】

克孜爾第207窟中有最有意義且可能永遠失去的壁畫"圍攻拘尸那城"，非同尋常的是，畫家圖圖卡（Tutūka）畫了自畫像並使自己的名字流芳百世。很難對其肖像進行斷代，僅能假設，其肖像畫要比上面提到的壁畫晚大約一百年。研究者們將該窟斷代爲始自公元4世紀直至公元7世紀。此外，描繪在克孜爾另一洞窟中的佚名的畫家們，其肖像風格與畫家圖圖卡的手法相同。【插圖25】我們的收藏品中僅有一幅供養人——吐火羅貴族女性圖像。（圖錄28）

供養人的功用在龜兹藝術早期很簡單：他們——建築和裝飾寺廟的出資人，宗教儀式的贊助者，其作用是有代表性的。他們無所求，但捐贈各類物品。如，龜兹"偉大的王"托提卡在公元7世紀初向寺院捐贈了豐富的甜食禮物（利特文斯基，1989年，第173頁）。

身毒（印度）、安息、罽賓（克什米爾）、貴霜傳教者沿着通向全世界的道路穿越沙漠，翻過西域的山口來到中國。他們不能錯過富饒繁榮的綠洲，已

插圖22：克孜爾，第205窟的壁畫，貴族供養人斯瓦揚普拉芭和托提卡的肖像。現在下落不明，以前收藏於柏林民俗博物館。轉載自趙莉2008年：第83頁，圖72。

[15] 洞窟的名稱是由首先發現它們的格倫威德爾命名的。現在中國學者建立了新的編號，並編製了相應的表。然而舊稱保存下來了，許多西方學者仍在使用它們。瓦爾德施密特將該窟斷代爲公元7世紀（瓦爾德施密特，1928年，卷VI，第68頁）。根據德國碳十四分析，該窟的年代爲公元237–321年（雅爾获兹，2010年，第76–90頁）。

[16] 格倫威德爾，1920年，圖XLVIII–XLIX；瓦爾德施密特，1925年，圖17；勒柯克，1933年，第28頁。

插圖23：克孜爾，第8窟的壁畫，供養人肖像——釋迦武士，柏林亞洲藝術博物館，轉載自趙莉2008年：第141頁，圖124。

插圖24：供養人肖像——釋迦武士，H·M·別列佐夫斯基描繪的複製品。紙張，水彩，未標注窟號。1905–1906年探險考察隊，國立艾爾米塔什博物館。

接受佛教的國家就位於這些綠洲上。

自公元1世紀起，中國人開始定居在中亞大地上，而且他們延續了自己的文化特徵；各博物館收藏有很多漢文文獻遺存，而且大部分發現於敦煌。龜茲的漢文文書被斷代爲開元年（713–741）至貞元年（785–803）之間（童丕Trombert等，2000年，第7頁）。有趣的是，如果不算無清晰年代的五銖類型的錢幣，龜茲綠洲的中國錢幣均有年號鑄字，即漢文年代。

公元4世紀是國家繁榮和佛教盛行的時期。許多優秀的傳教者都來到了龜茲。《克孜爾石窟志》一書從各種文獻資料中收集了近百位來自身毒、晚期犍陀羅、罽賓的僧人名字，他們自公元2世紀中葉至公元9世紀到過西域和龜茲（《克孜爾石窟志》，1993年，第274—292頁）。如果文書中無直接的説明，有時很難確定其民族屬性。他們出生於哪裏，因爲僧人的名字都被音譯轉寫成漢語了。我們可説出其中一些人的名字。

公元3世紀，曇柯迦羅來自中天竺。公元3世紀下半葉——月氏人曇摩羅刹（即竺法護），他是晋武帝（265–289）同時代的人，世居敦煌，西行求經，越過葱嶺，學會36種語言及其文字，在從敦煌到都城長安的途中將文書翻譯成漢文。曇摩蜜多，生於罽賓，在那裏度過若干年後前往敦煌和蘭州。

佛圖澄，生於龜茲，因爲其姓氏漢語轉寫爲帛——龜茲王的姓；公元310年，他來到洛陽。

罽賓人卑摩羅叉在龜茲生活數年，並成爲鳩摩羅什的導師。

佛馱耶舍也生於罽賓，在龜茲駐留十年，曾是鳩摩羅什的導師；在龜茲與呂光的戰爭和鳩摩羅什被俘之後，他移居龜茲，"竭力弘法"；後來和鳩摩羅什一起在中國北部的拓跋魏國都城譯經。

公元5世紀初，曇無讖，中天竺人，學習上座部和大乘，因預先學習漢語並譯出《大般涅槃經》而聞名。他曾游走于闐尋求缺失的部分經文（慧皎，1991年，第155–160頁）。也許，正是因爲曇無讖的努力，該經在龜茲傳播，並成爲克孜爾石窟寺壁畫經久不衰的題材（霍華德，1991年，第81頁）。

簡單列舉出公元4–5世紀生活在或到過龜茲的僧人——

翻譯家的名字，證明佛教的繁榮和僧團的衆多，這在其他文獻資料中也得到了證實。其中一些翻譯家，在身毒、罽賓接受教育後定居龜兹一段時間，然後向東前行——到中國北部，那裏由鮮卑王朝拓拔魏統治，魏攻佔長安和洛陽，而中國南部仍由漢人王朝統治。

公元4世紀，佛教在龜兹興盛起來。著名的佛教信徒鳩摩羅什，其父生於印度；母親是龜兹人，操吐火羅語，是國王的妹妹，接受了剃度並與七歲的兒子一起去了寺院。然後他們前往罽賓——一個因自己的導師而聞名的佛教國家。此後母親與兒子去疏勒（喀什喀爾），在那裏他繼續學習和研究小乘佛教、大乘佛教，通過了出家誓願。然後應龜兹王的光榮邀請返回龜兹寺院。"龜兹王爲造金師子座。以大秦（拜占庭——作者）錦褥鋪之。令什陞而說法。"鳩摩羅什成爲公認的大乘專家。

公元377年，鳩摩羅什在戰争中被俘，被强迫結婚，在經歷了各種變化後他來到了長安，從事佛經翻譯。此前他已出色地掌握了漢語，而對梵語文書的原文更是非常瞭解。鳩摩羅什闡述印度語文書，而其他僧人則對照舊譯校對新譯並做出修改。鳩摩羅什的新譯更準確地表達了佛經的意義。著名的佛教傳教者和翻譯家紛至沓來。他於公元4世紀末或公元409年去世。現在克孜爾石窟前，樹立着一座紀念這位偉大的翻譯家和傳教者的雕像。【插圖26】

援引這些長篇叙述，也是爲了展現求法高僧的經歷路途，展現佛教在印度和中亞各國、然後是在中國北部"蠻夷"地區的廣泛傳播，以及將佛經從梵文翻譯成漢文的過程。但主要的是，根據鳩摩羅什生平我們相信，公元4世紀在龜兹曾有既定的信仰，國王們優待佛教，小乘說與大乘說同時並存。鳩摩羅什的生活清楚地證明，佛教在龜兹國及其境外的地位和作用，也證明了當時身毒、罽賓、中央亞細亞和中國佛教界的傳承關係。

公元399年，法顯（337-約422）經西域前往印度求經（比爾，1983年，第XXXIII頁）。他游歷15年並於公元414年返回故鄉。在其《佛國記》中未描述龜兹綠洲：走過敦煌，他向南轉至樓蘭，然後走向東北並到達焉耆。

公元629年，玄奘出發前往西域。

公元8世紀，新羅朝聖者慧超（700或704-780，朝聖始於公元724年）留下了自己的印度旅行札記（《往五天竺國傳》，第57頁）。[17]

需要特別關注的是偉大的玄奘。公元7世紀30年代，他來到位於通往印度的道路始端的龜兹（其朝聖時間爲公元629-645年），並留下了最詳細的《大唐西域記》，它至今仍是研究印度和佛教地區國家文化、生活習慣、宗教的無價文獻資料。

我們可以從書中讀到：

> 從此（焉耆——作者）西南行二百餘里，逾一小山，越二大河，西得平川，行七百餘里，至屈支國（龜兹——作者）。屈支國，東西千餘里，南北六百餘里（約150000平方公里——作者）。國大都城周十七八里，宜糜、麥，有粳稻，出蒲萄、石榴，多梨、柰、桃、杏。土産黄金、銅、鐵、鉛、錫。氣序和，風俗質。文字取則印度，粗有改變。管絃伎樂，特

插圖25：吐魯番，柏孜克里克，壁畫"畫家肖像"。資産清册編號TY-920，國立艾爾米塔什博物館。

---

[17] 1908年，伯希和在敦煌發現了慧超手寫本。

插圖26：克孜爾石窟前鳩摩羅什銅像，現代作品，1994年拍攝。

插圖27：蘇巴什昭怙厘佛寺遺址。府憲展攝。

善諸國。服飾錦褐，[18]斷髮巾帽。貨用金錢、銀錢、小銅錢。[19]王，屈支種
也，智謀寡昧，迫於強臣。其俗生子以木押頭，欲其匾㔸遞也。伽藍百餘
所，僧徒五千餘人，習學小乘教說一切有部。經教律儀，取則印度，其習
讀者，即本文矣。尚拘漸教，食雜三淨。潔清耽玩，人以功競。

國東境城北天祠前，有大龍池。諸龍易形，交合牝馬，遂生龍駒，㤗
戾難馭。龍駒之子，方乃馴駕，所以此國多出善馬。聞諸先志曰：近代
有王，號曰金花，政教明察，[20]感龍馭乘。王欲終没，鞭觸其耳，因即潛
隱，以至於今。[21]城中無井，取彼池水。龍變爲人，與諸婦會，生子驍
勇，走及奔馬。如是漸染，人皆龍種，恃力作威，不恭王命。王乃引攜突
厥，殺此城人，少長俱戮，略無噍類。城今荒蕪，人烟斷絶。

荒城北四十餘里，接山阿，隔一河水，有二伽藍，同名昭怙厘，而東
西隨稱。佛像莊飾，殆越人工。僧徒清肅，誠爲勤勵。東昭怙厘佛堂中有
玉石，面廣二尺餘，色帶黃白，狀如海蛤。其上有佛足履之蹟，長尺有八
寸，廣餘六寸矣。或有齋日，照燭光明。

大城西門外，路左右各有立佛像，高九十餘尺。於此像前，建五年一
大會處。每歲秋分數十日間，舉國僧徒皆來會集。上自君王，下至士庶，
捐廢俗務，奉持齋戒，受經聽法，竭日忘疲。諸僧伽藍莊嚴佛像，瑩以
珍寶，飾之錦綺，載諸輦輿，謂之行像，[22]動以千數，雲集會所。常以月
十五日、晦日，國王大臣謀議國事，訪及高僧，然後宣布。

會場西北，渡河至阿奢理貳伽藍(唐言奇特)。[23]庭宇顯敞，佛像工
飾。僧徒肅穆，精勤匪怠，並是耆艾宿德，碩學高才，遠方俊彥，慕義至
止。[24]

根據玄奘的《大唐西域記》我們知道，龜兹綠洲是一個富饒繁榮的地區，
居民使用變異的印度文字，該地區以音樂和舞蹈聞名，貨幣流通外國錢幣。

文中提到接待外國人的旅館，證明城市有大量來訪者。玄奘還寫到，他到
訪前，距龜兹四十里有一荒城；城東城西保存下來了兩尊豎立的巨大佛像及腳
掌痕蹟。玄奘在龜兹見到並描述了右手持典型姿勢（無畏印）的巨大立佛像。
兩尊巨大的雕塑像立於王城大門旁。它們可與巴米揚的雕塑像相提並論，也可
與龍門石窟的雕塑像相提並論。

他寫到，宏大的雕塑像（兩尊石雕像和一尊黏土塑像）是在龜兹前國
王治下製作的，即在朝聖者在巴米揚或龜兹逗留前。據克里姆伯格–索爾特

[18] 在C·比爾的譯文中——"絲織物"（比爾，1983年，第19頁）；H·亞歷山大羅娃
（Александрова）將術語表達爲"毛織物"。А·А·耶魯薩利姆斯卡婭（Иерусалимская）
認爲，在新疆不使用毛織物。這個術語的詞典意義——"粗糙的、毛織物"。詳細的解釋，
請看桓寬，1997年，卷1，第244頁，注55：最合適的術語翻譯"葛"——粗糙的植物纖維織
物。正如舍費爾所寫的，吐火羅斯坦的居民穿着棉織物（用卡帕斯[印度語詞]製作的），被
誤稱爲"野蠶絲綫"的織物（舍費爾，1981年，第273頁）。

[19] 很可能在其他國家——中國、伊朗、希臘–巴克特里亞、羅馬製造。無關於龜兹有自己的造幣
署衙的信息。

[20] 王的名字在龜兹的文書中遇見兩次。大概指兩個人。其中第一個曾是公元618年赴中國的使
節，第二個是公元630年。顯然，玄奘指的是第一個。

[21] 逝於公元624年。關於王的名字，請看慶昭蓉，2010年，卷1，第80頁。

[22] 節日的詳細描述引自法顯（比爾，1983年，第XXVI頁）。關於"行像"節，還請看索珀，
1969年，第193–195頁。

[23] 阿奢理貳，也許是我們的研究人員到訪的都勒都爾–阿胡爾地區。

[24] H·亞歷山大羅娃按照比爾的譯文翻譯了玄奘的《大唐西域記》。我根據漢文版做了一些小
的修正（亞歷山大羅娃，2008年，第152–155頁；《大唐西域記》，卷1，第13–164頁；比
爾，1983年，第19–24頁）。

插圖28：克孜爾，第17窟内部，東甬道，在原位。轉載自《中國石窟·克孜爾石窟》，1989年，圖版55。

插圖29：庫木吐喇，第21窟，方形穹窿頂窟。壁畫"圍繞着蓮花的菩薩"，在原位。轉載自趙莉2008年：第215頁，圖189。

插圖30：套斗頂，第167窟的壁畫，在原位。轉載自趙莉2008年：第81頁，圖70。仿套斗頂裝飾着類似敦煌莫高窟的許多壁畫。

（Климбург-Салтер）的斷定，這使得可將其斷代爲約公元600年或公元6世紀末-7世紀初。權威專家一致認爲，巴米揚雕塑像製作不會早於公元6世紀下半葉（克里姆伯格-索爾特，2002年，第5頁）。因此，邏輯上可以假設，玄奘於公元629（632）年在龜茲都城（關於王國都城所在地的問題一直存在争議。也許蘇巴什是都城——作者）大門旁看到的雕塑像與巴米揚佛像是同時期的。【插圖27】

玄奘關於突厥人的記載，除了這一信息的歷史價值，它對一些塑像頭的斷代可能是有益的。從人類學類型和藝術處理上，這些塑像與龜茲、焉耆綠洲印歐語族面貌迥異。他們長髮飄逸，唇髭下垂，大鬍子，雙目細窄，顴骨寬。保存下來的彩繪——面部的白灰漿與黑髮、眼睛的顏色形成了鮮明的對比。（圖錄81-84）玄奘到達龜茲的大致年代是公元629年或630年，正如已指出的，他講述龍種被屠事件，如同發生在不久以前。

公元6世紀中葉，在取得一系列勝利後，在與伊朗一起擊潰白匈奴後，突厥人於公元7世紀初控制了束起遼水西至裏海的遼闊地域。公元581年，突厥汗國分裂成相互敵對的束、西兩部（克恰諾夫Кычанов，1997年，第95、107頁）。他們是否擁有對龜茲國的實際權力尚不完全清楚，但西突厥的牙帳位於新疆。在М·М·別列佐夫斯基拍攝的考察照片上，其中一個洞窟中保存下來的突厥魯尼文題記證明他們在龜茲綠洲克孜爾的存在。С·克利亞什托爾内（Кляшторный）教授釋讀了魯尼文文字，僅含有一個詞："菩薩"。所以將我們收藏的突厥人頭像斷代爲公元6世紀末或7世紀初，這一假設不會錯。

現在，根據在西安、洛陽和天水郊區發現的粟特人墓葬石榻浮雕上的圖像可以肯定地判斷出突厥人的肖像。被斷代爲公元570年的甘肅省天水市的石榻，公元579年的安伽墓石榻，其浮雕中均雕刻有突厥人（《美穗博物館通報》，2004年，卷4，第6a、b頁）。Б·И·馬爾沙克（Маршак）認爲，民族學上最準確的早期突厥人形象就呈現在那塊浮雕上（同上，第5頁）。

當鮮卑王朝北周（557-581）統治中國北方時，可汗成爲草原的主人，因此粟特人對他懷着極大的興趣。正如Б·И·馬爾沙克所指出的，外貌類型，或者說是人物面部表情更好，也是刻畫在浮雕上的移居草原的各民族的一個特徵。突厥人的面部是慈善的，與其他浮雕上白匈奴眉頭緊蹙令人生畏的面部不同。白匈奴自公元6世紀60年代中期起就成爲突厥汗國的附庸（Б·И·馬爾沙克，第16-31頁；瓦蓮金娜 I·拉斯波波娃Valentina I. Raspopova，第43-57頁）。

洞窟的描述與年代

中央亞細亞的建築各式各樣：城墙和城門樓、防御工事、民居。但寺院、廟宇和窣堵婆是主要建築。除地面建築外，還保存下來了大量成排開鑿在砂岩或石灰岩中的佛教石窟寺。

絲綢之路北道（應爲"中道"，下同。——編輯注）的建築不同於南道的，儘管建築材料——黏土、泥土、用它們成型曬乾的磚是相同的。不同之處在於，木頭在北道被用作裝飾元素，並被用於製作門窗和欄臺——沿墙的突出部分的梁，而在南道則是主要的建築材料。

在絲綢之路北道上保存下來了一些大城市的殘蹟：龜茲綠洲北部，在蘇巴什河兩岸矗立着中世紀古城建築廢墟，正如上文提到的，古城可能就是王國的都城。

龜茲綠洲的石窟寺建築是絲綢之路北道建築方案的典型範例；它們遵循印度笈多時代的建築傳統：矩形屋室，有時其前有一不大的"前廳"。

洞窟開鑿在山坡或高而陡峭的河岸的黃色砂岩中，砂岩有時有紅色細脈。岩石上通常有砍鑿出的階梯通向洞窟。洞窟入口或向東，或因開鑿洞窟的山坡情況而改變，在入口前有時建有臺階。"洞壁既不完全平直，大小也不一樣"（格倫威德爾，1912年，第3頁）。而且洞壁或垂直或傾斜。Ｃ·Ｍ·杜金（Дудин）寫到，吐魯番高昌城中的地面鋪着"燒製的"方磚（杜金，1916年，第6、10、12、19、22、28、31頁）。Ｍ·Ｍ·別列佐夫斯基在記錄托乎拉克艾肯的一個洞窟時指出，"地面鋪着焙燒過的一英寸半的大磚，上面澆灌一英寸的石膏"，而在信的另一頁上："我也稍稍挖掘了西寺。地面澆灌了石膏"（俄羅斯科學院檔案館聖彼得堡分館的信，文獻庫208，目錄清單3，存儲單元53，第11a頁）。不太明白別列佐夫斯基所指的：地面是否真的澆灌了石膏或是他將黏土塗料當成了石膏？

北京大學最年長的學者宿白研究了克孜爾的石窟建築，並形成了自己的分類和年代劃分。他提出了四種洞窟建築類型，將它們與年代、裝飾特點、壁畫風格和色調進行對比並確定其相互間的關係（宿白，1985年，第1卷，第162－178頁）。

按照宿白的劃分：

第一類——有窣堵婆中心柱和圍繞中心柱進行巡行儀式——右旋的環繞甬道的洞窟。【插圖28】

第二類——有巨大黏土佛像的長方形洞窟。

第三類——有穹窿頂的方形洞窟。【插圖29】

第四類——有小窗和竈的僧舍。

在絲綢之路北道的石窟寺和地面建築中有幾種類型的頂：長方形洞窟通常覆蓋着在岩體中切割出的兩邊對稱的拱券頂。方形窟室覆蓋着在岩體中砍鑿出的圓穹頂。圓穹頂也許是在西亞和波斯建築的影響下出現的。在龜茲綠洲的一些石窟寺中還有所謂的"套斗頂——由以45度角相互內接的越來越深的、即逐漸向上陞高的正方形構成"。

例如，克孜爾畫家窟（第207窟）有套斗頂。【插圖30】前室（神殿）牆壁內傾。神殿的面積爲5.10×5.19平方米，後室——5.95×2.80平方米。中心柱的牆壁上早在古代就已經修復過，保存下了最初的裝飾遺蹟——固定山景浮雕的標記痕蹟（格倫威德爾，第148–157頁，第332–357頁）。

敦煌莫高窟的許多壁畫裝飾都模仿了套斗頂（利特文斯基、比奇江，1986年，第81–125頁；梅拉德Maillard，1983年，第111–121頁）。

洞窟的內部空間按照統一的規則進行組織。參觀者進入洞窟，他的目光就落在中心柱——窣堵婆上或洞窟後壁上。中心柱上砍鑿出一個龕（一個或四面都有龕），龕中臺座上（臺座在原位保存下來了）立有主尊像——釋迦牟尼佛

插圖31：克孜爾，第14窟"説法場景"壁畫，在原位。轉載自《中國石窟·克孜爾石窟》，1989年。

插圖32：克孜爾，第38窟，"欄臺"上的天宮伎樂，在原位。轉載自趙莉2008年：第19頁，圖13。

插圖33：公元2-3世紀的艾伊爾塔姆壁緣裝飾，石灰岩，浮雕。資産清冊編號Ca 3195、3197-3199，國立艾爾米塔什博物館。

插圖35：克孜爾，第171窟，釋迦牟尼佛涅槃圖，柏林亞洲藝術博物館。轉載自趙莉2008年：第49頁，圖40。

插圖34：克孜爾，第14窟，獅王捨身不失信本生，柏林亞洲藝術博物館。轉載自趙莉2008年：第79頁，圖67。

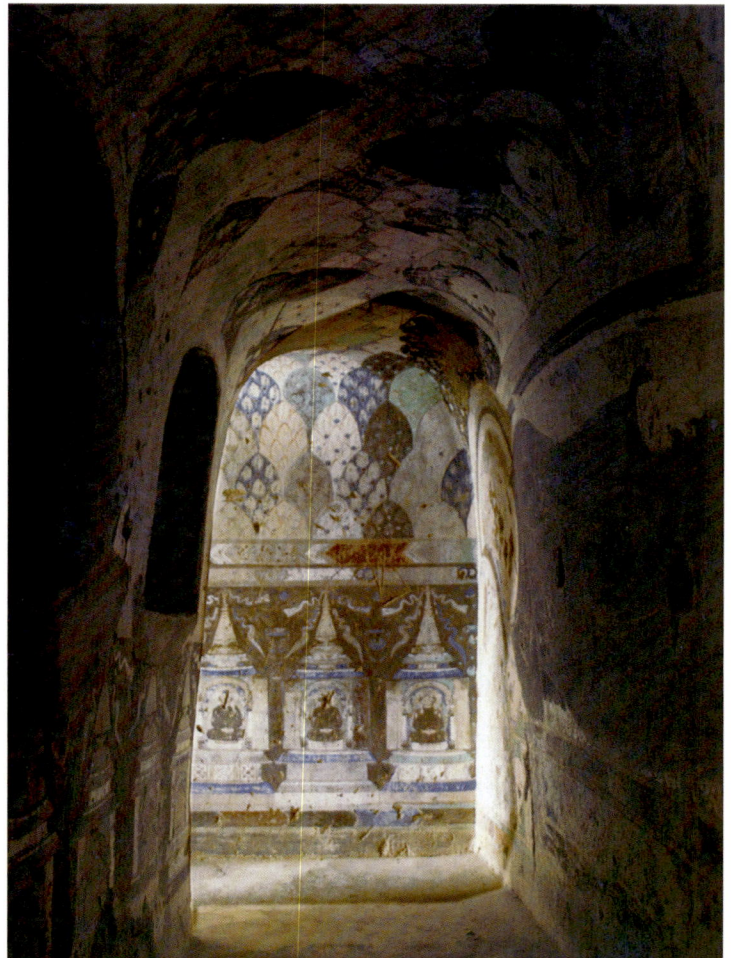

插圖36：克孜爾，第38窟，壁畫：窣堵婆。轉載自《中國石窟·克孜爾石窟》，1989年，圖版142。

的黏土塑像。【插圖28】在公元4–6世紀的早期洞窟中，是弟子圍繞着釋迦牟尼，無菩薩，這是典型的上座部（小乘）的構圖。菩薩出現得稍晚，但據玄奘觀察，隨着大乘的傳播，小乘與大乘在龜茲同時存在（劉茂才，1969年，第20–33頁）。

朝觀者開始按順時針繞行洞窟：在入口左右兩邊的墻壁上描畫着說法場景，成兩排分布。【插圖31】墻壁上部，在說法圖的上方修建有"欄臺"，有時是真正的木頭的，有時是沿泥塑浮雕邊飾下緣加工的壁緣裝飾。"欄臺"上描畫幾組伎樂，每個矩形邊飾中各有兩身。【插圖32】

也許，犍陀羅浮雕是欄臺上這樣組合的原型，在貴霜巴克特里亞的藝術中也盛行犍陀羅浮雕：著名的石刻艾伊爾塔姆(айртам)壁緣裝飾建於公元1–2世紀，發現於現在的鐵爾梅兹城附近。【插圖33】也像克孜爾石窟裝飾中的一樣，在壁緣裝飾上雕塑有位於葉飾之間的伎樂（姆克爾迪切夫Мкртычев，2002年，第106、248頁，注17、18、19）。欄臺上方的券頂描繪本生題材的場景——關於釋迦牟尼前生的故事，那時他是菩薩；以及譬喻題材的場景——佛塵世的傳奇故事。【插圖34】禮拜主像後，在感受說法場景和傳記中的教義後，信徒繼續繞行並經過很窄的甬道進入柱後的後室。他來到高榻前，釋迦牟尼右肋側臥其上，右臂枕於頭下，左臂沿身體直伸。這個場景被稱爲導師"偉大的辭世"、"偉大的涅槃"。【插圖35】信徒明白，生命輪回必然應該結束了。

"涅槃"對面的柱壁，通常描繪或塑造"分舍利"的故事題材。在釋迦牟尼的身體火化後，寶貴的殘餘物——聖遺物——舍利被置於窣堵婆中。

窣堵婆——宗教建築，產生於古印度。它們爲半球形，建造在類似於土墳丘的矩形平臺上，它也是窣堵婆的原型。窣堵婆中存放裝有圓寂者骨灰的舍利盒，而且紀念建築物本身也是深受敬重的神聖紀念碑。【插圖36】窣堵婆的形狀取決於當地的建築傳統。佛之"偉大的辭世"發生於德羅納王統治的拘尸那城。鄰國的國王們在軍隊的護送下來到拘尸那，以戰爭相威脅，要求將寶貴的聖遺物分成八份。壁畫中，在拘尸那場景上方描繪有持舍利盒的天人。建造了八座存放舍利盒的窣堵婆，它們有時被描繪在柱旁甬道中的窟壁上。繞行結束後，信徒再次進入主室，可以環視洞窟的券頂。

券頂壁畫是一種風景畫，在相鄰綠洲的藝術中沒有類似的。券頂中央，在"中脊"平面上描繪太陽和月亮的圓，環繞飛雁，還繪有風神、中國神話造物主伏羲和女媧、佛。【插圖37】一些洞窟中，在券頂的下方描繪有發誓——誓願場景（關於誓願，請看下文）。【插圖38】

參觀者走向出口，就看見門上方半月形墻上的未來佛彌勒，帶着弟子在庭院中。他以所謂的彌勒姿勢坐在寶座上，即歐式的，雙腿下垂相交於腳踝處。他——救世主、拯救者，是信徒的希望。在未來劫中，彌勒將降臨人世並成爲塵世佛。因此，在洞窟參觀者面前依次呈現了釋迦牟尼一生的所有階段，似乎是未來佛在陪伴參觀者完成輪回並激發起獲得拯救的希望。

龜茲綠洲的遺址——克孜爾、庫木吐喇、克孜爾尕哈及其他遺址有顯著特點——構圖和肖像的持續穩定性、守舊性，三百多年來裝飾題材的單一性、風格處理的獨特性。

肖像規範的持續穩固性極大地增加了斷代的困難。但風格變化、藝術語言特徵、犍陀羅時代藝術中的、希臘化的或伊朗遺存中的構圖原型、貴霜巴克特里亞、笈多王朝時期印度藝術創作中的類似，使得能劃分出洞窟裝飾的時間順序——所以我們或多或少有一個相對準確的年代。然而，絕對年代問題仍是研究龜茲綠洲遺址的主要問題。

★★★

敦煌附近莫高窟中的題記可將壁畫斷代準確到年，而龜茲的刻畫題記則無

插圖37：克孜爾，第38窟，券頂壁畫：烈焰中的佛、金翅鳥、日天和月天，在原位。轉載自趙莉2008年：第45頁，圖36。

插圖38：克孜爾，第224窟入口上方半圓端面，彌勒菩薩兜率天宮説法圖。轉載自趙莉2008年：第95頁，圖83。

這樣的信息。在洞窟墻上保存下來一些有供養人名字的榜題，其中兩人特別重要。如上所述，在畫家窟（第207窟）中提到了藝術家"圖圖卡"，摩耶Ⅱ窟中有國王夫人的名字"斯瓦揚普拉芭"。Ｘ·呂德斯根據古文字學將這些榜題斷代爲公元5-6世紀。在另一榜題中，"斯瓦揚普拉芭"還作爲國王托提卡妻子的名字出現在其他王公——寺院供養人之中。呂德斯確定了6位龜茲王的名字，其中包括"蘇伐那勃馳"和"蘇伐疊"，根據《唐史》已知其名（梅拉德，1983年，第114頁）。德國和法國研究人員研究過的榜題古文字祇給出一個相對的年代；榜題的文字不含可以幫助確定洞窟建造時間的年代。文字的所有信息對龜茲綠洲藝術遺存的斷代都極其重要。

中國佛教藝術作品的樣本來自西域國家，與已被斷代的中國佛教藝術作品的類似，是洞窟早期壁畫，特別是克孜爾、庫木吐喇和蘇巴什遺存斷代的同樣重要的因素。無論如何，西域的影響在鮮卑王朝北魏、北齊（549-579）、北周（557-583）佛教藝術中特別明顯，對莫高窟壁畫和塑像的影響一直持續到中國隋朝（581-618）和唐代（618-907）早期。以中國其他地區類似的佛教藝術作品爲標尺，可以幫助確定絲綢之路藝術作品的年代。如，北魏公元4-5世紀的青銅雕塑像與龜茲地區的佛和萬神殿諸神的小木雕像具有共同的風格，而莫高窟第268、275、272窟的壁畫使人想起了克孜爾壁畫的構圖、藝術特點和肖像（麗艾Rhie，2002年，卷2，第717頁）。

各國許多學者的專著都是研究龜茲藝術史的，大部分學者都遵循綜合的研究方法；它根本不是新方法，是所有人都明白的，是將對待材料的歷史方法與純風格的"考古"鑒定結合起來。因此，西方學者和中國學者都考慮了政治史和佛教傳播史。

現今的研究者們利用了殘餘木頭和麥秸的放射性碳的分析結果。[25]

分析藝術手法、供養人的位置、人物姿勢、其衣服和髮型、武器類型是研究遺存和對遺存進行斷代的非常重要的方法之一。事實上，所有人都遵循按

---

[25] 大多數斷代都是根據中國、日本學者於上世紀70-80年代、而後德國學者於2000年所做的放射性碳分析。中國人與日本人一起使用了洞窟中殘餘的木頭和麥秸，或木雕像，這未能給出準確的結果，因爲樹木的壽命期可以超出許可的修正值。在柏林亞洲藝術博物館（原印度藝術博物館），是根據殘餘的麥秸或其他植物纖維做的分析，它們與黃土和黏土一起混在墻壁的灰泥層中。對木頭和對麥秸的分析結果自然不一致。根據放射性碳分析提出的年代，有時甚至往往與壁畫風格給人留下的印象不符，所以現在研究人員面臨着一個課題，將放射性碳分析的年代與根據風格特徵所做的斷代進行對比。

以下參數編寫的詞典形式：描述輪廓要考慮到綫的粗細（有表現立體感的“陰影”效果的粗綫，證明其印度起源）；白色、紅色、黑色輪廓；色調描述（有綠色的赭褐色、藍綠色）；背景、構成券頂山景的菱形以及山形、樹的顏色描述；人物姿勢描述（雙腿交叉“單足腳尖芭蕾旋轉”的立人）；諸神的冠的形狀描述（北涼397–439早期壁畫中的高冠，北魏時期是三珠冠）；帔帛的形狀與縧帶末端圖形、帔帛在菩薩雙肩上方或胸前位置的描述。許多人已部分地做了這樣的風格描述：中國學者描述並描繪了樹、樂器、圖案裝飾的一切形式。М·Б·戈列里克（Горелик）匯總了武器類型，С·А·雅岑科（Яценко）描述了衣服並根據已公佈的描畫出圖（戈列里克，1995年；雅岑科，1995年）。

但是，這些非常有用的、信息豐富的準確研究也祇是或多或少地給出了遺存的相對年代，並不接近其絶對年代。一切都依賴於學者們在一個封閉圈子中進行的研究，通過未知的來描述不明事物，未走出克孜爾壁畫的範圍，最好的情況是援引類似的敦煌遺存作爲克孜爾藝術影響早期敦煌的證據。

龜兹遺存研究始於德國學者。他們劃分出兩種風格的壁畫：恩斯特·瓦爾德施密特（Waldschmidt Ernst）僅僅是根據壁畫風格，他稱其爲印度–伊朗風格，提出了由色調決定的洞窟分類。瓦爾德施密特將第一類印度–伊朗風格歸爲公元500–600年。他將第二類印度–伊朗風格斷代爲公元600–650年，而且他將大部分洞窟歸爲這一風格。

Э·瓦爾德施密特的斷代分期和A·勒柯克對洞窟建築的分類持續了半個世紀，直至人們對洞窟建築如此之晚的正確性産生懷疑（勒柯克，1925年；勒柯克、瓦爾德施密特，卷Ⅵ、Ⅶ）。1958年，A·索珀發表了精彩的文章，他在文中首次肯定地指出，被準確地斷代爲公元439年之前的敦煌第272和275窟與克孜爾早期洞窟的建築、規劃設計和肖像風格一致。【插圖39】佛教傳教者正是來自靠近身毒、罽賓、犍陀羅的龜兹綠洲，它曾是中亞佛教思想中心。索珀認爲，克孜爾最早的洞窟開鑿於公元4世紀（索珀，1958年）。

1974年，馬克斯·克里姆伯格和本傑明·羅蘭（Rouland Benjamin）各自獨立地將第一類和第二類印度–伊朗風格古老化，並提出了更早的年代（克里姆伯格，1974年，第27–40頁；羅蘭，1974年，第154–162頁）。

1983年之前，新疆最主要的女研究者之一莫尼克·梅拉德（Maillard Monique）支持德國人的傳統分期。但在最近的著作中，她信奉宿白的新分期（梅拉德，1983年，第57頁）。瑪麗安娜·雅爾荻茨（Yaldiz Marianne）現在也不接受20世紀初德國偉大考古學家的年代（雅爾荻茨，2010年，第80–81頁）。

中國學者宿白及其北京的和新疆的同事們提出了克孜爾的年代分期，新的年代分期是基於遺址建築的系統化。大部分中國學者都采用了宿白的分期，在年代上有小變化，有時有大變化。宿白的功績在於，他將四類建築規劃的洞窟在每一類中分成三個時期（純中國傳統），對比並確定這十二個分支中的每一個與裝飾特點和相關年代的相互關係，即他將建築與裝飾統一起來（宿白，1989年，第10–23頁；丁明夷、馬世長、雄西，1989年，第185–223頁、第236–255頁）。

宿白認爲，建築洞窟始於公元300年，並持續至公元650年，至唐朝征服前。唐朝的征服佔領，無疑給繪製壁畫帶來了風格上的改變。

中國學者在研究和公佈龜兹綠洲，特別是克孜爾的遺存上做了許多工作。宿白、馬世長、李崇峰的著作，新疆龜兹研究院工作人員的考察研究，霍旭初、趙莉、朱英榮、彭傑的書和文章都是研究龜兹史、佛教史和中亞佛教藝術史、分析題材、肖像、壁畫風格、圖案裝飾細部、衣服，研究風景畫特點、洞窟年代的。

在研究艾爾米塔什博物館的收藏品時，僅在某些情況下，如果我們有文件證明文物來自這個或那個洞窟，那麼可以依賴於國外同事的研究成果。我們的收藏品的證明文件并不完整，但即使在罕有的情況下，甚至當確知壁畫來自哪

插圖39：卡拉-捷佩，財神（毗沙門天？）。北巴克特里亞，公元2-3世紀。壁柱柱頭，石灰岩。資產清冊編號A 1928，國立艾爾米塔什博物館。

插图五十七
圆环连珠斗虎纹　四〇二窟

插圖40：敦煌莫高窟，第402窟，猛獸與象的搏鬥圖，公元6世紀末-7世紀初的壁畫。段文傑繪圖，轉載自段文傑1994年：第360頁，插圖57，正文364-365頁。

個洞窟時，其創作年代仍是假設和爭論的主題。如，已多次提到過的第198窟"惡魔窟"，不久前修復的壁畫殘塊就出自那裏，（圖錄9、10）它就有以下年代：老的德國學者——公元600年；馬克西姆·克里姆伯格將洞窟斷代爲公元6世紀上半葉；李崇峰將其裝飾歸爲公元5世紀末-7世紀中；瑪麗安娜·雅爾荻茨認爲是公元538-643年和659-756年。公元8世紀的斷代不應讓我們感到驚訝，因爲洞窟被重建過，壁畫被重繪過。如，根據格倫威德爾的經驗感受，第207窟"畫家窟"中心柱壁上早在古代就修復過，保存下來一些殘餘的原始裝飾——一些用來固定山景浮雕的標記痕蹟（格倫威德爾，1912年，第148-157頁，第332-357頁）。

日本、德國、法國、美國和俄羅斯的學者也公佈了關於龜茲綠洲藝術的許多研究成果。[26]

也許，走出龜茲綠洲、新疆和甘肅，在中國北部和西部以外的中央亞細亞草原廣袤大地上的考古遺存中尋找類似的材料，將會取得並已取得了成果。Б·А·利特文斯基利用克孜爾的壁畫，正是第207窟，來與奧爾拉特（орлат）骨製帶釦進行比較（利特文斯基，2002年，第181-209頁；利特文斯基，2001年，第137-166頁）。【插圖50、51】

М·雅爾荻茨將其與印度、犍陀羅和笈多的遺存進行比較，也取得了同樣的研究成效。

М·麗艾是研究中國和中亞佛教藝術的宏篇巨著的作者，她根據精細的風格分析將一些早期壁畫斷代爲公元4-5世紀，並得出結論，綠洲每個地區都有獨立的特有的藝術學派；雖然樣本解讀不同出乎意外，特別是在早期的、公元4世紀的壁畫中，但影響學派形成的起源、樣本可能是相同的。如第38窟，她在羅馬藝術中找到了類似的，並將它斷代爲公元4世紀中期和下半葉（麗艾，2002年，第658-666頁）。

А·霍華德也轉向塔吉克斯坦和烏茲別克斯坦南部的考古遺存。阿金-捷佩（Аджин-тепе）、片治肯特、花剌子模的繪畫和雕塑作品都列入了"西域——佛國"展（《西域》，1995年，圖錄21、24、60、62、137-140）。

認識瞭解了龜茲綠洲的繪畫後，很容易相信，中世紀佛教文化世界是統一的。各國學者似乎被現代的政治邊界催眠了。在現代新疆和敦煌的遺存之間進行比較是完全合乎邏輯的和富有成果的，但不要忘記中國邊界以北的地區，即烏茲別克斯坦、塔吉克斯坦和吉爾吉斯斯坦的南部，也別忘記西伯利亞草原帶的遺存。在瞭解了龜茲綠洲的石窟壁畫後，你會不由自主地提出一個問題，印度以外更古老的佛教石窟寺在哪兒？偉大的絲綢之路沿綫各綠洲的遺址是以什麼方式與貴霜王國時代及以後各時代中亞南部的藝術進行聯係？直至公元7世紀中期，那時唐文化的强大影響力已改變了新疆藝術的面貌。更早的年代導致了對發生在新疆最西端的歷史文化進程

---

[26] 在美國研究人員安吉拉·霍華德的文章中有完整的參考書目，並簡述了研究史（霍華德，2007年，第77-81頁）。

的反思。

　　現巴基斯坦和阿富汗境内以及烏茲別克斯坦南部的石窟寺，包括鐵爾梅茲城附近的卡拉–捷佩（“黑山丘”），都可以證明印度以外佛教石窟寺建造的早期年代（利特文斯基，1996年，第155–192頁；利特文斯基、比奇江，1989年，第116–124頁）。寺院和廟宇遺址法亞茲–捷佩（Фаяз-тепе）位於卡拉–捷佩旁邊，是一排土磚建築。根據發現的錢幣和古文字題記，卡拉–捷佩被明確斷代。Б·Я·斯塔維斯基（Ставиский）在卡拉–捷佩長達三十年的考古工作中擔任領導。他還是公佈卡拉–捷佩材料的論文集的主編。卡拉–捷佩的洞窟應曾有規劃設計，複製了印度的原型，但在開鑿卡拉–捷佩最早的洞窟時，建築者們並不瞭解洞窟開鑿的特點（斯塔維斯基，1998年，第23–44頁），結果部分窟室未曾完工，並以膝蓋形死路廊道代替環繞甬道，因此圍繞中心柱進行的巡行儀式無法進行。在其他稍晚的洞窟中，建築者成功實施了正確的印度古典平面布局：“開鑿在小山丘中的環繞甬道圍繞着中心柱，連接着方形庭院，中心柱内是神殿。”最早的石窟寺建於公元1世紀，緊隨其後的石窟寺建於公元2世紀（姆克爾迪切夫，2002年，第72頁）。烏茲別克斯坦南部法亞茲–捷佩以東最早的窣堵婆被斷代爲公元1世紀。

　　這些事例表明，在貴霜帝國時代存在如此之早的石窟寺。它們證明了佛教在貴霜巴克特里亞的傳播：如，艾爾米塔什博物館收藏的北山頂的壁柱柱冠，法亞茲–捷佩著名的三位一體圖像浮雕，風格上都與犍陀羅遺存相似。【插圖39】印度和伊朗是題材的起源，但佛教藝術傳播的途徑不僅僅是從印度傳向新疆以致敦煌，然後是傳至中國内地，或是從印度經喀什喀爾、帕米爾傳向貴霜王國北界，或是稍晚傳向吐火羅斯坦北部。正如根據衆多考古材料得出的結論，位於偉大的絲綢之路北道和南道沿綫的王國，自龜茲、焉耆、吐魯番直至敦煌都經歷了來自現烏茲別克斯坦和塔吉克斯坦南部的影響。Б·利特文斯基提出了這一觀點，而且由他主編的文集的作者們依據事實材料對這一觀點進行了研究（《新疆》，1995年）。

　　伊朗藝術的影響，作爲最可信的構圖起源，可以在段文傑首次公佈的莫高窟第402窟公元6世紀最後二十五年的壁畫殘塊範例——虎與象的搏鬥場景（騎士坐在象上）中追尋到（段文傑，1980年，第360頁，圖57）。【插圖40】它與同時期安葬着死於公元592年的虞弘的粟特石榻浮雕中的類似構圖接近（《美穗博物館通報》，2004年，卷4，第7頁、第13頁）。【插圖41】這一題材在瓦拉赫沙（Варахша）紅色大廳的壁畫中保存至公元8世紀。【插圖42】

　　伊朗的影響——也被稱爲薩珊聯珠紋，它們圍繞在有相對而立的飛鳥或動物的橢圓形裝飾周圍，段文傑也在莫高窟的隋朝壁畫中注意到了（段文傑，1992年，第362頁，圖277）。公元9世紀初唐代第158窟涅槃佛的枕頭裝飾着這樣的圖案（韋陀　Whitfield，1996年，卷1，第125頁、第38、125頁）。【插圖43】在龜茲的圖案裝飾中也有薩珊聯珠紋，特別是在托乎拉克艾肯地區和吐魯番綠洲吐峪溝麻扎的洞窟裝飾中。【插圖44】

　　有銜珠環對立雁圖的圓形壁緣紋飾，裝飾着庫木吐喇黏土長臺的前壁。長臺沿窟壁分布，或裝飾着克孜爾“大寺”塑像的高臺。（圖録34、35）這樣的壁

插圖41：中國虞弘墓粟特石榻圍屏浮雕，公元592年，陝西省考古研究所藏品。《美穗博物館通報》，卷4，2004年3月，第7頁，圖版2、3、5、6、13。

插圖42：瓦拉赫沙紅廳公元8世紀的壁畫，資産清冊編號SA14658-14675，國立艾爾米塔什博物館。

畫模仿了整個東方流行的織物花紋。同樣的圖案裝飾——周圍是珍珠的圓形框，獲得了"薩珊聯珠紋"的名稱。喙銜珠環的大雁或其他鳥，成爲拜占庭、粟特以及薩珊藝術中爲人熟知的主題。【插圖45】正如鮑里斯·伊里奇·馬爾沙克認爲的，"該窟（克孜爾'大寺'）中不僅主題，還有繪畫方式都是粟特的，而且表現絲綢高貴顏色的柔和色彩，也像片治肯特同樣織物的圖紋一樣"（科斯拉波夫А·И·Кослапов、Б·И·馬爾沙克，《中亞和中央亞細亞的壁畫》，聖彼得堡，1999年，第37頁）。

在中央亞細亞壁畫的圖案裝飾中還有織物的其他"薩珊"題材，如，吐峪溝麻扎模仿織物的壁畫，織物的圓形裝飾中有野豬，片治肯特的壁畫（資産清冊編號SA-16225），或Н·М·別列佐夫斯基複製的托乎拉克艾肯地區壁畫的水彩畫。【插圖17】

在龜茲綠洲石窟寺釋迦牟尼佛涅槃題材的壁畫中，可以看到和粟特類似的：片治肯特的著名壁畫"舉哀圖"在構圖和個別形象的表現上與涅槃場景的人物相近。克孜爾壁畫中水的圓環渦旋圖【插圖46】與薩珊盤【插圖47】上的和公元6世紀中原粟特喪葬石榻浮雕上的水紋相同或非常相近（С·斯米爾諾夫，1909年，表LXIII-105；《安葬在石榻上的蠻夷》Lit de pierre,sommeil barbare.2004年，第24頁，圍屏8）。【插圖48】還有趣地注意到了克孜爾一些説法場景的緣飾與美穗博物館喪葬石榻圍屏相似（《美穗博物館通報》，2004年，卷4，第1、2頁）。整個一系列相似的圖案裝飾都具有相同的年代——公元6世紀最後二十五年。【插圖49】

很有可能，援引的類似現象與其説是影響或借用的證據，不如説是中亞不同地區藝術傳統統一的證據。

某些服飾細部起源於伊朗：克孜爾壁畫中和薩珊盤上從頭和冠上垂下的帛帶末端被橫向切斷，而帔帛兩端則構成三角形，内部由之字形綫塑型（А·索珀，1958年）。

許多研究人員都注意到了希臘化特徵。回到克孜爾石窟的壁畫，轉向第207

插圖43：聯珠紋中的野豬，1905-1906年別列佐夫斯基探險考察隊的照片，背面有考察隊員寫的題記："這是我找到的！"

插圖44：圖案裝飾——聯珠紋中的雁，Н·М·別列佐夫斯基描摹的鐵吉克或托乎拉克艾肯的壁畫。國立艾爾米塔什博物館。

插圖45：圖案裝飾——聯珠紋中的雁，片治肯特的壁畫。資產清冊編號A 1928，國立艾爾米塔什博物館。

插圖46：克孜爾，第212窟"航海窟"壁畫中的圓圈狀水渦紋。柏林亞洲藝術博物館，柏林資產清冊編號MIK III 8398。

插圖47：在彼爾姆州發現的薩珊盤上的水紋。斯米爾諾夫，圖版LXIII。

插圖48：卷曲的藤蔓圖案裝飾，中國公元6世紀粟特墓葬石榻浮雕，《集美博物館》，巴黎。

插圖49：庫木吐喇，"婆羅門"圖邊飾中的藤蔓圖案裝飾。柏林亞洲藝術博物館，柏林資産清册編號MIK 9054。

插圖50：在薩幹納克河庫爾幹–捷佩古城遺址奧爾拉特古墓中發現的腰帶鈎，收藏於塔什幹。利特文斯基，2001年。

窟畫家窟很有趣，該窟"圍攻拘尸那城"題材的壁畫殘塊未保存下來，其中有騎士–武士的形象，將其與Г·А·普加琴科娃（Пугаченкова）領導的考古考察隊在撒馬爾罕西北50公里發現的腰帶鈎進行比較也很有意義。【插圖50、51】在薩幹納克（Саганак）河上的庫爾幹–捷佩古城堡遺址，在奧爾拉特（Орлат）墓葬中發現了兩件骨質腰帶鈎，其中一個是研究壁畫的重要的比較材料。考古發掘者以及其他學者都多次公佈了這些發現品。[27]戈列利克（М·В·Горелик）在《新疆各民族的武器裝備》一文中注意到腰帶搭鈎上和壁畫中的戰鬥構圖驚人相似。[28]很遺憾，帶鈎的斷代十分困難：1991年出版的畫册的作者們給出了一個很寬泛的年代——公元1—3世紀（普加琴科娃、爾特維拉澤Ртвеладзе、加藤Като，圖244、245）。利特文斯基將帶鈎的製作時間確定爲公元3世紀（利特文斯基，2001年，第155頁）。Б·И·馬爾沙克（Маршак）將文物斷代爲公元3–4世紀（馬爾沙克在私人談話中贊成公元4世紀），將其歸爲游牧民族的世界，並與匈奴部落入侵粟特有關（馬爾沙克，1987年，第235–236頁）。М·В·戈列利克也支持這一斷代，他認爲，畫家窟中的壁畫可能完成於公元4–5世紀。骨片上刻畫了一個馬戰場景。藝術家精心加工處理了鎧甲、頭盔的所有細節及其結構特徵。

因不是武器專家，我祇能重複М·В·戈列利克的描述。他認爲，庫爾幹–捷佩的武士是克孜爾壁畫實物的直接來源（或相反，克孜爾武士的武器裝備是奧爾拉特實物的來源？——作者），兩幅圖像都屬於已可靠斷代了的歐亞武器裝備。他編寫的鎧甲和頭盔的類型學系列展示了新疆防護武器裝備的完整圖景。"鎧甲——中分長衣，剪裁腰身（或者這是上衣和裙子），高立領，有細窄的竪立防護金屬板片。緊身胸衣——護身甲，輔以帶有領子的短披肩，可以覆蓋身體上部。細窄至肘的袖固定在長衣或短披肩的袖窩上"（戈列利克，1995年，第404—408頁，圖51）。因此，研究實物和比較材料證明畫家窟"圍攻拘尸那城"場景中的騎士軍用鎧甲的年代較早，要早於整個洞窟的公認年代。

在佛說法場景（圖録3）中，繪有一踮起脚來側立的騎士。右側懸掛一有鈕環的箭筒，描繪於弓匣上。武士手握長長的軍旗；腰右邊掛着一把短匕首。在畫家窟和摩耶窟的壁畫中有類似的人物。需要指出的是，側身像在克孜爾壁畫中極爲罕見；帶鈕環的箭筒也很少見。人物保存得很差，未見頭飾，也未見頭。也許該武士的鎧甲像第207窟"圍攻拘尸那城"

---

[27] Б·А·利特文斯基的文章中有圖書目録和細節描述（利特文斯基，2001年，第137–157頁）。

[28] 《新疆》，1995年，第359–430頁。關於帶鈎：第403–404頁。

插圖51：克孜爾，第207窟，圍攻拘尸那。A·格倫威德爾的繪圖。

中的一樣有高領。無論如何，這兩個人物是同時期的。艾爾米塔什博物館的科學研究人員斯維特蘭娜·烏拉基米羅夫娜·潘科娃（Светлана Владимировна Панкова）博士的結論很有意義（潘科娃，2011年，第18–21頁）。她使用了克孜爾的壁畫材料，包括第207窟武士高領鎧甲圖的特徵，來編寫塔施提克小板片上的米奴辛斯克盆地（現在的哈卡斯）草原游牧民族鎧甲和武器裝備的類型學。C·潘科娃認爲，正是鈕環使得能夠對箭筒進行斷代，並相應地將壁畫斷代爲公元5世紀，我同意她的觀點。C·潘科娃發現了"在結構上和年代上"與克孜爾壁畫類似的最接近的小板片。捷普謝伊長方板片上的騎士鎧甲的高領與第207窟武士鎧甲上的高領相近。C·潘科娃研究的箭筒形狀爲龜兹"説法圖"（圖錄3）的斷代提供了幫助。鎧甲和武器裝備的這些細節對將壁畫斷代爲公元6世紀的正確性提出了質疑，這是H·B·佳科諾娃（Дьяконова）所做的斷代，我在《千佛洞》（聖彼得堡，2008年，圖錄75）一書的圖錄中重複了這一斷代。現在，可以爲這幅壁畫提出的年代建議要早上一百多年。諸如克孜爾第207窟馬圖中馬的鎧甲上無馬鐙以及馬者（錫克沁）馬的挽具中有馬鐙的那些細節，也證明了克孜爾的馬和騎者的年代更早，不管怎樣都在公元5世紀之前，也證明了錫克沁的稍晚——公元6世紀末。

題材與肖像

題材或確切些説是造像的類型，在本圖錄中根據形式特徵傳統地分爲幾類：立佛、坐佛、佛傳題材和傳奇、釋迦牟尼佛的弟子。接下來——天人和惡魔肖像。微不足道的收集品無法讓我們或多或少全面説明本生和因緣題材壁畫的多樣性，這些題材也是龜兹綠洲洞窟裝飾的主要特點之一。收藏品的構成內容亦不允許我們像德國研究人員在20世紀初所做的以及在M·麗艾的專著中順利繼續的那樣按單獨石窟對壁畫進行分類（麗艾，2002年）。

立佛圖像都位於有發願場景——向佛供養並發下誓願的壁畫下緣。（圖錄29）在飾以散落"珍寶"的黃色、橙色、灰藍色交替的背景上，描繪有站立或行走的佛。壁緣邊飾大概佔據了洞窟環繞甬道壁的上部，墻壁上部是券頂底座。這些描繪在方形中的小圖簡化和概述了過去佛世俗時期的傳奇，表現了"要傳給後世的拯救世界的傳承"（佳科諾娃，1989年，《國立艾爾米塔什博物館文集》，XXVII，第13頁）。

袈裟緊裹着佛的身體。在唐代張彥遠（公元9世紀）和宋代郭若虛（公元11

世紀）的專論中，定義了兩種佛教繪畫風格"吳帶當風"和"曹衣出水"（郭若虛，1978年，第31頁）。曹仲達——來自粟特的移民，曾在北齊任職，代表了西方與其說是笈多時代印度的，不如說是粟特的藝術風格。衣服的這一特點，以及肉髻的形狀，可將壁畫斷代爲公元6世紀中葉至下半葉。

在龜兹綠洲所有遺址的壁畫和雕塑中，據日本學者森美智代（Мори Митико）統計，共有35處發誓的誓願場景：其中15處在克孜爾，而且在洞窟的5處中，供養人與誓願圖描繪在一起（森美智代，2005年）。通常在發誓題材中出現7身或8身佛：6身過去佛和釋迦牟尼佛或6身過去佛、釋迦牟尼和彌勒（《蓮花經》，1998年，第50頁，注223）。

龜兹和吐魯番的誓願圖被斷代爲公元4–7世紀中葉。然後這一題材消失，直到回鶻時期爲止，並於公元11世紀在吐魯番重新開始（呂德斯，1940年，第255–274頁）。

坐佛描繪非常頻繁。他們持兩種手印：説法場景中的説法印和黏土或木質頭光中的禪定印。（圖錄3、4、5和68、69）一般在頭光中塑造或描繪7身佛——或是過去佛，或是禪定佛。在克孜爾的洞窟中，坐佛塑像置於在窣堵婆中心柱或入口左右兩邊墻壁上開鑿出的龕中。龜兹各石窟中，有説法圖的壁畫最流行。它們在寺廟入口兩邊的側壁上排列成兩排。

艾爾米塔什博物館收藏有五幅"説法圖"，它們被斷代爲公元5–7世紀上半葉。"惡魔魔羅誘惑佛陀圖（降魔變）"，以及有金剛力士和天人像的"説法"場景的2塊殘塊與其銜接。（圖錄1–8）

雖然在聞法者的組成上和在代表釋迦牟尼一生不同階段的圖景中可以有差異，但"説法圖"的肖像很典型，然而却很少能斷定畫家描繪的是什麼樣的説法圖。導師坐在"須彌山"類型的寶座（呈兩個頂部截斷至中央的圓錐形，或更確切些説是呈沙漏形）中央。取決於題材，雙手持説法印，或持轉法輪印，或持傳召地神作證的手印。根據繪製壁畫的時間，肉髻形狀各不相同：公元4至5世紀上半葉，較早的肉髻高且凸，當時新疆各王國的藝術受到犍陀羅風格的影響。公元5世紀下半葉至6世紀，它們變成半圓形，並"延伸"爲佛之髮帽。導師身着深色袈裟，内衣通常不顯示或稍稍勾勒出輪廓，右肩袒露。頭向右傾向聽衆。佛像尺寸大於隨侍人物的圖像。壁畫中始終遵循尺寸等級。在某些情況下，寶座覆蓋着小花毯，毯的邊緣有各種圖案裝飾。寶座本身圍以小圓柱。所列舉的全部細節——肉髻形狀、袈裟的襞褶或無襞褶、小花毯的圖案裝飾、小圓柱的形狀、武器裝備的特點、天人冠的形狀、金剛杵的形狀、背景的顏色和圖案裝飾——全套裝飾，構成了類型學系列，並可以用來確定壁畫的描繪時間。主像被佛之脅侍僧徒（他們可以是五個或十個）、諸天神，有時是夜叉圍着。他們所有人都描繪成雙手合十。天人頭戴華冠，有時諸神飾有蓬鬆的髮型、項圈、手鐲和耳環，以及和菩薩一樣的裝飾。不具任何神的本質的弟子，也像釋迦牟尼本人一樣屬於塵世，他們是身着袈裟的光頭僧人，而且在早期壁畫中，袈裟用整塊布，而不是一塊塊的碎布縫製，正如根據晚期僧人圖像所公認的。畫家們將他們描繪得比天人更逼真，且因尺寸較小而不同於後者的形象。

在"説法圖"中能看到供養人或任何真實的歷史人物是十分罕見的；釋迦牟尼傳記中的傳奇人物、與其生活在同時代的古代統治者，均穿着貴霜或印度化的服裝。壁畫中，佛左側呈現有金剛力士（它也可描繪在主像的右邊）。聞法者的數量從8人（圖錄3、4）至全組的12–14人不等（A·格倫威德爾，1920年，第191、237、238頁）。金剛力士手握錘形金剛杵。金剛力士（梵語"手中的閃電"）在小乘佛教中是唯一的護衛，他應跟隨在佛身後並保護佛。"金剛杵"——護衛的象徵，龜兹壁畫中的金剛杵類似於犍陀羅遺存，其中的神因其身體的威力而酷似大力神赫拉克勒斯。在古印度，金剛杵是"雷神"因陀羅的象徵。在其他場合中，他——夜叉的偉大首領，稍後在大乘佛教中獲得了大菩薩之一的地位。作爲小乘佛教萬神殿中唯一的護衛，他奠定了大乘和金剛乘中護衛崇拜的基礎：在進入洞窟或寺廟的入口旁，門兩側站立着兩個護衛，在較晚的“執金剛杵者”的肖像中可以是4個、8個、12個。金剛杵的形狀也在變化：龜茲壁畫中的古代金剛杵爲特殊形狀的錘形杖，中央收縮變窄；在較晚的遺存中，金剛杵是一種以二繩約束的手柄。在龜茲壁畫中，金剛力士或是像婆羅門一樣有高高的髮型和濃密的鬍鬚，或是像吐火羅貴族騎士一樣穿着鎖子甲、戴圓帽，或是戴着高高的頭飾，有點像三個角向上彎曲的三角帽。（圖錄2）

通常，脅侍中不包括世俗的在家人，因此令人驚訝的是，說法圖（圖錄3）中，在佛的右手邊似乎是一個用脚尖站立的騎士——穿着全套鎧甲的釋迦騎士，臀部旁有箭筒。很遺憾，壁畫保存得很差，既不能確定說法圖的題材，也無法解釋這個人物何以突然出現在佛的脅侍中。H·B·佳科諾娃注意到了騎士的姿勢，並將他確定爲騎士階層的武士代表。在克孜爾壁畫中和粟特人殯葬石榻上有許多類似的“脚尖站立”姿勢。但不排除，站立的釋迦騎士不是真實的人物，而是我們未辨識出的某個佛教傳說的人物，但穿着與畫家同時代的武士服裝。類似的例子，如在柏林收藏的壁畫中，使釋迦牟尼傳記中的英雄符合同時代的精神面貌，阿爾伯特·格倫威德爾將那些壁畫確定爲釋迦牟尼佛向父親淨飯王及其家庭成員說法場景（《西域——佛國》，圖錄191）；或是圖中有一對身着吐火羅貴族服裝的國王夫婦在聆聽佛法，或是圖中有佛傳的其他情節，其中傳說中的各種不同英雄身着龜茲居民的服裝，梳着龜茲居民的髮型，戴着龜茲居民的冠（《西域——佛國》，圖錄238）。

在《降魔變》（“惡魔魔羅的誘惑”）（圖錄8）場景中，魔羅的武士圍在坐着的釋迦牟尼周圍，他們面目可怕，野獸般呲牙咧嘴，有獠牙，拿着矛和箭。用一些單獨的小碎塊拼成的一塊壁畫，是由艾爾米塔什繪畫修復室的專家修復的，它顯然是從地上撿起的，或是一小塊一小塊從墻壁揭取的，最有可能是在德國探險隊考察“惡魔窟”（第198窟）之後。在H·M·別列佐夫斯基的水彩畫册册頁中，正好也描繪有這幅壁畫的殘塊，並注明了其位置：從墻壁上或從右邊或左邊的頂上。“誘惑”題材在許多有關佛傳的經文中都有描述。

在探索闡釋和發現真理的過程中，在禁欲修行失望後，釋迦牟尼在菩提樹下沉思七天。這一題材描述了釋迦牟尼悟道前夕的時刻。魔羅、邪惡的惡魔和死神，因擔心菩薩悟道會威脅到其權力，對釋迦牟尼進行武力攻擊並施以各種誘惑。但祇要惡魔一觸及他的身體，醜陋可怕的生物就會奇蹟般地變成一個花環。魔羅派遣自己的三個女兒，她們本應以美貌和舞蹈誘惑釋迦牟尼。智者打個響指——於是美女們變成了醜陋的老婦。釋迦牟尼放下右手，並觸摸大地，召喚大地女神見證他的悟道——他成佛了。這個觸地印手勢意味着導師一生中最重要的時刻。題材以戲劇性的內容、娛樂性和道德說教吸引信徒，而形象的情節激發了信徒仔細研究細節的願望以及對魔羅女兒惡魔般的外貌和不道德行爲感到恐懼的想法。各種經文中的故事是不同的，正如A·索珀所認爲的，它們取決於佛經翻譯的地點，也取決於翻譯家的出身（索珀，1959年，第185–186頁）。

解讀衆多的本生故事和因緣故事題材，是研究壁畫的一個單獨的和重要的課題。

在紀元最初的幾個世紀，本生故事滲透到中央亞細亞地區，並被翻譯成當地語言，然後也被翻譯成漢語和藏語。[29]

在艾爾米塔什博物館的龜茲收藏品中，無本生故事，僅一個因緣故事題材叙述了燃燈佛傳記，他是過去的第24佛。（圖錄14）

龜茲綠洲各遺址——克孜爾、克孜爾尕哈、早期庫木吐喇、托乎拉克艾肯

---

[29] 阿里亞·舒拉（Арья Шура）的俄文版《菩薩本生鬘論》也出版了（阿里亞·舒拉，1962年）。《賢愚經》中收錄了大量的本生故事和因緣故事（《賢愚經》）。

插圖52：莫高窟，第428窟中的風景畫，沿壁畫下邊緣的山。

插圖53：莫高窟，第428窟中的風景畫，"圓圈形"山。

石窟中的本生故事和因緣故事分布在頂上，裝飾着窟壁上部和券頂。【插圖37】它們與建築和諧結合並服從於建築形式。正如已提到的，對於克孜爾和龜兹綠洲其他遺址來説，券頂壁畫的平常構圖是畫在菱形山體中的所謂的山景畫。菱格中是關於佛前世生活或關於其塵世的傳説，其中每一個傳説都講述了有關導師自我犧牲的獻身行爲或由他顯現的奇蹟。券頂的壁畫分爲三類構圖。最早的壁畫裝飾簡單，正如研究人員認爲的，公元4-5世紀初尚未出現菱形山，而券頂中脊則裝飾着太陽、月亮、星星、鳥、飛翔的僧人。公元6-7世紀上半葉，券頂的整個表面都覆蓋着由菱形山構成的密集圖案，菱形山内描繪着故事題材。這也被稱爲"地毯"風格。公元7世紀下半葉，在唐帝國征服綠洲後，洞窟裝飾中出現了風景畫的第三種風格。菱形山消失，取而代之的是内畫場景或圖案裝飾的橢圓形框。漢化風格爲中亞藝術帶來了中國人對空間表現的態度。

因此，純粹的形式特徵使我們能追踪本生故事題材壁畫的風格特點。其中必然包括風景畫元素，或更確切地説，在風景畫構圖中"嵌入"題材。

將克孜爾石窟本生故事題材的壁畫與敦煌有類似題材但構圖排列不同的壁畫進行對比很有趣。在確定敦煌早期風景壁畫的風格特點及其與中亞遺址藝術的對比上，空間的表現方式和構圖結構是佔首位的。本生故事在洞窟肖像規劃中的位置也很重要。敦煌莫高窟中最早的"風景"圖，來自龜兹綠洲，來自西方，但無類似於龜兹的結構，儘管它們也失去了空間結構，並以填滿背景爲基礎，未嘗試表現空間的深度。【插圖52】第三維度出現在敦煌不早於公元6世紀末，雖然中國南方已進入六朝統治時期，但風景繪畫在公元5世紀初已開始形成並蓬勃發展。有趣的是，敦煌魏時期的壁畫具有"西方"的所有特徵——撒滿花朵的密實的紅色背景、山脉封閉的空間和山丘典型的"伊朗化"形式——其中可感覺到莫高窟窟壁上的以及卷軸畫中未來風景畫的特徵。魏時期壁畫中的山圍起一個空間，它被理解爲一個封閉的、孤立的和極其具體的空間：這是事件發生的地方。空間演繹和圖例叙事説明完全一致。

空間演繹在中國風景畫體裁形成時期，即後漢時期特別重要。有趣的是，儘管龜兹綠洲的藝術對敦煌藝術產生了强烈影響，但莫高窟的風景畫從一開始就具有自身特點。那裏沒有"地毯"風格：即使題材情節置於"山的圓圈舞"的封閉形式中，其中的山有波狀或不規則邊緣，呈圓環形圍繞在場景周圍，但壁畫中没有克孜爾壁畫"地毯"風格的幾何圖。【插圖53】克孜爾的畫家們不同於莫高窟的畫家，對空間的表現完全不感興趣。

形式特徵，諸如山丘的形狀、山脈沿着壁畫下緣的位置，山脈似乎是繪畫作品的自然框架，是事件地點的標志；山沿對角綫的位置，或成環狀——"山的圓圈舞"；獨立山丘在構圖上緣的位置，都是從北魏至隋朝的繪畫風格發展變化的證據。下緣的山脈在比例上與人物、叙事參與者無關，它具有裝飾功能和構圖緣飾的功能。關於這類山景圖，張彥遠寫到："魏晋以降，名蹟在人間者，皆見之矣。其畫山水，則群峰之勢，若鈿飾犀櫛。或水不容泛，或人大於山，率皆附以樹石，映帶其地。列植之狀，則若伸臂布指。"（張彥遠，2002年，第64頁）

　　描繪"黄道十二宮"的洞窟券頂，在中脊兩邊對稱分布着畫在菱形格中的山景畫。（圖録29）在"黄道十二宮"的壁畫中，風景畫具有單獨的價值：山上栖息着動物和鳥類，那裏描繪出所見到的細節。黄道十二宮的標志符號本身佔據着窟頂中央區域，且是龜兹綠洲有這一題材的唯一構圖。三排山對稱描繪在券頂兩邊，山之菱形邊緣用波狀綫畫出輪廓，波狀綫進入中央有彩色斑點的橢圓形山體，有點像是表現立體的群山。群山顔色交替：橙色、淺灰色、白色。細長的錐形樹將山體分爲兩部分，那裏樹木生長，動物在吃草。在一些山脚旁描繪有池塘，山羊和鹿在池塘邊飲水。在下排右邊描繪着猴、山羊和鹿，在對稱的上排有狐狸、跳躍的山羊。在兩條山脈之間的淺色區域呈現的是希臘黄道十二宮的標志符號：白羊座、金牛座、雙子座、獅子座和處女座。在處於道路和影響十字路口的新疆，黄道十二宮被印度化了：雙子座描繪爲印度人鍾愛的"米特洪那（митхуна）"：演奏長笛的青年和拿着竪琴的姑娘（Н·佳科諾娃觀察的）。Н·В·佳科諾娃還指出了"處女座"演繹的原創性："描繪處女座的模型無疑是上天女神——天女的形象。金冠裝飾着她的頭，周圍是頭光，雙肩和袒露至腰的身軀包裹着長帔帛——達帕塔（дапатта），臀部和雙腿穿着蓬鬆的褶皺裙——衣（паридхана）。因壁畫嚴重磨損，無法看清天女手持何物，很可能是某種器皿或托盤。也許，手中是穗——天女永久的象徵，有時甚至取代她的形象"（佳科諾娃，1989年，第13頁）。大概，這幅黄道十二宮標志符號圖是中亞藝術中最早的，也許白匈奴或突厥人在公元600年之後將其帶入中亞的。

　　壁畫的題材，儘管與窟頂保存下來的壁畫的風格相近，但却是獨特的。色調處理也不相似。在第14、17窟及其他窟中，鮮艷的藍色、綠色、褐色、有時黑色和白色的菱形山交替變換。在我們的圖中，以橙色、淺灰色、白色爲主。有過去佛圖像的下壁緣的背景爲鮮艷的橙色，與一些山的顔色相同。在中國學者研究出的山形、樹、顔色的類型學中没有將菱形分爲兩半的細長尖樹。後來，在敦煌第61窟的壁畫中、在吐魯番、在黑水城的聖像上都可以看到黄道十二宮的標志符號。

　　"黄道十二宮"是我們收藏的洞窟券頂的最好的壁畫，爲確定其來源，使用Н·М·別列佐夫斯基的一些水彩畫複製品和描摹圖作類比。其中一張描摹圖複製於托乎拉克艾肯石窟，引人注目（Н·М·別列佐夫斯基手寫題記注明的地點是鐵吉克）。大頁描圖紙上的圖在橙色、山和錐形樹的形狀以及題材的獨特處理上都近似於我們的"黄道十二宮"。兩幅壁畫的顔色處理和形式處理是如此近似，在其他石窟遺址，無論是在克孜爾，還是在庫木吐喇都未重複過，因此可以提出"黄道十二宮"的其他來源，正是出自托乎拉克艾肯石窟。在現保存在俄羅斯科學院東方文獻研究所檔案館的Н·М·別列佐夫斯基的畫册中，一些册頁上描繪着動物圖，與"黄道十二宮"壁畫中呈現的近似：紅褐色背景上的白色山羊（券頂上的）、白狐、兩次描繪棕色扁角鹿。此外，未標注地點的有，一隻蜷腿坐着的猴子和一隻跪着的猴子；一頭有多杈犄角的鹿在山上跳躍着（也是券頂上的）（俄羅斯科學院東方文獻研究所檔案館，文獻庫59）。

　　龍王（別列佐夫斯基畫册第15頁）身體的橙黄色和"涅槃"場景中佛的袈

插圖54：菱形山，Ｈ·Ｍ·別列佐夫斯基描摹的托乎拉克艾肯（或鐵吉克）石窟壁畫的水彩畫複製品。國立艾爾米塔什博物館。

裝的橙黃色，是托乎拉克艾肯壁畫的典型顏色，也與托乎拉克艾肯石窟的壁畫近似。艾爾米塔什博物館收藏的一些水彩畫複製品，包括Ｈ·Ｍ·別列佐夫斯基編號的第2505–92bis號，也來自托乎拉克艾肯。圖中複製了菱形山，被處理爲内有斑點和錐形樹的橢圓，是“黃道十二宮”典型的橢圓。【插圖54】

Π·伯希和關於托乎拉克艾肯壁畫背景色彩的印象很有趣：其中一個洞窟有紅色背景，“我再未在其他任何地方看見過”，引起了他的特別關注（《伯希和中亞探險考察》，1987年，第6頁）。

正是在“黃道十二宮”壁畫中，我們看到了對克孜爾和庫木吐喇壁畫來説真的是非同尋常的橙紅色。

根據上述的風格類比，可以假設，Ｈ·Ｍ·別列佐夫斯基手寫了“鐵吉特”標記的那些圖畫、水彩畫複製品，以及自券頂和環繞甬道頂揭取的“黃道十二宮”壁畫來自托乎拉克艾肯石窟寺。但是，非常熟悉龜兹所有遺址的龜兹研究院副院長趙莉，不認爲“黃道十二宮”和Ｈ·Ｍ·別列佐夫斯基的描摹圖風格上的近似，將我們的壁畫歸屬爲克孜爾石窟。其結論是基於對第198窟（“惡魔窟”）及其旁邊小窟精確尺寸的瞭解（趙莉等，2000年，第224頁）。[30] 趙莉的意見與Ｈ·Ｂ·佳科諾娃的結論一致，後者曾仔細研究了Ｃ·Φ·奧登堡的記録。正是奧登堡發現了“黃道十二宮”的位置。佳科諾娃在奧登堡所做的檔案中找到了説明壁畫揭取地點的記録。很遺憾，我未在檔案中找到這一張“毫米描圖紙”，Ｈ·Ｂ·佳科諾娃引用了這一頁（《野外日記》，俄羅斯科學院檔案館列寧格勒分館，文獻庫208，目録清單1，存儲單元162）。援引佳科諾娃文中的一段：“僅Ｃ·Φ·奧登堡在一張有某些洞窟平面草圖的毫米描圖紙邊上手寫的一條簡短的附注，可以當作對我們甬道頂壁畫的可能來源的唯一直接的説明。用普通鉛筆畫出的輪廓草圖是平面圖：新疆平常的中心柱窟與鄰接其東壁的狹窄甬道。在該頁的頂端用鉛筆題寫‘克孜爾明屋23/11910’。平面圖旁邊——用黑墨水畫上圈的題記（大概奧登堡院士對這一附注給予了特殊意義）：‘壁畫取自這裏’，略高處——用鉛筆題寫，但磨損得很嚴重：‘甬道頂取自這裏’。”接着：“……格倫威德爾對洞窟Ｃ的特別仔細和詳盡的描述及其公佈的該窟部分壁畫的圖，都證明奧登堡的輪廓圖與‘惡魔窟’完全相同，還證明了現存於艾爾米塔什博物館的壁畫正是來自該窟”（佳科諾娃，1989年，第11頁；格倫威德爾，1912年，第136–142頁，圖311–315）。[31]

公元5–6世紀有風神圖的壁畫也來自裝飾洞窟券頂的構圖。（圖録30）這塊壁畫切割自森木塞姆石窟。那裏，也像克孜爾洞窟中的一樣，風神與日天、月天、圍繞天穹飛成一圈的鳥、佛像和其他人物一起描繪在頂中央。僅繪以輪廓的富有表現力的女性形象，長髮飄逸，面頰鼓起，飛行在雲端，使人聯想起印度最古老的吠陀神話，其中的風神（在印度描繪爲男性形象——作者）被稱爲“呼吸的主宰”、西北方的守護者。

★★★

---

[30] 我對趙莉在本圖録研究工作中給予的幫助表示深深的感謝。

[31] 2013年10月，我考察了第198窟及其鄰窟，但我未找到“黃道十二宮”的位置：甬道頂原位上繪滿壁畫，所以這個問題仍懸而未決。

装飾寺廟的雕塑與整體裝飾和諧。通常，塑像立於中央龕內，並與立於中心的被菩薩以及弟子、僧人和護衛圍着的佛像構成三位一體。龜兹佛教萬神廟人物的雕塑頭像很可能包括在某些多人物組合中。他們通常佔據墻邊的位置，而且不是"圓雕"塑像，儘管塑像背部看不見，但有時也加工修飾。

在絲路南道和北道，塑像是由工匠用模具製作完成的。（圖錄197–207）儘管模壓看似機械性重複模具的形狀，但它們因豐滿圓潤臉面的柔和塑型而與衆不同。

公元5–7世紀上半葉製作的早期塑像具有一些共同的特徵：面容柔和端正，頭圓，眉毛弧綫優美。額上的頭髮爲對稱分布的縧縧鬈髮，菩薩頭像裝飾着"三珠冠"，天人（諸神）和菩薩雙目半閉，嘴小；蓬鬆的髮型裝飾着串飾、帛帶、冠、珠寶。

首先，工匠用麥秸和繩纏繞木棍或蘆葦杆，然後覆蓋上厚厚的一層混合有麥秸的粗糙黏土，製成佛像的骨架。石膏或石灰岩模具用仔細淘洗過的黏土和黃土製成的潮濕混合物灌滿，然後將骨架放入模具中。

塑像的各個部分——衣服襞褶、花飾、手掌、耳朵都是在專門的模具中灌注成型，且均與成品塑像相協調。藝術家可在濕黏土上賦予面部需要的表情，最後加工完成塑像的細節。（圖錄198–208）當塑像乾後，爲其彩繪和貼金。模具很可能從一處轉運至另一處，因此保存至今的塑像頭，它們雖來自不同的遺址，但有時很相近，而且在歐洲國家的博物館中有許多風格類似的收藏品，都是由德國、法國和俄羅斯的中亞考察者運走的。

自公元7世紀下半葉起，絲綢之路北道的雕塑遺存普遍都受到了中原藝術的強烈影響。

釋迦"騎士"小武士像構成了單獨一組黏土塑像。他們——分舍利題材的人物，通常佔據中心柱背面的位置，在"涅槃"場景對面。在後室墻壁塑造涅槃，而在後室中心柱（圍繞中心柱進行右旋儀式）壁上則是釋迦的武裝騎士、分舍利和持舍利盒的菩薩。

小木雕像不同於龐大的手工黏土雕塑品，帶有藝術家個人風格的印記，每件作品都因製作的優美而具有獨一無二的特性。（圖錄151–160）

宗教儀式

龜兹的藝術遺存表明，建立統一的宗教禮儀，包括規範建築、繪畫、雕塑和音樂，是多麼重要。佛教僧徒——傳教者，從印度借用禮拜儀式，他們本應像依靠當地建築傳統的特點一樣，依靠自己的節日傳統來形成佛寺的禮拜儀式。關於絲綢之路寺廟中的每日禮拜和禮拜儀式情況，我們知之甚少，但仍能復原一些細節。

"每天都進行朗誦贊頌儀式。下午或下午結束前，日落時，僧人們聚集在寺院大門旁，舉行三次圍繞窣堵婆巡行的宗教儀式，同時其中一個聲音清晰洪亮的僧人高唱頌歌，頌揚偉大導師的美德。"右旋宗教儀式一定伴有音樂。僧衆對佛像表現出恭敬，獻花並供養（引自利特文斯基，1989年，第172、178–179頁）。

紀念釋迦牟尼誕辰的節日宗教儀式伴有盛大華麗的儀式，中國朝觀者法顯在公元4世紀和5世紀之交、義淨和玄奘在公元7世紀描述了這些儀式，中國唐代藝術史也多次提到它們。它們被稱爲"車乘儀軌"，漢語稱"行像"——用板車拉着佛像圍繞城或寺院巡行的隊伍。我們在玄奘的著述中讀到："諸僧伽藍莊嚴佛像，瑩以珍寶，飾之錦綺，載諸輦輿，謂之行像，動以千數，雲集會所"（引自亞歷山大羅娃，2008年，第154頁）。

天朝帝國的王公和臣民對異域和龜兹的音樂和舞蹈深感興趣，它們在公元

插圖55：龜茲和粟特的音樂家們。拱形龕裏的伎樂 標注："克里什。墙壁上部的壁畫" 136×53。資産清册編號：3KV−318

6−7世紀的中國都城很時尚。"管弦伎樂，特善諸國。服飾錦褐，斷髮巾帽。貨用金錢、銀錢、小銅錢"（比爾，1884−1886年，1983年再版，第19頁）。

龜茲和粟特的音樂家們早在公元最初幾個世紀就已聞名於整個東亞，漢朝時陸續來到中原。【插圖55】起初是一些戰俘——於是在皇家宮廷響起了軍樂。同時，西方樂器也相繼出現：長笛、雙簧長笛、琵琶和五弦、豎箜篌、鼓。公元4−5世紀，音樂自伊朗、印度、粟特沿絲綢之路滲透進來。印度音樂在西域被公認爲佛教禮樂。

隋唐時曾建立了龜茲樂部。衆所周知，"相比漢樂，隋煬帝（569−618）更喜歡異域音樂"（西薩烏里 Сисаури，2008年，第55−56頁）。隋朝時，西域音樂在漢地特別流行。龜茲、高昌、疏勒、布哈拉和撒馬爾罕、印度和高麗的音樂家真的是充斥帝王與貴族的宮廷。龜茲和撒馬爾罕的音樂進入了正式的宮廷禮儀，帝王貴胄欣賞龜茲的舞蹈者，男人和女人都模仿西方的時尚。

在石窟寺的壁畫中，在券頂下方的欄臺上描繪有伎樂，其中可見琵琶演奏者、長笛演奏者。在説法場景中，佛的脅侍中包括持琵琶（印度薩拉斯瓦蒂）的神。在龜茲微型木雕像中有女長笛演奏者的雕像。（圖録160）

結論

龜茲緑洲的石窟建築與裝飾在新疆文化遺存中佔據着突出的位置，中國、日本和歐洲學者都對其進行了深入的研究。儘管遭受了重大損失和毀壞，但緑洲的遺址仍是中央亞細亞古代佛教藝術的寶庫。它們屬於起源於印歐語民族的吐火羅文化，其族源不明（伊萬諾夫 Иванов，1992年，第18−19頁；邦加爾特−列文 Бонгард-Левин、伊利英 Ильин，1985年，第394頁）。

龜茲文化——佛教傳播歷史、著名傳教者活動的非凡現象，證明了中世紀早期的佛教世界是統一的，證明了各種藝術學派之間的關係及其相似和區别。龜茲——獨立的吐火羅王國，數百年間並不總是保持政治上的獨立，不管怎樣都與中原王朝保持接觸，與游牧民族的世界——鮮卑人、突厥人、吐蕃人、白匈奴人、回鶻人保持聯係。但不是他們決定了龜茲文化，而相反，很可能是龜茲文化借助自己的藝術、教育、文學、翻譯活動將鄰居們吸引到其影響範圍内。龜茲文化是在印度犍陀羅、希臘化時代藝術、伊朗風尚和中原漢風影響下形成的。

自公元7世紀下半葉起，唐代藝術——中國數千年歷史中最强大的文化開始發揮其巨大的影響力。艾爾米塔什博物館收藏有一些"阿彌陀佛浄土"題材的壁畫殘塊，是隋唐之後在莫高窟藝術的影響下，而且有可能是由來自敦煌的畫

家或按照從那裏帶來的畫稿底子描繪的。（圖錄42-46）

★★★

　　歷史文獻資料和作品風格的對比分析，有助於發現龜茲緑洲藝術的特徵，追溯其形成、聯係和來自外部的影響，反過來它又傳播至相鄰的文化中心——焉耆、吐魯番直到河西走廊東端。正是在龜茲藝術中，焉耆、吐魯番和中原的工匠不但未借用宗教思想和形象，在很大程度上反而是借用了相似的藝術語言。

　　龜茲緑洲的藝術表明，建築、裝飾内容與肖像、風格結合，不僅形成了塔里木盆地的文化，而且在敦煌和中原石窟藝術的形成過程中發揮了巨大的作用。

吉拉•費多羅夫娜•薩瑪秀克

Кира Самосюк   Kira Samosyuk

俄羅斯國立艾爾米塔什博物館東
方部高級研究員，畢業於國立列
寧格勒大學東方系遠東國家史專
業。1973年獲語文學科副博士學
位，2006年通過博士論文《郭熙
研究》答辯。1961年起任職於艾
爾米塔什博物館，係黑水城、庫車
和焉耆綠洲出土的中國文物以及清
代民間繪畫、通草畫等的主管和研
究者，中國中世紀佛教藝術和繪畫
的理論與歷史專家。和西北民族大
學、上海古籍出版社合作編纂出版
《俄藏黑水城藝術品》和龜茲、焉
耆藝術品等。

Стенные росписи и скульптура

буддийских пещерных храмов Кучарского оазиса

IV–IX вв.

Публикация коллекций
М. М. Березовского и С. Ф. Ольденбурга

Кира Самосюк

Собрание памятников Кучарского оазиса в Эрмитаже является частью коллекции искусства Синьцзяна, в которую входят также материалы из Карашара и Турфана.[1]

Кучарский оазис[2] расположен на Великом Шелковом пути – главной торговой дороге, которая соединяла столицу Серединной империи с Западным краем. В XIX веке эта территория получила название Восточный Туркестан, а ныне является административной единицей Синьцзян-Уйгурского автономного района.[Илл.1]

Древний город Куча находится приблизительно в 7 км от современного и в 350 км – от Карашара (Яньци). Вокруг города, Вдоль рек Куча на востоке и Музарт на западе, расположены памятники – буддийские пещерные храмы и наземные постройки. Самый большой монастырский комплекс – Кызыл с более чем двумястами пещерами. К северу от современного города Куча находится Субаши – огромный, расположенный на обоих берегах реки Музарт, древний город и монастырские и храмовые комплексы. К северу от реки Музарт и к северо-западу от современного города Куча – Кызыл, Тограклык (Акын и Таджик в топонимике начала XX века). К востоку от этой реки – Кумтура. В территорию оазиса входят также: Кызыл-карга, Ачик-илек, Кириш-Сымсым. Эти комплексы расположены на большом расстоянии друг от друга. От Урумчи (современной столицы Синьцзяна) до города Куча через Карашар 670 км. дорога на автобусе занимает 10 часов. От города Куча до Кызыла 200 км, от Кызыла до Кызыл-карга к югу 50 км. От города Куча до Кумтуры 25 км, там течет река Оген-дарья (кит. Вэйюй хэ), от Куча до Субаши 15 км., там протекает река Кан-дарья (кит. Тунчань хэ). [Илл.2]

В каталоге впервые публикуются материалы коллекции Эрмитажа из пещерных храмов Кучарского оазиса.

Коллекция чрезвычайно разнообразна и включает не только стенные росписи и скульптуру, но и большое количество археологических материалов. Собрание памятников Кучарского оазиса вошло в состав Эрмитажной коллекции в 1930 и 1931 годах. Оно было передано из Музея антропологии и этнографии АН СССР, куда поступило в результате работы двух знаменитых экспедиций в Центральную Азию 1905–1907

---

[1]   Памятники из Карашара изданы: Н. В. Дьяконова. Шикшин. Материалы Первой Русской Туркестанской экспедиции академика С. Ф. Ольденбурга 1909–1910. М., 1995.

[2]   Кучарский оазис, главный город Куча – оазисное государство или княжество. В китайских источниках – Гуйцы. Кроме того, есть много других вариантов названия: Цюцы, Цюйчжи, Кучар. Жители – кучинцы, кучарцы. Они принадлежит культуре тохаров – народа индоевропейского происхождения, этногенез которых не ясен. См. подробнее А. Г. Малявкин. Танские хроники о государствах Центральной Азии. Новосибирск, 1989. С. 218.

годов под руководством Михаила Михайловича Березовского (1848–1912) и Первой Русской Туркестанской экспедиции 1909–1910 годов (далее I РТЭ) Сергея Федоровича Ольденбурга (1863–1934), будущего академика, индолога, буддолога, замечательного организатора науки. *[Илл.3,4]*

Около ста лет прошло со времени немецких, английских. французских, японских и русских экспедиций в Восточный Туркестан и Дуньхуан.[3]

Исследования экспедициями «Западного края», названного так в китайских источниках еще в эпоху Хань, привели к открытию домусульманского периода истории Синьцзяна, о котором науке было мало что известно. Политические интересы России, с одной стороны, и кризис культуры конца XIX – начала XX века, с другой, обратили внимание правительств и интеллигенции к Востоку. Это была волна увлечения азиатской экзотикой. В поисках новой духовности, иных ценностей культуры на восток устремились не только ученые, но и художники и поэты, и просто любители экзотики.

В Европе и России были созданы комитеты по изучению Западного края, и даже существовала договоренность о разграничении между странами территории исследований. Русский комитет для изучения Средней и Восточной Азии в историческом, археологическом, лингвистическом и этнографическом отношениях (далее РКСВА) был организован в 1903 году и находился в ведении Министерства иностранных дел, что свидетельствует о большом значении, которое правительство Российской Империи придавало изучению соседнего с ней Синьцзяна и соперничеству великих держав в Центральной Азии. Однако для финансирования большой российской экспедиции денег не было, Ольденбурга опередили европейские ученые.

Императорское Русское географическое общество и Российская Академия наук организовали несколько экспедиций, в том числе Николая Михайловича Пржевальского (1839–1888), совершившего пять поездок в Центральную Азию за время с 1867 по 1880 годы; Григория Ефимовича Грумм-Гржимайло (1860–1936) в 1889 году, целью которых было изучение геологии, гидрологии, метеорологии, составление карт. Вслед за ними были отправлены экспедиции Михаила Васильевича Певцова (1843–1902) при участии Всеволода Ивановича Роборовского (1856–1910) и Петра Кузьмича Козлова (1863–1935) для уточнения картографии и знакомства с культурой края (Попова 2008. С. 11–39).

После успеха экспедиции Дмитрия Александровича Клеменца в 1898 году в Турфанский оазис группа ученых и С. Ф. Ольденбург в 1900 году представили «Записку о снаряжении экспедиции с археологической целью в бассейн Тарима». Однако предложение о систематическом изучении «Западного края» удалось осуществить только в 1905 году (Веселовский 1901. С. 17).

Экспедиции, изучение, находки

В 1905–1907 годах Русским комитетом для изучения Средней и Восточной Азии была, наконец организована экспедиция под руководством Михаила Михайловича Березовского в Кучарский оазис. Цель экспедиции – предварительный осмотр, описание, фотографирование и копирование росписей. Экспедиция выехала из Петербурга 2 ноября 1905 года, прибыла в Кучу 6 февраля 1906 года, закончила работу в декабре 1907 года и возвратилась в Петербург. М. М. Березовский выступил с докладом о своей поездке в Восточный Туркестан на заседании Академии наук 6 марта 1909 года[4]. Вместе с Михаилом Михайловичем в экспедицию отправился его родственник Николай Матвеевич Березовский, студент Института гражданских инженеров, художник (Назирова 1992. С. 92).

---

[3] Альберт Грюнведель работал в Восточном Туркестане в 1898–1900, 1902–1903, 1905–1907 годах, в Кучарском оазисе он провел четыре месяца – с января по май 1906 г.; Альберт фон Лекок в 1904–1905 и 1913–1914 гг/ В оазисе работал Аурел Стейн в 1900 – 1901, 1906 – 1908, 1913 – 1916, 1930 – 1931. В Куче он провел один день. Поль Пелльо в 1906, 1907, 1908 гг. работал в Куче. Японские экспедиции работали в 1902–1904 гг. (под руководством Отани Сёсин), 1908–1909 и в 1913 г. (под руководством Татибана Дзуйтё).

[4] Копии исходящих бумаг и писем. Ленинградское отделение архива РАН Ф.148. Оп. 1. Ед. хр. 55.

М. М. Березовский окончил Санкт-Петербургский университет как зоолог. С 1876 года он принимал участие в четырнадцати экспедициях, в том числе в экспедициях Г. Н. Потанина (1835–1920) в Монголию, Северо-Западный Китай, в Восточный Туркестан и Северо-Западный Тибет. С 1902 по 1908 год он руководил экспедициями в Китай и Центральную Азию как географ и этнограф.

Главной целью М. М. Березовского было составление точной карты расположения городищ и археологических памятников. В дневниках он указал, что в окрестностях города Куча им были обнаружены остатки двадцати древних памятников, в том числе пещерные и наземные буддийские храмы и жилые постройки. В развалинах сохранились фрагменты стенных росписей, не вывезенных в Европу предшествующими экспедициями. М. М. Березовский собрал куски росписей и сделал много фотографий и планов. Сохранились письма М. М. Березовского к С. Ф. Ольденбургу (ПФА РАН Ф. 208. Оп. 3. Ед. хр. 53, 92). Николай Матвеевич снял большое количество калек, скопировал некоторые оставшиеся на стенах росписи и выполнил акварельные зарисовки в альбомах. Один альбом его рисунков хранится в Архиве востоковедов ИВР РАН и два альбома и акварельные копии и кальки — в Государственном Эрмитаже. *[Илл.7,8]*

В альбоме Н. М. Березовского «Кучар. 1906 год» (24 л.; АВ ИВР РАН Ф. 59. Оп. 1. Ед. хр. 23) первые восемь листов – это копии росписей из пещерных храмов местности Таджик. Девять зарисовок относятся к храмовому комплексу Кумтуры. Шесть рисунков представляют собой копии из комплекса Кириш-Сымсым. В документах М. М. Березовский последний названный памятник не описывает, но в эрмитажном альбоме и на отдельных листах акварельных копий имеются рисунки из Сымсыма. *[Илл. 7]* На каждом листе рукой Н. М. Березовского указано место, где сделана копия (стена справа или слева от входа, свод или потолок), но, к сожалению, без указания номера или названия пещеры. Поэтому, при безусловной ценности копий, для определения места нахождения привезенных в Петербург росписей можно использовать только единичные рисунки.

Некоторые листы калек и акварельных копий можно идентифицировать с имеющимися росписями в коллекции Эрмитажа. На четырнадцатой странице альбома, хранящегося в ИВР РАН имеется зарисовка фрагмента из сцены на сюжет «Проповедь Будды Шакьямуни»: фигура рыцаря, стоящего на цыпочках с колчаном у пояса. *(кат. 3) [Илл.10]*

Два хранящиеся в Эрмитаже альбома заполнены рисунками, сделанными Н. М. Березовским в Турфанском оазисе в пещерах Туюк-мазара (альбом № 1) и в Кызыле, Кызыл-карге и Кумтуре «Кучинского округа» (альбом № 2). Шесть зарисовок сделаны в Кумтуре, тридцать одна – в Кызыле, три рисунка с изображением фигур животных – в Кызыл-карге. Из них легко узнаваемы рисунки «со стены в проходе» из кызылской «Пещеры демонов». *(кат.8, 9)* Березовских привлекали сюжетные росписи джатак и яркие росписи потолков. *[Илл.11]* Не будучи ни археологами, ни историками-востоковедами, они тем не менее удачно выбирали для калек и зарисовок наиболее выразительные композиции.[5] Акварельные копии в начале двадцатого века имели большую научную ценность; С. Ф. Ольденбург предполагал их издать и описать (Ольденбург 1914. С. 71). Теперь же эти копии интересны с точки зрения истории науки и как память о первых исследователях пещерных храмов.

Пещеры со сценами «Проповедей» из Кумтуры были сфотографированы. Хорошо видно, в каком плачевном состоянии находились стены фасадов пещер, которые уже тогда полностью отсутствовали, и пещеры были открыты всем бурям и ветрам; им грозило полное разрушение из-за возможного обвала берега реки. Несмотря на трудности работы с фотоаппаратом в плохо освещенных, почти темных пещерах М. М. Березовскому удалось сделать снимки стенных росписей, скульптуры и даже сохранившиеся надписи на тюркском, тохарском, китайском языках. *[Илл.12,13,14,15,16]*

В Кызыле М. М. Березовский обнаружил формы для изготовления скульптуры, отдельных деталей фигур

---

[5] На последней странице альбома № 1 наклеены обрывки шелка с рисунком. Возможно, это тот самый шелк из местности Таджик, найденный в небольшой глиняной постройке возле храма. В настоящее время шелк хранится в коллекции Эрмитажа. ЗК V 743 .

и орнаментов. *(кат.198–208)* Во время посещения Кумтуры М. М. Березовский сфотографировал пещерные храмы, в которых прежде находились деревянные и алебастровые статуи. На обломках дерева кое-где сохранились следы позолоты.

М. М. Березовский сделал несколько покупок у местного населения. В частности, в письме от 14 января 1906 года, написанном в начале пути в Кашгаре, читаем: «от подполковника Ласточкина я приобрел несколько мелочей, выкопанных в Попонке (есть на карте Штейна – замечание Березовского), полученных от хотанского аксакала. Они состоят из маленькой сердоликовой печатки с головой (довольно грубой работы), *(кат.246, 247)* двух миниатюрных неразборчиво, десятка полтора монет, [навершие ступы] аспидного камня с капителькой с четырьмя буддами. *(кат.197)* У Ласточкина остались маленькая печатка с изображением зайца из розового камня, может, и рубина».[6] К сожалению, крестьяне скрывали место, откуда происходили продаваемые ими предметы, поэтому можно лишь предположить, в какой пещере или в каком комплексе они находились in situ. Например, за центральным столбом, там, где помещалась, как правило, сцена осады Кушинагары и дележа шарира, стояли глиняные статуи воинов шакья, которых довольно много в нашей коллекции, причем в инвентаре не указано их происхождение. *(кат.121–149)* Как замечает Сергей Федорович Ольденбург, именно из Кызыла происходят скульптуры рыцарей шакья и, вероятно, именно они были куплены М. М. Березовским.

Березовские первыми из западных исследователей Синьцзяна посетили местность Таджик в Кучарском оазисе, расположенную в предгорьях Тянь-Шаня к северо-западу от современного города Куча и к востоку от самого большого монастырского комплекса Кызыла

К сожалению, дневники М. М. Березовского сохранились лишь частично, и имеющиеся записи касаются повседневных финансовых расходов. Однако сохранились его письма к С. Ф. Ольденбургу, в которых описаны памятники местности Таджик (и Тограклык-Акын) и которые являются единственным источником о наличии пещер с росписями. Самым надежным документом о пребывании Березовских в местности Таджик являются копии и кальки, снятые Николаем Матвеевичем в «Таджите».[7]

По времени экспедиция М. М. Березовского совпала с французской экспедицией Поля Пелльо (1906–1908). Из отчета П. Пелльо следует, что он встречался с русским исследователем, получил письмо от М. М. Березовского, и заключил, что раскопки последнего в Кучарском оазисе продлятся в течение всей зимы. В дневнике французского ученого от 29 марта 1907 года написано: «Я видел все находки Березовского. Одно бронзовое зеркало, вероятно, буддийское, с двумя обнаженными персонажами, торс которых отдаленно напоминает влияние классики, и происходит из местности Таджик. К тому же несколько маленьких фигурок будд из дерева приятной работы, но почти полностью разрушенных». *(кат.160)*

В дневнике Поля Пелльо также читаем, что он работал в Дулдур-акуре и Субаши Кучарского оазиса одновременно с Березовскими. В дневнике французского исследователя от 17 апреля по 28 мая описаны работы в монастыре Дулдур-акур. Там была найдена так называемая «библиотека» – большое число рукописей и «очаровательная статуэтка божества с лютней, которая ныне хранится в Музее Гиме» (Mission Paul Pelliot 1987. Maillard 1983. P. 85 № 25).

К сожалению, бронзовое зеркало не числится по эрмитажным документам, и его не удалось обнаружить.

В начале двадцатого века Таджик был заброшенным и безлюдным местом. Однако по впечатлению английского путешественника и знаменитого исследователя сэра Аурела Стейна, во время его третьей экспедиции в Центральную Азию в 1914–1915 годах, Таджик ещё в XIX веке был обитаем, там был колодец, и среди руин Стейн обнаружил остатки оборонительных сооружений, башню недавнего времени, а также старинные средневековые постройки (Stein 1928. Vol. II. P. 812–815, 823; Vol. III Pl. 41, 42).

В описаниях А. Стейна читаем, что одна из наиболее хорошо сохранившихся пещер Таджика была

---

[6]   Письма М. М. Березовского к С. Ф. Ольденбургу. ПФА РАН Ф. 208. Оп. 3. Ед. хр. 53. Лист 4. Ольденбург, 1914. С. 58

[7]   Названия местностей воспринимались путешественниками на слух в произношении переводчика или местных жителей, поэтому появилось разночтение: «Таджит» у Березовских и «Таджик» у С. Ф. Ольденбурга и европейских ученых.

уже обследована и частично раскопана. Кроме М. М. Березовского в пещерах Таджика работали японские ученые, но они не снимали со стен росписи, и пока не удалось найти сведения о том, в какой из экспедиций японцы побывали в Таджике. Не снимал росписи со стен и Поль Пелльо. Можно предположить, что рисунки, акварельные копии, на которых рукой Н. М. Березовского написано «Таджит», являются единственными в настоящее время свидетельствами о декоре пещер.[8] Что касается археологических материалов, то и Поль Пельо, и Аурел Стейн привезли из Таджика небольшое количество материалов – монеты, печати, фрагменты керамики и стекла, пряжки, которые опубликованы в соответствующих изданиях.

Из снятых в Таджике Н. М. Березовским калек и акварельных зарисовок некоторые выполнены только черным контуром, другие раскрашены и сделаны в масштабе один к одному. Копии на альбомных листах уменьшены, иногда с указанием масштаба. По всей вероятности, после экспедиции, не в полевых условиях, Николай Матвеевич перенес кальки на ватман, причем цвет акварели на кальках и ватмане порой не совпадает, вернее, он передан приблизительно, скорее всего, по памяти.

Снимал росписи со стен М. М. Березовский вместе с Николаем Матвеевичем и с помощниками. В письме Михаила Михайловича читаем: «Скажу лишь несколько слов о единственной пещере, не тронутой ни современным варварством, ни современной цивилизацией. В нее, по-видимому, не проникали ни местные жители, ни японцы, ни немцы. Она на видном месте, в первом ущелье, но в нее трудно попасть – нужна лестница и веревка. Она была засыпана на полтора аршина, и я ее расчистил. Внизу оказалось в сравнительно хорошей сохранности несколько фресок. Пещера была ограблена, вероятно, вскоре после мусульманского нашествия. Ограбили, должно быть, не мусульмане. Глаза не выколоты и фрески без нужды не испорчены. Со всех только аккуратно соскоблена позолота. Сохранился лишь небольшой кусок плафона под куполом – и здесь снято золото. Со стены фрески смыты дождем и буранами, и на оставшемся саманном слое еще видны следы контуров и желобообразных углублений от снятия позолоты, главным образом на венчиках и платьях будды. Пещера, по-видимому, строго церковного индийского стиля, очень хорошего, но монотонного индийского письма. Всё квадратные панно в аршин (в 6 рядов) с буддой на престоле в середине и четырьмя фигурами (иногда пятью) по углам. Лицо будды всегда в три четверти обращено к одной из фигур приносящих дары. Особенность – это обилие голых фигур мальчиков или юношей с неприкрытыми половыми частями. Во всём минъуе (уйгурское «тысяча домов», так называли пещеры местные жители – прим. К.С.) я встретил подобную фигуру в пещере рядом, тоже индийского стиля. Но там фигурка более наивна. Здесь всё голые балбесы. («неразборчиво») больше похожи на божества, чем на юношей и детей. Пещера была буквально залита золотом. Все венчики будд и других персонажей, платья будд сплошь, сережки, ожерелья и даже мелкий орнамент – все было позолочено. В ней были благолепие и блеск. Прилагаю четыре снимка из пещеры, о которой писал. Три крупные фрески взял. Снимать было легко, но при спуске их поломали. Две, впрочем, более-менее уцелели. Стоит ли вывозить? Они тяжелые и провоз стоит дорого».[9] М. Березовским была сфотографирована «Проповедь» из Кумтуры с обнаженным ребенком – Судхана Кумарой. (кат.1) Кроме того, Михаил Михайлович, не будучи специалистом и абсолютно не зная буддийскую литературу, описывает поразившую его воображение роспись, в которой изображены обнаженные дети «голые балбесы». Скорее всего, речь идет о росписи на сюжет джатаки о Вишвантаре, владетельном и богатом правителе, который не только роздал все свое имущество, расстался с любимым слоном, но удалился вместе с супругой и детьми в джунгли и там, по требованию злого брахмана, отдал ему детей и супругу. Обычно в этой сцене и изображаются обнаженные сыновья князя.

Самой ценной находкой М. М. Березовского были фрагменты восточных рукописей, которые в настоящее время хранятся в ИВР РАН (Воробьева-Десятовская 2008. С. 65–73).

Экспедиция М. М. Березовского завершила работу в Куче 23 ноября 1907 года и прибыла в Петербург 21

[8]   Копии Н. М. Березовского уникальны, но по какой-то причине никто не описывал росписи Таджика. Как сообщила мне директор кызылского комплекса Чжао Ли, китайские ученые не публиковали материалы Таджика и, больше того, Чжао Ли полагает, что все кальки и копии происходят не из местности Таджик, а из близлежащего комплекса Тограклык-акын. В приложении к настоящему каталогу публикуются хранящиеся в Эрмитаже фотографии, кальки и копии работы Н.М.Березовского.

[9]   ПФА РАН Ф. 208. Оп. 3. Ед. хр. 53. Лист 13, 13а, 14.

января 1908 года. О ее результатах на заседании РКСА 9 февраля 1908 г. доложил С. Ф. Ольденбург (Протоколы 1908. С. 9). Березовский сделал доклад о своей экспедиции на заседании Академии Наук 6 марта 1909 г. (Назирова 1984. С. 64; Назирова 1986. С. 24–34).

В архиве С. Ф. Ольденбурга хранится не опубликованный некролог М. М. Березовскому как неутомимому труженику, почти всю жизнь проведшему в экспедициях (ПФА РАН Ф. 208. Оп. 3. Ед. 280).

Первая Русская Туркестанская экспедиция 1909–1910 гг. под руководством С. Ф. Ольденбурга была снаряжена по Высочайшему повелению на средства Русского комитета. Предварительный отчет о ней опубликован в 1914 году (Ольденбург 1914.). Экспедиция С. Ф. Ольденбурга работала в Турфане, Карашарском и Кучарском оазисах. В Кучарском оазисе Ольденбург провел меньше одного месяца, с 19 декабря 1909 года по 12 января 1910 года. Его спутники и помощники С. М. Дудин и Д. А. Смирнов отправились в Петербург, так что Ольденбург остался, зимой, при температуре минус десять градусов, лишь с переводчиком Б. Т. Хохо и поваром Захари.[10] Он жил в городе Куча, совершая поездки по округу. «До появления работ прусских и французской экспедиций я мог только руководствоваться данными, сообщенными мне профессором А. Грюнведелем об исследованных им фресках, М. М. и Н. М. Березовскими и профессором Пелльо о посещенных ими местах. Последний, с редкой предупредительностью, снабдил меня несколькими эскизными планами минуев, которые мне были чрезвычайно полезны. В Кучарском округе мною посещен был ряд местностей с остатками древностей в целях ознакомления со степенью их сохранности и для выяснения того, что и как должно быть сделано для их исследования» (Ольденбург 1914. С. 56). Он посетил Мин-тен-ата, Субаши, Сымсым, Кириш на северо-востоке и востоке оазиса, потом Кызыл-каргу, Кызыл, Кумтуру, Таджик, Тограклык-акын и развалины в пустыне Даван-кум на северо-западе, западе и юге.

Следует привести несколько отрывков из дневника С. Ф. Ольденбурга:

Субаши. Запись от 30 декабря 1909 года: «Описывали, вырезали фрески, куски великолепной сохранности. Инструменты наши неудовлетворительные».

31 декабря 1909 г. «Снимаю, делаю эскизы, резание фресок идет плохо».

2 января 1910 г. «…нашли одну форму (рыцаря)».

4 января 1910 г. «Пилили фрески».

Кызыл. 23 января 1910 г. «Пилили фрески, идет недурно».

Кумтура. 2 февраля 1910 г. «Заехали в минуй. Решили жить в пещере, чтобы не терять времени. Очень хорошо – картина удивительная. Сфотографировал горы, близкое небо, окутанная туманом река. День великолепный. Нашли разные вещи в мусорной куче перед пещерами. И здесь – варварская пилка».

7 февраля 1910 г. «Итак, конец экспедиции. Каковы результаты? Немного есть: Ящик № 31: чемодан с рукописями, две пачки фресок и вещей (Кумтура). Ящик № 32: четыре пакета фресок (Кызыл и Кызыл-Карга). Ящик № 33 – фрески (Криш) и мелочь» (ПФА РАН Ф. 208. Оп.1. Ед. хр. 162).

В Мин-тен-ата С. Ф. Ольденбург занимался расчисткой одной из ступ, «которая уже была копана» М. М. Березовским, и откуда были извлечены несколько голов хранившихся в Музее Антропологии и Этнографии Академии Наук (Ольденбург 1914. С. 58). К сожалению, из-за отсутствия описания соотнести эти головы с имеющимися ныне в коллекции Эрмитажа не представляется возможным. Очень любопытно, что виденную в Мин-тен-ата скульптуру Ольденбург сближает с древностями из Сассык-булака и Талалык-булака, расположенных к северу от Турфана, и с некоторыми древностями Туюк-мазара, а также с памятниками тибетского стиля из Хара-Хото. «Нахождение в Кучаре предметов так называемого ламайского типа особенно заслуживает внимания как показатель того, как далеко распространилось тибетское влияние» (Ольденбург

---

[10] Едва ли в условиях холодной зимы, без помощников С. Ф. Ольденбургу удалось бы срезать росписи большого размера. В его записках нет никакого указания на подобную работу. Только в одной записи от 2 января 1910 года упоминаются нанятые поденно для расчистки пещеры двадцать пять рабочих. Однако в записях от декабря 1909 года, 4, 5 и 23 января 1910 года, а также в «Предварительном Отчете» есть сведения о снятии росписей со стен, о взятых им головах глиняных статуй, об успешном резании «фресок» и об упаковке ящиков для отправки каравана в Петербург (Дневник. ПФА Ф. 208 Оп. 1. Л. 162).

1914. С. 60; Samosyuk 1997. рр. 80–86). *[Илл.17,18]*

Судя по «Отчету», Субаши, чрезвычайно интересный и исследованный П. Пелльо памятник, был лишь осмотрен С. Ф. Ольденбургом, причем он замечает, что М. М. Березовский «делал» здесь небольшие раскопки.

Далее исследователь описывает поездку в Сым-сым недалеко от деревни Кириш («Криш» – в написании автора «Отчета»). «Мы, – пишет автор, – сняли ряд фотографий, несколько схематических планов пещер и из особенно пострадавших пещер выпилили несколько образчиков росписи». Опять же, из-за отсутствия описания находок в дневнике невозможно определить, какие росписи, хранящиеся ныне в Эрмитаже, были сняты со стен в Сым-сыме. «Два попугая» из Сым-Сыма, которые в качестве примера приводит С. Ф. Ольденбург, были скопированы, но не срезаны Н. М. Березовским. *[Илл.9]*

Расположенные в районе деревни Кириш памятники, как указывает С. Ф. Ольденбург, были сфотографированы М. М. Березовским; росписи одной из пещер подробно описаны Ольденбургом.

Поездка в Кызыл-Каргу и знакомство с этим пещерным комплексом была осуществлена при помощи схематического плана, сделанного Н. М. Березовским. Похоже, Ольденбург следовал по следам предшественников. «Первое впечатление, которое получается от пещер, – пишет исследователь, – это то, что они очень старинны. Следов китайского влияния на живопись не заметно; по композиции: будды в горном пейзаже, Mahaparinirvana, сожжение тела Будды, джатаки, аваданы, будды в чайтья, скелеты (скелеты изображали в пещерах для медитации – *прим. К. С*) и т. п. примыкают к старым кучарским, шикшинским и туюк-мазарским мотивам. Было много надписей на кучарском языке, но от них остались только отдельные знаки. Несмотря на ужасное разорение, пещеры могут при внимательном изучении дать еще чрезвычайно много для понимания кучарской живописи» (Ольденбург 1914. С. 65).

В Кызыле, наиболее значительном и ныне хорошо изученном памятнике, С. Ф. Ольденбург провел всего лишь несколько дней. Он застал там пещеры, в которых дважды побывали немецкие экспедиции и вывезли большую часть росписей, так что сейчас в Берлине хранится лучшая в мире коллекция живописи из этого замечательного пещерного комплекса. Тем не менее, ссылаясь на немецких коллег, Ольденбург сделал несколько интересных и новых для того времени замечаний. В частности, живопись из пещеры Treppenhöhle («Пещера со ступеньками» по Грюнведелю, современный № 110 – *прим. К. С.*), «сцена из жизни Будды необыкновенно близка к старинным индийским миниатюрам и, по всей вероятности, является представительницей индийской живописи послегандхарского периода» (современные датировки колеблются от IV до начала VII в. – *прим. К. С.*). «Параллелями к изображению двуглаваго и четырехногаго грифа у Грюнведеля и одноглаваго (сохранена старинная орфография – *прим. К. С.*) в Кумтуре могут служить рисунки Н. М. Березовского из Кызыла, которые мы и даем здесь». *[Илл.19]* И далее: «Часть любопытнейшего фриза с медальонами с утками, держащими в клюве гирлянды из драгоценных камней и жемчуга, М. М. Березовскому удалось привезти в С.-Петербург» (кат. 34). Интересно, что среди калек из Таджика есть два воспроизведения сюжета с утками в иной композиционной схеме, что свидетельствует о широком распространении этого декора. Если верить инвентарной записи, именно С. Ф. Ольденбург привез фрагмент росписи «Голова демона», которая происходит из пещеры № 198 – «Пещеры демонов» (кат.9) и которая дополняет фрагменты росписей «Проповеди» и «Искушение Мара», *(кат.7, 8)* привезенные также С. Ф. Ольденбургом, но скопированные ранее Н. М. Березовским.[11]

Из экспедиции Березовских и, как замечает Сергей Федорович, именно из Кызыла происходят скульптуры рыцарей шакья. Возможно, как упоминалось выше, именно они были куплены. *(кат.121 – 149)*

О «громадном минъуе Кумтуре на левом берегу реки Музарт С. Ф. Ольденбург, отзываясь с похвалой о работе своих европейских и российских предшественников и упоминая «прекрасные» фотографии М. М. Березовского и кальки Н. М. Березовского, отмечает: «Минъуй при Кумтуре особенно любопытен тем, что

---

[11]   Однако даже в дневнике Ольденбург не упоминает о том, что срезал эти росписи. Вероятно, очень небольшие по размеру фрагменты были подобраны с пола. Ныне они собраны реставраторами монументальной живописи Эрмитажа в две самостоятельные композиции.

здесь в росписи пещер столкнулись самые разные стили».

Живопись из местности Таджик, так интересно запечатленная Н. М. Березовским в копиях, по непонятной причине, вовсе не упоминается Ольденбургом.

Обе экспедиции из-за недостатка времени и средств смогли произвести в основном разведку, копирование и фотографирование. Поэтому коллекция из Кучарского оазиса в Эрмитаже весьма скромная и состоит главным образом из подъемного материала, из небольших фрагментов стенных росписей и скульптуры.

Экспедиции в Восточный Туркестан тщательно готовились: были сделаны переводы из китайских географических и исторических источников, из «Записок о Западном крае» Сюаньцзана;[12] из династийных историй извлечены сведения, дополнительные к уже существовавшим переводам Иакинфа Бичурина.

Материалы подготовки опубликованы в «Известиях Русского Комитета для изучения Средней и Восточной Азии в историческом, археологическом, лингвистическом и этнографическом отношениях» (Известия РКСВА 1904. С. 15–20). На страницах с четвертой по двенадцатую опубликован «Доклад комиссии по снаряжению экспедиций с археологической целью в Кучар и Турфан». И далее: «Соображения относительно археологической экспедиции в Кучар». Главным источником подготовки маршрутов была рукописная карта, выполненная русским консулом в Кашгаре Н. Ф. Петровским, хранящаяся ныне в ИВР РАН. Кроме того, там же упоминается о покупке необходимого инвентаря для работы в пещерах, в том числе о необходимости купить шпаги для срезания со стен живописи.

Большой вклад в изучение эрмитажной коллекции внесла Н. В. Дьяконова, проработавшая в Эрмитаже около пятидесяти лет. Она была автором постоянной экспозиции искусства Синьцзяна и полного каталога коллекции из Карашара «Шикшин». Кроме того, ей принадлежат публикации лучших росписей из Кучара: «Знаки зодиака и сцены принесения обета», «Подношение пыли», одна из сцен проповеди, в интерпретации сюжета которой Н. В. Дьяконова блестяще определила социальную принадлежность стоящего «на носочках» воина к сословию всадников (Дьяконова 2000, С. 234)

Экспозиция искусства и культуры Синьцзяна, выполненная на самом высоком научном уровне, просуществовавшая около пятидесяти лет и восстановленная ныне с учетом проделанной Н. В. Дьяконовой научной и экспозиционной работы.

История края

Кучарский оазис лежит среди каменистых и песчаных пустынь – к западу от пустыни Такла-макан, на западе северного отрезка Шелкового пути. Он занимает огромную территорию в бассейнах рек Кучар и Музарт – притоков реки Тарим, бурными весной и высыхающими осенью. Его окружают отроги Тяньшаня, с южной стороны – отроги горной цепи Куньлунь. Потоки с гор несут песок и камни, образовавшие за миллионы лет склоны вдоль берегов, в которых и вырубались пещеры.

Исторически оазис принадлежит культуре Центральной Азии, (или, как было принято называть этот край в XIX веке, – Восточный Туркестан, а по китайским источникам – Западный край). В понятие «Центральная Азия» входят территории Синьцзян-Уйгурского автономного района КНР (СУАР), северо-западных провинций Китайской Народной Республики: часть провинции Ганьсу, Нинся-хуэйский автономный район, провинции Цинхай; Внутренняя Монголия, а также Афганистан севернее гор Гиндукуша и территории государств Средней Азии: Узбекистан, Таджикистан, Туркмения, Киргизия, Казахстан. Географическое положение Центральной Азии таково, что она находилась между великими цивилизациями древности и средневековья: между Индией, Ираном и Китаем.

---

[12] Сюаньцзан (602–664) – ОСТАВИМ КАК У МЕНЯ китайский буддийский монах, известный паломничеством в Индию (629–645 гг.). Его «Записки о Западном крае Великой Тан» – бесценный источник сведений о государствах вдоль Великого Шелкового пути и о памятниках буддийского искусства. См. библиографию.

Оазис расположен на западном отрезке северного Шелкового пути. Шелковый путь представлял собой систему дорог, которые в разные исторические эпохи принадлежали разным владельцам. Функционирование торговли и преобладание влияния того или иного государства зависели от политической ситуации. Победа в войнах приносила богатство временным хозяевам караванных трактов, поэтому сражения за приоритетное положение вдоль Пути не прекращались. Одна из дорог (средняя) проходила через Турфанский оазис (кит. Гаочан), через оазисы Карашар (кит. Яньци), Кучар (кит. Цюцы), и далее вела путников к Памиру, мимо современных Бухары и Самарканда (согдийские княжества Большое и Малое Ань), Мерва (кит. Му), и доходила до Персии (кит. Босы) и «западного» моря.

Впервые в китайских источниках Западный край упоминается во II веке до н. э. В 139 году до н. э. из столицы ханьского Китая на Запад было отправлено посольство Чжан Цяня, которое вернулось на родину в 126 году. Чжан Цянь должен был найти союзников в борьбе с гуннами и установить торговые отношения с западными княжествами. Правители Кучи были заинтересованы в мирных отношениях с империей Хань. В 65 году до н. э. правитель Кучи взял в жены внучку дома Хань, прибыл ко двору с поздравлениями, получил богатые подарки и позже не раз являлся в ханьскую столицу Чанъань. Как свидетельствуют источники, отношения между ханьской империей и правителями Кучи на протяжении I века до н. э. «были сердечными» (Малявкин 1989. С. 52). Ханьская империя впервые разместила на территории Западного края военные гарнизоны, хотя власть ханьцев была номинальной.

Приблизительно в середине I века возвышаются кушаны, народ, происходивший от племен юэчжи[13] и завоевавший огромную территорию. Именно кушаны, объединившие под своей властью обширные пространства от северо-западной Индии и до южных земель современных Таджикистана и Узбекистана, сыграли огромную роль в объединении культуры и распространении буддизма на этих территориях. Кушанская империя находилась на месте встречи нескольких цивилизаций и владела основными торговыми дорогами, пересекавшими ее территорию от Римской империи и Персии на западе до Индии и Китая на востоке. Культура кушанского времени стала интернациональной. Полиэтнический состав населения, многоязычность были главными особенностями культурных традиций, искусства и материальной культуры кушанского и посткушанского времени (Восточный Туркестан 1995. С. 4–5).

Среди переводчиков буддийских текстов, которые распространяли Учение Будды в Западном крае, были индийцы, выходцы из Центральной Азии: парфяне, согдийцы, хотанцы, кучинцы. Если в китайских текстах указано, что некий проповедник пришел в Китай из Кушанской империи, то это не определяет его национальность, поскольку кушаны объединили в единое политическое государство выходцев из разных районов Индии и Центральной Азии. Начальная дата кушанского правителя Канишки I колеблется от 78 до 278 года н. э. Принятая в науке датировка существования Империи Кушан – с середины первого I до середины III века. Проблеме кушанской хронологии и происхождению кушан посвящено множество работ специалистов разных стран (Центральная Азия 1974..Литвинский, Пичикян, 1986 С. 81–125; Ставиский 1998. С. 9).

В IV веке различные кочевые племена вытеснили из региона китайцев. «Центральная равнина попала в полосу смут, варварские народы один за другим возвышались, прекратились сношения с иностранцами» (Малявкин 1989. С. 66–67). Правитель государства Ранняя Цинь (351–394), занимавшего территорию в северном и северо-западном Китае, был тибетцем. Он стремился захватить земли Западного края и отправил в 382 году Люй Гуана (337–399), с армией 70 000 солдат в Кучу. Люй Гуан был вождем одного из тибетских племен и основателем государства Позднее Лян (386–403), варваром-инородцем и с точки зрения китайцев, и с точки зрения ставших к IV веку цивилизованными кучарцев. Кучарский князь не послушался совета Кумарадживы (о нем смотри ниже) не сопротивляться Люй Гуану и в результате погиб, Кумараджива был пленен, а город разрушен.

В IV–V столетиях буддизм уже широко распространился как в Западном крае, так и на завоеванном

---

[13] Юэчжи – племена кочевников. Одно из племен основало в первых веках нашей эры империю Кушан. Сыграли большую роль в распространении буддийской культуры и объединении разноязыких народов.

сяньбийцами Севере Великой равнины и при дворе собственно китайских Южных династий.

Кучарское княжество послало делегацию с подарками или данью императору сяньбийской династии Северная Вэй (386–535), тем самым признав зависимость от неё, но все эти политические меры мало влияли на культуру и внутренний уклад жизни населения Кучара. Нужно заметить, что императоры Северной Вэй покровительствовали буддизму, воздвигали грандиозные монастыри и храмы – Лунмэн и Юньган, буддизм был государственной религией, так что высокая буддийская культура кучарской сангхи и ее связи со всем цивилизованным индианизированным миром были полезны новым владыкам Шелкового пути, строившим свою государственность

В начале VI века Западный край, в том числе и Кучарский оазис, был завоеван эфталитами, потом в промежутке между 563 и 567 годами эфталиты потерпели поражение от тюрок западного каганата.

В «Записках» Сюаньцзана есть любопытный рассказ о том, как правитель Кучи призвал тюрок, чтобы усмирить взбунтовавшееся население кучинского княжества. *(кат.81–84)*

Сюаньцзан посетил Кучу в 629 (или 632) году, историю о восстании он рассказывает как случившуюся в недалеком прошлом. В середине VI века, одержав ряд побед, разгромив вместе с Ираном эфталитов, тюрки к началу VII века владели огромной территорией от земель киданей на востоке до государств Синьцзяна на западе. В 581 году тюрки разделились на восточный и западный каганаты. Обладали ли они реальной властью именно в Кучарском государстве, точно не известно, но ставка западных тюрок находилась в Восточном Туркестане (Кычанов 1997. С. 95, 107).

Новая волна китайского завоевания началась в середине VII века, при императоре Тайцзуне (правил 626–649). В 647 году пал город Куча. В результате завоеваний Таримского бассейна китайское правительство для управления новыми землями учредило четыре гарнизона: Гуйцы (Куча), Яньци (Карашар), Шулэ (Кашгар) и Юйтянь (Хотан), позже – Суйе (Суяб), со ставкой наместника сначала в Гаочане, а после 646 (или 649) года – в Гуйцы (Куча). С 658 года, после победы танских войск над тюрком Ашина Хэлу управление наместничеством окончательно обосновалось в Куче, что отразилось на стиле памятников из Кумтуры и других комплексах кучарского оазиса. *(кат42–51)* Гарнизоны просуществовали сто лет, до тибетского завоевания около 760 года (Малявкин 1989. С. 178 -179, прим. 268).

В 751 году танская армия потерпела сокрушительное поражение в битве при реке Талас в Фергане от арабов – ранее одержавших победу над тюрками в 701 и 712 годах. Первая Тибетская империя воспользовалась слабостью империи Тан, вынужденной перебросить китайские войска в центральный Китай, чтобы справиться с подавлением восстания Ань Лушаня в 756–763 годах и в 786 году захватила Дуньхуан, а затем Западный край.

Тем временем вытесненные со своей территории кыргызами уйгуры в середине IX века осели в бассейне реки Тарим и сделали своей столицей основанный еще в первых веках нашей эры Гаочан, славившейся высокой культурой и знаменитыми монастырями. Несколько позже уйгуры расселились и в Карашаре, и в Кучаре. Они принесли с собой тюркизацию местного населения, в прежние времена избежавшего влияния завоевателей. Уйгурские княжества в начале XIII века были завоеваны, вернее, добровольно подчинились Чингисхану (ок. 1155 или 1162–1227). Интересно заметить, что исламизация населения, которую приписывают времени монгольского нашествия, по всей вероятности, протекала чрезвычайно медленно, потому что в XIII и даже XIV веках в искусстве Юйлинь ку, в Турфанском оазисе, в Куче, в Хара-Хото сохраняется буддизм.

Кучарский оазис богател за счет плодородных земель и обилия воды, и за счет выгодного географического положения на торговых дорогах.

Важная роль в торговле принадлежала согдийским купцам, которые начали селиться в Восточном Туркестане с IV–III вв. до н. э. *(кат.150)*. Купцов можно назвать одними из главных героев Шелкового пути. Вместе с купцами вдоль торговых путей шли выдающиеся и бескорыстные проповедники Учения Будды, паломники и переводчики.

Буддизм

В I веке буддизм пришел на берега Амударьи. На границе с современным Афганистаном, около города Термез был основан буддийский монастырь, вошедший в науку под названием Кара-тепе – «Черный холм». В I веке эта территория входила в состав Кушанской империи. На северном отрезке Шелкового пути именно Кучарский оазис был наиболее ранним центром буддийской культуры. Уже в III веке там началось сооружение храмов. Росписи и скульптура, которые украшали стены храмов, заказывались или одним донатором, или целой семьей, или монашеской общиной.

Правители княжества, начиная с IV века, покровительствовали буддизму и были главными заказчиками, спонсорами строительства и художественного оформления интерьеров; они делали большие вклады и хотели быть запечатленными в росписях. Строительство храмов, заказ на изготовление статуй или росписи, переписывание сутр были благими делами, почитались как религиозная заслуга, и способствовали хорошему перерождению умерших родственников и надеждой на воздаяние в будущей жизни.

Правители княжества были запечатлены в росписях нескольких пещер. По воле случая, в Эрмитаже хранится привезенная А. Грюнведелем роспись из пещеры № 6, расположенной рядом с Пещерой меченосцев (№ 8 по современной нумерации. Ее можно датировать IV, в крайнем случае началом V века.[14] Изображен «групповой портрет»: слева направо – главные персонажи: княгиня, князь и юноша, их сын, определяемые по наличию одинаковых зеленых нимбов (кроме юноши), одинаковым костюмам. Сын стоит на цыпочках, как и должен стоять по своей принадлежности к рыцарскому, всадническому сословию. Далее – плохо сохранившаяся группа, персонаж в белом платье, очевидно принадлежащий к семье князя, два монаха и рыцарь, который держит в руках что-то напоминающее вазу. Все персонажи в богатых одеяниях, на голове князя – корона. В той же пещере, но, очевидно, на другой стене была написана еще одна небольшая группа донаторов в костюмах с клиньями на подоле платья (два клина спереди и два сзади), напоминающие костюмы юэчжи (Yacenko 2001. P. 73–121). [Илл.20, 21]

А. Грюнведелем опубликован и групповой портрет княжеской семьи из пещеры № 205 – «Пещеры Майя» второго ущелья, где сохранилась прочитанная Х. Людерсом тохарская надпись с именами князя и княгини – Тоттика и Сваямпрабха. [15] Людерс полагает, что Тоттика жил в конце VI – начале VII века и правил перед Суварнапуспа (Suvarnapuṣpa), имя которого упомянуто среди шести князей в «Пещере с красным куполом». [Илл.22]

В храмах находились и другие семейные портреты донаторов, где мужчины с оружием стоят на цыпочках с оттянутыми носками, что означало их принадлежность к всадническому рыцарскому сословию; женщины – в праздничных одеждах. Они безымянны. [Илл.23,24]

Совершенно необычно, что в пещере № 207 Кызыла, в которой находилась самая интересная и, наверное, навсегда утраченная роспись на сюжет «Осады Кушинагары», художник Тутука написал автопортрет и увековечил свое имя. Трудно датировать его портрет. Можно лишь предположить, что он был написан лет на сто позже, чем вышеупомянутая роспись. Исследователи датируют эту пещеру начиная с IV и вплоть до VII века. Кроме того, безымянные художники изображены в другой пещере Кызыла, но стилистически их портреты не отличаются от манеры художника Тутука. [Илл.25] В нашем собрании есть всего лишь одно изображение донатора – тохарской знатной женщины (кат.28).

Функция донаторов в ранний период искусства Кучи простая: они – заказчики строительства и украшения

---

[14]   Названия пещерам были даны их первооткрывателем Грюнведелем. Ныне китайские ученые создали новую нумерацию и составили таблицы соответствий. Однако старые названия сохранились, и ими пользуются многие западные исследователи. Э. Вальдшмидт датировал эту пещеру VII веком (Waldschmidt 1928. Vol. VI. S. 68). Дата по радиокарбонному анализу для этой пещеры 237–321 гг. (Yaldiz 2010. P. 76–90).

[15]   Grünvedel 1920. Taf. XLVIII–XLIX; Waldschmidt 1925. Taf. 17; Le Coq 1933. S. 28

храма, покровители ритуала, их роль в росписи репрезентативная. Они ничего не просят, но выступают в роли дарителей и покровителей храма. Например, «Великий царь» Кучи Тоттика в начале VII века пожертвовал монастырю богатый дар, состоящий из сластей (Литвинский 1989. С. 173).

Приходившие в Китай индийские, парфянские, кашмирские, кушанские проповедники Учения по дороге в Поднебесную пересекали пустыни и преодолевали горные перевалы Западного края. Они не могли миновать богатые процветающие оазисы, в которых находились государства, уже принявшие буддийское учение.

Китайцы селились на территории Центральной Азии начиная с I века, причем они сохраняли особенности своей культуры. В коллекциях музеев хранится довольно много памятников письменности на китайском языке, большая часть которых была найдена в Дуньхуане. Китайские тексты из Кучи датируются не раньше 713 года (правление Кайюань, 713–741), и до правления Чжэньюань (785–803) (Trombert 2000. P. 7). Интересно, что легенды китайских монет из Кучарского оазиса, если не считать не имеющих твердых дат монет типа ушу, имеют те же даты, что даты текстов на китайском языке.

Четвертый век был временем расцвета княжества и распространения буддизма. Куча посещалась многими выдающимися проповедниками Учения. Жэнь Маньсинь собрал из различных источников около ста имен монахов из Индии, поздней Гандхары, Кашмира, побывавших в Западном крае и в Куче начиная с середины II и до IX века (Жэнь Маньсинь 1993. С. 274–293). Их национальную принадлежность иногда трудно определить, если нет прямого указания в тексте, откуда они родом, т. к. монашеские имена переданы в китайском тексте в транскрипции. Назовем некоторые из них. В III м веке из Центральной Индии прибыл Дхармакала. Во второй половине III века – юэчжиец Дхармаракша, который был современником императора У-ди династии Цзинь (265–289); он переселился с семьей в Дуньхуан, в поисках сутр отправился на запад, за Памир (Луковые горы), выучил 36 языков, каждый со своей письменностью, и на всем пути из Дуньхуана в столицу Чанъань переводил тексты на китайский язык. Дхармамитра, родом из Кашмира, где он провел несколько лет, а потом отправился в Дуньхуан и Ланьчжоу. Фотуден, родом то ли из Кашмира, то ли, скорее, из Кучи, поскольку его родовое имя в китайской транскрипции Бо – было именем правителей Кучи; в 310 году он уже был в Лояне. Кашмирец Вималакша провел несколько лет в Куче и был одно время наставником Кумарадживы. Буддхаяшас, также уроженец Кашмира, провел десять лет в Кашгаре, там был наставником Кумарадживы; после войны Кучи с Люй Гуаном и пленения Кумарадживы он перебрался в Кучу, где «всемерно насаждал закон»; позже присоединился к Кумарадживе; они вместе занимались переводами в столице династии Тоба Вэй на севере Китая. В начале V века побывал в Кучаре Дхармакшема, родом из Центральной Индии, образованный в учениях и Тхеравады и Махаяны, знаменитый тем, что перевел Махапаринирвана сутру, предварительно выучив китайский язык. За недостающими частями сутры он ходил в Хотан (Хуэй-цзяо 1991. Р.155 - 160). Возможно, именно благодаря усилиям Дхармакшемы, сутра получила распространение в Куче и стала непременным сюжетом росписей в пещерных монастырях Кызыла (Howard 1991. P. 81).

Простое перечисление имен монахов-переводчиков, живших или посещавших Кучу в IV–V веках свидетельствует о процветании буддизма и многочисленности общины сангхи, что находит подтверждение и в других источниках. Некоторые из переводчиков, получив образование в Индии, Кашмире оседали на некоторое время в Куче, а потом шли на восток – в Северный Китай, где царствовала сяньбийская династия Тоба Вэй, которая захватила Чанъань и Лоян, и в Южный Китай, где по-прежнему правили ханьские династии.

В IV веке в Куче расцветало Учение, адептом которого был знаменитый Кумараджива (350 – 409) (по другим источникам родился в 344году, год смерти - 405). Его отец был родом из Индии, мать – жительница Кучи, сестра правителя княжества и носительница тохарского языка. Она приняла постриг и вместе с семилетним сыном ушла в монастырь. Позднее они отправились в Кашмир – буддийскую страну, знаменитую своими наставниками, после чего перебрались в Кашгар, где сын продолжил обучение и изучал Хинаяну и Махаяну. Затем, по почетному приглашению правителя Кучи, они возвратились в родные места и стали жить в монастыре, приняв к тому времени монашеские обеты. В монастыре сын изучал сутры Махаяны.

«Правитель Кучара распорядился возвести престол и застелить его тканями из страны Да Цинь (Византия – *прим. К. С.*).

Он призвал Кумарадживу взойти на престол и поведать Закон». Кумараджива стал признанным знатоком Махаяны. В 377 году во время войн Кумараджива был пленен, его насильно женили, и после различных перемен в жизни он прибыл в Чанъань, занялся переводом сутр, поскольку к тому времени блестяще выучил китайский язык, а санскритские тексты подлинников знал наизусть. Кумараджива излагал индийский текст, а другие монахи производили сверку нового перевода со старым и вносили поправки. Новый перевод Кумарадживы точнее передавал смысл сутр. К нему со всех сторон стекались известные проповедники Учения и переводчики. Перед современным пещерным музеефицированным комплексом в Кызыле поставлен памятник великому переводчику и проповеднику Учения. *[Илл. 26]* Этот длинный пересказ приведен для того, чтобы показать и географию паломничеств в поисках наставников в Учении, и широкое распространение буддизма в Индии и в странах Центральной Азии, а затем и в «варварских» районах северного Китая, и особенности перевода сутр с санскрита на китайский язык. Но, главное, из жизнеописания мы убеждаемся в том, что в IV веке в Куче была устоявшаяся вера, правители княжества покровительствовали буддизму и учение Хинаяны существовало параллельно с Махаяной. Жизнь Кумарадживы ярко свидетельствует о месте и роли буддизма в кучарском княжестве и за его пределами и о единстве буддийского мира в IV веке в Индии, Кашмире, Центральной Азии и Китае.

В 399 году в Индию через Западный край в поисках сутр отправился китайский монах Фасянь (337 – ок. 422) (Beal 1983. P. xxxiii). Он провел в странствиях 15 лет и возвратился на родину в 414 году. В его «Записках о буддийских странах» нет описания Кучарского оазиса: пройдя Дуньхуан, он повернул на юг в Лоулань, а потом пошел на северо-восток и достиг Карашара. В тридцатые годы VII века, в начале пути в Индию, Кучар посетил великий Сюаньцзан (годы паломничества 629–645) и оставил подробнейшие «Записки о Западном крае», которые до сих пор являются бесценным источником для изучения культуры, быта, религии Индии и стран буддийского региона.

В VIII веке корейский паломник Хуй-чао оставил свои записи о путешествии в Индию (700 или 704–780, начало паломничества – 724)[16] (The Hye-Ch'o Diary. P. 57).

В 629 году в Западный край отправился Сюаньцзан. В его «Записках» читаем: «Проследовав отсюда (из Карашара – *прим. К. С.*) на запад около 200 ли, миновал небольшую гору, переправился через две большие реки, к западу от которых достиг равнины. Пройдя около 700 ли, прибыл в страну Цюйчжи (Кучар – *прим. К. С.*). Страна Цюйчжи с востока на запад около 1000 ли, с юга на север около 600 ли (приблизительно 500 × 300 км – *прим. К. С.*). Столица в окружности около 17–18 ли (9 км). Выращивают просо, пшеницу, а также рис. Разводят виноград и гранаты. Много груш, яблок и персиков. Местные руды – желтое золото, медь, железо, свинец и олово. Климат мягкий, (жители) нрава честного. Письменность по образцу индийской, однако сильно изменена. Искусство игры на музыкальных инструментах гораздо выше, чем в других странах. Одежда из расшитой узорами ткани, из грубого холста. [17] Стригут волосы, носят шапки. Для торговли используют золотые, серебряные и мелкие медные монеты. [18] Царь родом из Цюйчжи, недалек умом и находится под влиянием старшего сановника. По местному обычаю, когда родятся дети, их головы сжимают досками и уплощают.

Монастырей около 100, монахов около 5000 человек. Исповедуют учение «Малой колесницы» школы

---

[16] Рукопись Хуй-чао была обнаружена Полем Пелльо в Дуньхуане в 1908 году.

[17] В переводе С. Била – «шелковые ткани» (Beal 1983. P. 19); Н. Александрова передает термин как «шерстяная ткань». По мнению А. А. Иерусалимской в Восточном Туркестане не использовали шерстяные ткани. Словарное значение этого термина – «грубая, сермяжная ткань». Подробный комментарий см. Хуань Куань 1997. Т.1. С. 244, примечание 55: наиболее подходящий перевод термина «гэ» – грубая ткань из растительного волокна. Как пишет Шефер, жители Тохаристана одеваются в хлопчатобумажные ткани (из карпаса – индийское слово), которые ошибочно называют сделанной «из нитей дикого шелкопряда» (Шефер 1981. С. 273).

[18] По всей вероятности, изготовленные в других странах – Китае, Иране, Греко-Бактрии, Риме. Нет сведений о том, что в Куче был собственный монетный двор.

сарвастивада. Учение сутр и установления Винаи соответствуют индийским образцам, изучающие их точно следуют первоначальному писанию.

К северу от восточного пограничного города, перед храмом дэвов,[19] есть большое Драконье озеро. [Обитающие в нем] драконы, изменяя свой облик, совокупляются с кобылицами, порождая драконо-коней – свирепых и неукротимых. Только потомство драконо-коней легко приручается. Потому-то эта страна славится хорошими лошадьми.

Предание повествует: в недавние времена здесь был царь по имени Золотой цветок – Суварнапушпа Suvarṇapuṣpa. Был он властен и набожен и просвещен.[20] Мог запрягать драконов в колесницу. Когда он намерился (исчезнуть) умереть, то коснулся плетью драконовых ушей и тотчас скрылся, с тех пор так и нет его.[21]

В городе нет колодца, и воду берут из озера, и здесь драконы, обернувшись людьми, совокупляются с женщинами. От них родятся дети, которые храбры и в быстроте бега не уступают коням. Так постепенно все население стало потомством драконов.

Ныне город опустошен и редко встретишь человеческое жильё. В 10 ли (5 км) к северо-западу от заброшенного города, около самых гор, по обе стороны реки стоят два монастыря с общим названием Чжаохули, именуемые соответственно расположению Восточным и Западным. Изваяния Будды здесь так богато украшены, что, пожалуй, это более чем человеческое мастерство. Монахи чисты, степенны, и истинно прилежны. За западными воротами большого города, справа и слева от дороги, стоят изваяния Будды высотой более 90 чи (27 м). Перед этими изваяниями устроено место для проведения соборов, которые созываются раз в пять лет. Также каждую осень монахи со всей страны собираются здесь на несколько десятков дней. Все, от царя до простолюдина, оставляют мирские дела, соблюдают пост и слушают сутры, постигая Учение и отказавшись от суетной повседневности. В монастырях обряжают статуи Будды, украшая их драгоценностями и облачая в великолепные одеяния, а затем ставят на повозки. Этот праздник называется син сян «шествие статуи».[22]

Все движутся тысячами и собираются, подобно тучам, к месту сбора. Обычно в 15-й и в последний день месяца царь и верховный сановник обсуждают государственные дела, посещают наиболее чтимых монахов и лишь затем располагаются на площади собора.

Следуя на северо-запад, переправился через реку и прибыл к монастырю Ашэлиэр.[23] Дворы и помещения монастыря светлые и просторные, изваяния Будды – искусной работы. Монахи степенны и в усердии неустанны. Также здесь есть приют для старейших. Самые ученые и одаренные, самые почтенные монахи из дальних стран, праведные в своих стремлениях, приходят сюда и здесь живут».[24]

Из «Записок» Сюаньцзана узнаем, что Кучарский оазис был богатым и процветающим краем, что жители пользовались индийской письменностью, что край славился музыкой и танцами, что было денежное обращение чужеземными монетами (по всей вероятности, изготовленными в Китае, Иране, Греко-Бактрии, Риме; нет сведений о том, что в Куче был собственный монетный двор).

В тексте упоминается гостиница для иностранцев, что свидетельствует о многочисленных посетителях

---

[19] Близкий к тексту перевод: «В [этой] стране перед святилищем [божества варваров] Северного неба, у восточной границы города» – *перевод К.С.*

[20] Имя князя встречается в текстах из Кучи дважды. Вероятно имеются в виду два человека Первый из них был в посольстве в Китай в 618 году, второй – в 630 году. Очевидно, Сюаньцзан имеет в виду первого. В дословном переводе: «Я слышал, что в преданиях говорилось: в недавнюю пору был ван по прозванию Золотой цветок. В делах правления и учения был просвещен и проницателен» – *перевод К.С.*

[21] Умер в 624 году. Об именах правителей см. Ching Chao-jung 2010. Vol. I. P. 80.

[22] Подробное описание праздника приведено у Фасяня (Beal 1983. P. XXVI). О празднике *син сян* см. также Soper 1969. P. 193–195.

[23] Ашэлиэр, возможно, местность Дулдур-Акур, которую посетили наши исследователи.

[24] Перевод «Записок» Сюаньцзана сделан Н.В. Александровой, в соответствии с переводом Била. Мной внесены небольшие поправки в соответствии с китайским текстом (Александрова 2008. С. 152–155; Да Тан сиюй цзи. Т. 1. С. 13–164; Beal 1983. P. 19–24).

города. Сюаньцзан также пишет, что в сорока ли (от Кучи) имеется находившийся в запустении ко времени посещения Сюаньцзана город; к востоку и к западу от города сохранились воздвигнутые там две гигантские статуи Будды и отпечатки ступни. Изображения большого стоящего Будды с характерным жестом правой руки (абхайя-мудра) видел и описал Сюаньцзан в Куче. Две гигантские статуи стояли у ворот столицы княжества. Они сравнимы со статуями из Бамиана, и из пещерного комплекса Лунмэн. Он пишет, что грандиозные статуи (две высеченные из камня и одна глиняная) были сделаны при прежнем правителе Кучи, т. е. до времени пребывания пилигрима в Бамиане или в Куче. Это позволяет их датировать приблизительно 600 годом или концом VI – началом VII веков, по определению Д. Климбург-Салтер. Ведущие специалисты согласны с тем, что статуи Бамиана не могли быть выполнены раньше второй половины VI века (Klimburg-Salter 2002. P. 5). Так что логично предположить, что изваяния, которые видел Сюаньцзан у ворот столицы Кучи (вопрос о местонахождении столицы княжества остается спорным; возможно, столицей был Субаши – *прим. К. С.*) в 629 (632) году созданы в одно время с произведениями из Бамиана. *[Илл. 27]*

Не менее интересно и сообщение Сюаньцзана о тюрках: «Будучи самонадеянными, они (жители Кучи) начали затевать смуты и пренебрегать повелениями царя. Тогда царь вступил в союз с тюрками туцзюэ и с их помощью уничтожил население города, предав казни и молодых, и старых, – никого в живых не оставил».

Речь идет о туцзюэ западного тюркского каганата. Помимо исторической ценности этого сообщения, оно может оказаться полезным для датировки некоторых скульптурных голов, сильно отличающихся по своему антропологическому облику и по художественному решению от скульптурных голов индоевропейского типа из кучарского и карашарского оазисов. У них длинные распущенные волосы, свисающие усы, бородка, узкие глаза, широкие скулы. Сохранившаяся раскраска – побелка лиц – резко контрастирует с чернотой волос и окраской глаз (кат.81–84). Приблизительная дата присутствия Сюаньцзана в Куче 629 или 630 год, как уже было указано, историю о восстании он рассказывает как случившуюся в недалеком прошлом.

В середине VI века, одержав ряд побед, разгромив вместе с Ираном эфталитов, тюрки к началу VII века владели огромной территорией от земель киданей на востоке до государств Синьцзяна на западе. В 581 году тюркская империя распалась на враждовавшие между собой восточный и западный каганаты (Кычанов 1997. С. 95, 107). Обладали ли они реальной властью именно в Кучарском государстве, точно не известно, но ставка западных тюрок находилась в Восточном Туркестане, а их присутствие в Кызыле Кучарского оазиса подтверждается тюркской рунической надписью, сохранившейся на экспедиционной фотографии одной из пещер. Фотография была сделана М. М. Березовским. Рунический текст прочитан профессором С. Кляшторным и содержит всего одно слово: «бодхисаттва». Не будет ошибкой предположить, что головы тюрок из нашей коллекции можно датировать концом VI или началом VII века.

Ныне об иконографии тюрок можно с уверенностью судить по их изображениям на рельефах погребальных лож согдийцев, найденных в окрестностях городов Сиань, Лоян и Тяньшуй. На рельефах ложа из города Тяньшуй провинции Ганьсу, датируемого 570, годом и ложа Ань Цзя, умершего в 579 году, изображены тюрки (Bulletin 2004. Vol. 4. Pl. 6 а, в). У них длинные волосы, длинные и острые носы, глубокие морщины и свисающие усы. Б. И. Маршак считал, что наиболее этнографически правильное раннее изображение тюрок – в том рельефе, где показана родная страна тюрок (Bulletin 2004. Vol. 4. P. 5) Во время правления сяньбийской династии Бэй Чжоу (557–581) в Северном Китае каган стал властелином степей, поэтому к нему согдийцы относились с большим интересом. Как заметил Б. И. Маршак, тип или, лучше сказать, выражение лиц персонажей, тоже является признаком изображенных на рельефах представителей разных народов, населявших степь. Лица тюрок – добрые в отличие от грозных, с нахмуренными бровями лиц эфталитов в других рельефах. Эфталиты стали вассалами тюрок с середины 560-х годов (Marshak. P. 16–31; Raspopova. P. 43–57).

Описание и Датировка Пещер

Архитектура Центральной Азии разнообразна: городские стены и надвратные башни, крепостные сооружения, жилые дома. Но главными постройками были монастыри, храмы и ступы. *[Илл. 24]* Кроме наземных сооружений, сохранилось большое количество вырубленных в песчаниковых или известняковых грядах пещерных буддийских храмов.

Архитектура на северной ветви шелкового пути отличается от южной, хотя строительные материалы – глина, земля, из которых формовались высушенные на солнце кирпичи, были одинаковы. Разница в том, что на севере дерево использовалось как декоративный элемент и для изготовления балок дверных проемов и балконов-навесов вдоль стен, а на юге дерево было основным строительным материалом.

На северной ветви Шелкового пути сохранились остатки нескольких больших городов: в северной части кучарского оазиса на обоих берегах реки Субаши возвышаются руины построек средневекового города, который, как уже упоминалось, возможно, был столицей княжества..

Архитектура пещерных храмов кучарского оазиса является характерным примером планировки на севере Шелкового пути; они следуют строительной традиции индийской эпохи Гуптов: помещения прямоугольной формы, которым иногда предшествует небольшой «аванзал».

Пещеры вырубались в желтом иногда с красными прожилками песчанике на горных склонах или на высоких и крутых берегах рек. К пещерам обычно ведет вырубленная в породе лестница. *[Илл. 24]* Вход в пещеру ориентирован либо на восток, либо смещен в зависимости от склона горы, в котором она высечена. Стены пещер не бывают ни совсем прямыми, ни одинаковой величины (Grünwedel 1912. S. 3). Они были либо вертикальными, либо наклонными. С. М. Дудин пишет, что в Идикутшари (Турфанский оазис) полы были выложены плитками «из жженого кирпича» (Дудин 1916. С.6, 10, 12, 19, 22, 28, 31). М. М. Березовский, описывая одну из пещер Таджика, отмечает, что «пол был выстлан большими обожженными кирпичами дюйма полтора и сверху еще был залит гипсом в один дюйм», и на другой странице письма: «покопал немного и я западный храм. Пол был залит гипсом» (ПФА РАН. Ф. 208. Оп. 3. Ед. хр. 53. С. 11 а). Не очень понятно, что имеет в виду Березовский: действительно ли пол был залит гипсом, или же он принял глиняную обмазку за гипс.

Старейший ученый из Пекинского университета, проработавший больше 30 лет в Кызыле, Су Бай рассмотрел архитектуру пещер и составил собственную группировку и хронологию. Су Бай предложил четыре типа архитектуры пещер, которые он соотнес с датами, особенностями декора, стиля и колорита росписей (Су Бай 1985. Т. 1. С. 162–178).

Первый тип – пещеры со столбом-ступой, окруженным обходным коридором для совершения ритуала обхода вокруг столба – прадакшина. *[Илл. 28]*

Второй тип – прямоугольные пещеры с монументальной глиняной статуей Будды.

Третий тип – квадратные пещеры с купольным перекрытием. [Илл.29] Четвертый тип – монашеские кельи с небольшим окном и очагом.

В пещерных храмах и наземных сооружениях на севере Шелкового пути было несколько видов перекрытий: прямоугольные пещеры обычно перекрыты вырезанными в породе симметричными двусторонними сводами, которые заканчиваются плоской замковой поверхностью, собственно, «потолком». Квадратные помещения перекрывали вырубленными в породе куполами. Купольные перекрытия возникли, возможно, под влиянием архитектуры Западного Туркестана и Ирана. В некоторых пещерных храмах Кучарского оазиса встречаются так называемые «кассетные потолки – из вписанных друг в друга под углом 45 градусов все более углубленных, т. е. поднимающихся квадратов». Например, «Пещера художников» (№ 207) в Кызыле имеет кассетное перекрытие. [Илл.30] Переднее помещение (целла) в этой пещере имеет наклон стенок внутрь. Площадь целлы 5,10 × 5,19 м, помещение за целой 5,95 × 2,8 м. На стене столба уже в древности производилась реставрация. Сохранились остатки первоначального убранства – следы разметки для прикрепления рельефа горного пейзажа (Grünwedel 1912. S. 148–157. Pl. 332–357).

Имитация кассетных потолков украшает многие росписи пещеры Могао близ Дуньхуана (Литвинский, Пичикян. С. 81–125; Maillard 1983. Р. 111–121).

Внутреннее пространство пещер организовано согласно единым правилам. Посетитель входит в пещеру, его взгляд упирается в видит столб-ступу или в тыльную стенку пещеры. В столбе вырублена ниша (одна или в каждой из четырех сторон), в которой на постаменте (постаменты сохранились in situ), стоял главный образ – глиняная статуя Будды Шакьямуни. *[Илл.28]* В ранних пещерах IV–VI веков Шакьямуни изображали в окружении учеников, без бодхисаттв, что характерно для композиций Тхеравады (Хинаяны). Бодхисаттвы появляются позже, с распространением Махаяны, но в Куче, по наблюдению Сюаньцзана, сосуществовали оба направления буддизма (Liu Mao-tsai 1969. Р. 20–33). Паломник начинал обход пещеры по солнцу: на стенах слева и справа от входа, изображены сцены проповедей, расположенные в два яруса. *[Илл.31]* В верхней части стен, над проповедями сооружался «балкон», иногда реальный деревянный, иногда ложный фриз, отделанный по нижнему краю лепным рельефным бордюром. На «балконе» написаны группы музыкантов, по две фигуры в прямоугольном обрамлении. *[Илл.32]* Возможно, прототипом таких композиций на «балконах» были гандхарские рельефы, распространенные и в искусстве кушанской Бактрии: знаменитый вырезанный из камня айртамский фриз был создан в I–II веках и обнаружен неподалеку от современного города Термеза. *[Илл.33]* Так же как в декоре кызылских пещер, на фризе изображены музыканты среди листьев аканфа (Мкртычев 2002. С. 106, 248. Примечание 17, 18, 19). Своды над балконом расписаны сценами на сюжеты джатак – рассказов о прежних воплощениях Шакьямуни, когда он был бодхисаттвой, и авадан – легендарных сюжетов земного жития Будды. *[Илл.34]* Поклонившись главной статуе, прочувствовав Учение в сценах проповедей и в житийных историях, адепт продолжал обход и через довольно узкий обходной коридор попадал в помещение за столбом. Он оказывался перед высоким ложем, на котором на правом боку, подложив правую руку под голову, а левую вытянув вдоль тела, возлежал Будда Шакьямуни. Эта сцена называется Великий уход, Великая Нирвана Учителя. [Илл.35] Верующий понимал, что жизненный цикл неминуемо должен закончиться.

Стена столба напротив «Нирваны», как правило, расписана или оформлена скульптурно на сюжет истории дележа шарира. После кремации тела Шакьямуни драгоценные останки – реликвии шарир – были помещены в ступу. Ступа – культовая постройка, возникшая в древней Индии. В Индии она имела форму полусферы поставленной на прямоугольную платформу, напоминающую насыпной могильный холм, который и был прообразом ступ. В ступу помещался реликварий с прахом умершего. Мемориальное сооружение было сакральным, почитаемым памятником. *[Илл.36]* Формы ступ зависели от местных архитектурных традиций.

«Великий уход» Будды случился в городе Кушинагара во владениях князя Дроны. Правители соседних княжеств в сопровождении войска явились в Кушинагару и, угрожая войной, потребовали разделить драгоценные реликвии на восемь частей. В росписях изображенные над сценой Кушинагары дэвы держат урны с шариром. Для их хранения было воздвигнуто восемь ступ, которые иногда написаны на стене пещеры в проходе возле столба. Совершив обход, верующий опять попадал в главное помещение и мог окинуть взглядом свод и потолок пещеры.

Росписи сводов представляли собой своего рода пейзажную живопись, не имеющую аналогий в искусстве соседних оазисов. В центре свода, на «замковой» плоской поверхности потолка изображали круги солнца и луны с летящими гусями вокруг, бога ветра, китайских мифических персонажей Фуси и Нюйва, будд. *[Илл.37]* В некоторых пещерах под сводом, в верхней части стены были написаны сцены принесения обета – пранидхи (о них см. ниже). *[Илл.38]*

Зритель, направляясь к выходу, видел в люнете над дверью будду будущего Майтрейю со свитой во дворце. Он сидит на троне в так называемой позе Майтрейи, т. е. по-европейски, спустив ноги с перекрещенными ступнями. Он – мессия, спаситель, надежда для верующих. В будущих калпах Майтрейя низойдет на землю и станет земным буддой. Таким образом, перед посетителем пещерного храма проходят последовательно все этапы жизни Шакьямуни, а в завершение цикла будда будущего как будто бы провожает посетителя и внушает надежду на спасение. *[Илл. 38]*

Отличительной особенностью памятников Кучарского оазиса – Кызыла, Кумтуры, Кызыл-карги и других – композиционная и иконографическая устойчивость, консервативность, сюжетное однообразие декора на протяжении трёхсот с лишним лет, при своеобразии стилистического решения.

Устойчивость иконографической программы чрезвычайно затрудняет датировку. Однако стилистические изменения, особенности художественного языка, прообразы композиций в искусстве эпох Гандхары, в памятниках эллинизма или Ирана, аналогии в произведениях кушанской Бактрии, Индии времени династии Гуптов позволяют выстроить более или менее точную хронологическую последовательность декора пещер. Однако главной проблемой в исследовании памятников из Кучарского оазиса по-прежнему остается вопрос абсолютной хронологии.

**

Надписи в пещерах Могао близ Дуньхуана позволяют с точностью до одного года датировать росписи; надписи-граффити в Куче не несут подобной информации. Сохранилось несколько надписей на стенах пещер с именами донаторов, из них две особенно важны. Как уже отмечалось выше, в «Пещере художников» (№ 207) упоминается художник Тутука. В «Пещере Майя» II –читаем имя княгини Сваямпрабха. Х. Людерс на основании палеографии датировал эти надписи V–VI веками. В другой надписи имя Сваямпрабха встречается также среди имен других князей - донаторов монастыря как имя супруги князя Тоттика. Х. Людерс определил шесть имен правителей Кучи, в том числе Суварнапушпа и Суварнадэва, известных по «Истории династии Тан» (Maillard 1983. P. 114). Палеография надписей, изученная немецкими и французскими исследователями, дает только относительную хронологию; тексты надписей не содержат дат, которые могли бы помочь в определении точного времени создания пещер.

Не менее важный материал для датировки живописи раннего периода существования пещер, особенно для памятников Кызыла, Кумтуры и Субаши дают аналогии с датированными произведениями буддийского искусства Китая, получавшего образцы из государств Западного края. Влияние Западного края особенно ощутимо в буддийском искусстве сяньбийских династий Северная Вэй, Северная Ци (549–579), Северная Чжоу (557–583), в живописи и скульптуре пещер Могао вплоть до китайской династии Суй (581–618) и ранней Тан (618–907). Для IV–V веков именно китайские аналогии помогают датировать произведения искусства Шелкового пути. Например, бронзовая скульптура IV–V веков северной династии Вэй имеет общую стилистику с маленькими деревянными статуями будд и божеств из Кызыла и местности Таджик, а композиции, иконография и стилистика росписей в пещерах Могао №№ 268, 275, 272, находились под влиянием живописи Кызыла (Rhie 2002. Vol. 2. P. 717).

Исследованию хронологии искусства Кучи посвящены работы многих ученых разных стран. Большинство ученых следуют комплексному методу исследования; он отнюдь не новый, всем понятный, и заключается в сочетании исторического подхода к материалу, с чисто стилистической и археологической оценками. И западные и китайские ученые учитывают политическую историю и историю распространения буддизма.

Современные исследователи также используют результаты радиокарбонного анализа остатков дерева и соломы.[25]

Анализ художественных приемов, места расположения донаторов в росписи, поз персонажей, их костюмов

---

[25]   Большинство датировок основаны на радиокарбонном анализе, сделанном в 1970–80-е годы китайскими, японскими, а потом в 2000 году и немецкими учеными. Китайские и японские исследователи использовали остатки дерева в пещерах, либо скульптуру из дерева, что не могло дать точные результаты, поскольку срок жизни дерева может превышать допущенные поправки.

В Музее Азиатского искусства (бывший музей Индийского искусства) в Берлине анализы были сделаны по остаткам соломы или другого растительного волокна, замешанным в штукатурку стен вместе с лессом и глиной. Естественно результаты анализов по дереву и по соломе не совпали. Предложенные даты по радиокарбонному анализу часто не совпадают с впечатлением от стилистики росписей, так что теперь перед исследователями стоит задача сопоставить даты радиокарбонного анализа с датировкой по стилистическим признакам.

и причесок, типов вооружения является одним из существенных методов изучения и датировки памятников. По сути дела, все ученые следуют словарю форм, составленному по следующим параметрам: описание контура с учетом ширины линии (широкий с «теневым» эффектом, моделирующим объём, свидетельствует об индийских истоках); контуры белый, красный, черный; описание колорита (коричнево-охристый с зеленым, зелено-синий); описание цвета фонов, форм ромбов, образующих горный пейзаж на сводах, а также форм гор, деревьев; описание поз персонажей («балетные пируэты» с перекрещенными ногами стоящей фигуры); форм корон божеств (высокие – в ранних росписях династии Северная Лян (397–439) с тремя дисками – в северовэйский период); форм шарфов и рисунок концов лент, расположения шарфов над плечами или на груди бодхисаттв. Частично подобные описания стиля уже сделаны многими исследователями: китайские ученые описали и выполнили прорисовки форм всех деревьев, музыкальных инструментов, орнаментов. М. В. Горелик составил типологию вооружения, С. А. Яценко – осуществил описание костюма и сделал прорисовки на основании публикаций (Горелик 1995; Яценко 1995). Однако эти очень полезные, информативные, точные исследования тоже дают только более или менее относительную хронологию памятников и не приближают к абсолютным датам. Все упирается в то, что ученые идут по замкнутому кругу и описывают неизвестное через неизвестное, не выходя за пределы росписей из Кызыла, в лучшем случае, приводя в качестве аналогии памятники из Дуньхуана как свидетельство влияния искусства Кызыла на ранний Дуньхуан.

Изучение памятников Кучи начали немецкие ученые и выделили два стиля живописи. Эрнст Вальдшмидт, основываясь исключительно на стиле росписей, который он называет индо-иранским, предложил классификацию пещер в зависимости от колорита. Первый индо-иранский стиль Вальдшмидт отнес к 500–600 годам. Второй индо-иранский стиль датирован 600–650 годами и большинство пещер отнес к этому стилю.

Датировки Э. Вальдшмидта и классификация архитектуры пещер, предложенная А. Лекоком продержались полстолетия, пока не возникли сомнения в правильности столь поздних дат пещер (Le Coq 1925; Le Coq, Waldschmidt. Vol. VI, VII) В 1958 году вышла блестящая статья А. Сопера, в которой он впервые с уверенностью доказал, что пещеры № 272 и № 275 из Дуньхуана, точно датированные периодом до 439 года, испытали влияние искусства Кучи и имели стилистическое единство архитектуры, планировки и иконографии росписей с пещерными храмами Кызыла. *[Илл. 39]*

Именно из Кучарского оазиса, расположенного ближе к Индии, Кашмиру, Гандхаре и бывшего идеологическим центром центральноазиатского буддизма, шли проповедники Учения. Сопер полагает, что первые пещеры в Кызыле были вырыты в IV веке (Soper 1958.).

В 1974 году Макс Климбург и Бенджамин Роуленд независимо друг от друга «удревнили» первый и второй индо-иранский стили и предложили более ранние даты (Klimburg 1974. S.27 - 40. Rowland 1974. P.154 - 162).

Одна из самых основательных исследовательниц Синьцзяна Моник Майяр до 1983 года придерживалась традиционной немецкой периодизации, но в последних работах она следует новой хронологии, предложенной Су Баем (Maillard 1983. P. 57). Марианна Ялдиз тоже отказалась от дат великих немецких археологов начала XX века (Yaldiz 2010. P. 80 - 81).

Современная хронология Кызыла предложена китайским ученым Су Баем и его коллегами из Пекина и из Института археологии Урумчи. Она основана на систематизации архитектуры памятников. Большинство китайских ученых приняли периодизацию с небольшими, а иногда и с большими вариациями в датах. Заслуга Су Бая в том, что он разделил четыре типа архитектурной планировки пещер на три периода в каждом типе, и соотнес каждый из этих двенадцати подразделений с характером декора и с соответственными датами, т. е. он объединил анализ архитектуры и декора. (Су Бай 1989, С. 10–23; Дин Минъи, Ма Шичан, Сюнси. С. 185–223, 236–255).

По Су Баю, строительство пещер начинается в 300 году и продолжается до 650 года, до китайского завоевания, которое принесло изменение стиля росписей, не вызывающее сомнений во времени их исполнения.

Китайские ученые сделали очень много в изучении и публикации памятников Кучарского оазиса, особенно

Кызыла. Работы Су Бая, Ма Шичана, исследования сотрудников Синьцзянского института кучарских пещер и Института археологии в Урумчи, книги и статьи Чжао Ли, Хо Сючу, Ли Чжунфэна, Жэнь Маньшу, Хань Сяна и Чжу Инчжуна, Пэн Цзе посвящены истории Кучара, истории буддизма и буддийского искусства в Центральной Азии, анализу сюжетов, иконографии, стиля росписей, деталей орнаментов, костюмов, особенностям пейзажа, хронологии пещер.

При изучении эрмитажной коллекции только в некоторых случаях, если у нас есть документы о происхождении памятника из той или иной пещеры, можно опираться на результаты работы заграничных коллег. Наша коллекция плохо документирована, но даже в редком случае, когда точно известно, из какой пещеры происходит роспись, дата ее создания является предметом гипотез и дискуссий. Например, уже не раз упоминавшаяся «Пещера демонов» № 198, откуда происходят недавно отреставрированные фрагменты росписи *(кат.9,10)* имеет следующие даты: у старых немецких ученых – 600 год; Максимилиан Климбург датирует пещеру первой половиной VI века; Ли Чжунфэн относит ее декор к концу V – середине VII века; Марианна Ялдиз к 538–643 и 659–756 годам. Датирование VIII веком не должно нас удивлять, т. к. пещеры перестраивались и росписи переписывались. Например, по впечатлению Грюнведеля, на стене столба «Пещеры художников» № 207 уже в древности производилась реставрация. Сохранились остатки первоначального убранства – следы разметки для крепления рельефа горного пейзажа (Grünvedel 1912. S. 148–157. Pl. 332–357).

Много исследований об искусстве Кучарского оазиса опубликовано также японскими, немецкими, французскими, американскими и русскими учеными.[26]

Возможно, выход за пределы Кучарского оазиса, Синьцзяна и Ганьсу и поиск аналогий, кроме территории Северного и Западного Китая, в археологическом материале на широкой территории степной зоны Центральной Азии, даст и уже дал результаты. Б. А. Литвинский использовал кызылские росписи, а именно пещеру № 207, для сравнения с орлатскими костяными пряжками (Литвинский 2002. С. 181–209; Litvinsky 2001. P. 137 - 166). *[Илл. 50,51]*

Столь же продуктивны исследования М. Ялдиз и приводимые ею сравнения с индийскими, гандхарскими и гуптскими памятниками.

М. Ри, автор монументального труда, посвященного искусству буддизма в Китае и Центральной Азии, на основании скрупулезного стилистического анализа, датировала несколько ранних росписей IV–V веками и пришла к выводу о том, что каждая местность в оазисе имела независимую индивидуальную художественную школу; истоки, образцы, повлиявшие на формирование школ, могли быть одними и теми же, хотя варианты интерпретации образцов бывают неожиданными, особенно в ранних, IV века, росписях. Например, для пещеры № 38 исследовательница нашла аналогии в римском искусстве и датировала её серединой и второй половиной IV века (Rhie 2002. P.658 - 666).

К археологическим памятникам южных Таджикистана и Узбекистана обращается и А. Хоуворд. Произведения живописи и скульптуры из Аджина-тепе, Пенджикента, Хорезма были включены в выставку «Сериндия – Земля Будды» (Serinde 1995. Cat. 21, 24, 60, 62, 137–140).

Познакомившись с росписями из пещер Кучарского оазиса, легко убедиться в том, насколько един мир буддийской культуры в эпоху средневековья. Ученые разных стран словно загипнотизированы современными политическими границами. Вполне логично и плодотворно сопоставлять между собой памятники, находящиеся в современной провинции Синьцзян и в Дуньхуане, но не нужно забывать о территориях к северу от границ Китая, т. е. о южных регионах Узбекистана, Таджикистана и Киргизии, а также о памятниках степной зоны Сибири. Где за пределами Индии находятся более древние буддийские пещерные храмы. Каким образом были связаны памятники вдоль оазисов Великого Шелкового пути с искусством юга Средней Азии эпохи Кушанского царства и последующих эпох, вплоть до середины седьмого века, когда сильное влияние

---

[26] Полная библиография и краткое изложение истории изучения искусства Кучи имеется в статье американского исследователя Анжелы Хоувард (Howard 2007, P.77 – 81).

танской культуры изменило облик искусства Синьцзяна. Более ранние даты привели к переосмыслению историко-культурных процессов, которые происходили в самом западном пункте Синьцзяна.

Подтверждением ранних дат основания пещерных буддийских монастырей за пределами Индии могут служить пещерные монастыри на территории современного Пакистана и Афганистана (Литвинский 1996. С. 155 – 192;. Литвинский, Пичикян. С.116 – 124.) и южного Узбекистана, в том числе Кара-тепе - «Черный холм», расположенный недалеко от города Термез, на границе с современным Афганистаном. Рядом с Кара-тепе находится монастырский и храмовый комплекс Фаяз-тепе, представляющий собой ряд наземных построек из сырцовых кирпичей. Кара-тепе хорошо датирован по монетным находкам и по палеографии надписей. Руководителем археологических работ в Кара-тепе в течение тридцати лет был Б. Я. Ставиский. Он же был главным редактором сборников статей – публикаций материалов из Кара-тепе. Пещеры Кара-тепе должны были иметь планировку, повторяющую индийские прообразы, однако, при возведении первых комплексов в Кара-тепе строители были плохо знакомы со спецификой возведения пещер (Ставиский 1998, с.23 - 44). В результате часть помещений не была завершена, и вместо обходного коридора получились коленообразные тупиковые помещения, так что церемония обхода вокруг центрального столба – устоя – не могла быть осуществлена. В других, более поздних комплексах, строителям удалось реализовать классический, правильный индийский план: «к квадратному двору примыкал вырубленный в холме обходной коридор, огибающий центральный устой, внутри которого располагалась цела». Наиболее ранний комплекс был сооружен в первом веке н. э., следующий за ним – во втором веке (Мкртычев 2002. С. 72). Первым веком датируется самая ранняя ступа на юге Узбекистана, к востоку от Фаяз-тепе. Эти примеры показывают, сколь ранние пещерные комплексы существовали в эпоху Кушанской империи. Они свидетельствуют о распространении буддизма в кушанской Бактрии: например, хранящаяся в Эрмитаже капитель пилястра с северной вершины холма, знаменитый рельеф с изображением триады из Фаяз-тепе стилистически сходны с гандхарскими памятниками. [Илл.39] Источником сюжетов была Индия и Иран, но пути распространения буддийского искусства шли не только из Индии в Восточный Туркестан – Дуньхуан и потом в собственно Китай или из Индии через Кашгар, Памир в северные пределы Кушанского царства, или – позже - в северный Тохаристан. Как следует из многочисленных археологических материалов, государства, расположенные вдоль северного и южного отрезков Великого Шелкового пути, от Кучара, Карашара, Турфана и вплоть до Дуньхуана испытывали влияния, исходящие с юга современных Узбекистана и Таджикистана. Эта идея была высказана Б. Литвинским и исследована на фактическом материале авторами сборника статей под его редакцией (Восточный Туркестан 1995).

Влияние иранского искусства, как наиболее вероятного источника композиций, прослеживается на примере опубликованного впервые Дуань Вэньцзе фрагмента росписи последней четверти VI века из пещеры Могао № 402 с изображением сцены борьбы тигра со слоном, на котором восседает всадник. [Илл.40] (Дуань Вэньцзе 1980. С. 360, рис. 57. Она близка к аналогичной композиции того же времени на рельефе согдийского погребального ложа умершего в 592 году Юй Хуна. (Bulletin 2004. Vol. 4. P. 7. Pl. 13). [Илл. 41] Этот сюжет сохранился до VIII века в росписи Красного зала в Варахше. [Илл. 42]

Иранские влияния – так называемые сасанидские перлы, окружающие медальоны с противостоящими птицами или животными, – Дуань Вэньцзе отмечает и в росписях пещер Могао династии Суй (Дуань 1992. С. 362. Рис. 277). Таким орнаментом украшена подушка, на которой возлежит Будда в танской пещере № 158 начала IX века (Whitfield, 1996, vol. 1 pl. 125, Pl. 38, 125). [Илл. 43] Он есть и в орнаментах Кучи, в том числе в декоре пещеры в местности Таджик (Талалык булак) и в Туюк мазаре Турфанского оазиса. [Илл. 44]

Фризы с изображением противостоящих уток в медальонах с гирляндами из драгоценных камней и жемчугов украшали переднюю стенку глинобитной скамьи в Кумтуре, которая была расположена вдоль стен пещеры, или подиумы для статуй в «Большом храме» Кызыла (кат.34,35). Подобные росписи имитировали узор тканей. Такого типа ткани были распространены по всему Востоку и орнаменты – медальоны в окружении перлов – жемчужин получили наименование сасанидских. Утки или другие птицы, держащие в клювах гирлянду – мотив, хорошо известный как в византийском, так и в согдийском, и в сасанидском искусстве. *[Илл. 45]* Как полагает Борис Ильич Маршак, «в этой пещере (в «Большом» храме Кызыла) не только мотив, но и манера выполнения согдийские, причем приглушенный колорит, передающий благородную окраску шелка, такой же как как у изображения подобной ткани в Пенджикенте» (А.И. Косолапов Б.И. Маршак. Стенная живопись Средней и Центральной Азии (СПб 1999,с.37).

В орнаментах стенных росписей Центральной Азии встречаются и другие сасанидские сюжеты тканей, например, роспись, имитирующая ткань с медальонами с кабанами из Туюк-мазара, роспись из Пенджикента, (инв.№ SA 16225) или акварельная копия Н. Березовского росписи из местности Талалык-булак. *[Илл. 17]*

Согдийские аналогии можно увидеть в росписях на сюжет нирваны Будды Шакьямуни из пещерных храмов Кучарского оазиса: знаменитая роспись из Пенджикента «Оплакивание» близка по композиции и по передаче отдельных фигур персонажам из сцены нирваны. *[Илл. 46,47]* Завихряющийся кольцами рисунок воды в росписях Кызыла очень близок изображениям воды на сасанидском блюде и на рельефах китайско-согдийского погребального ложа VI века (Смирнов,1909, таблица LXIII – 105. Lit de pierre 2004. P. 24. Panneau 8). *[Илл.48]* Интересно также заметить сходство обрамления некоторых сцен проповедей из Кызыла и рамок погребального ложа из Музея Михо (Bulletin 2004. Vol. 4. Pl. 1, 2). Целый ряд сходных орнаментов имеет одинаковые даты – последняя четверть VI века. *[Илл. 49]*

Скорее всего, приведенные аналогии являются свидетельствами не столько влияний или заимствований, сколько единства художественных традиций различных регионов Центральной Азии.

Иран был источником некоторых деталей декора одеяний: концы свисающих с головы и корон лент и в росписях Кызыла, и на сасанидских блюдах обрезаны по горизонтали, а концы шарфов образуют треугольник, промоделированный внутри зигзагообразными линиями (Soper 1958)

Эллинистические черты отмечены многими исследователями. Возвращаясь к росписям из пещер Кызыла, интересно обратиться к не сохранившемуся фрагменту росписи на сюжет «Осады Кушинагары» с изображением воинов-рыцарей из «Пещеры художников» (№ 207) и сравнить его с поясной пряжкой, обнаруженной в результате работ археологической экспедиции под руководством Г. А. Пугаченковой в 50 км к северо-западу от Самарканда. *[Илл. 50, 51]* На Кургантепинском городище на реке Саганак в Орлатском могильнике были найдены две костяные поясные пряжки, одна из которых является очень важным сравнительным материалом для изучения росписи. Эти находки много раз публиковались как автором раскопок, так и другими учеными.[27] На удивительную близость композиции боя на поясной бляхе и в росписи обратил внимание М. В. Горелик в статье «Вооружение народов Синьцзяна» (Восточный Туркестан 1995. С. 403–404). К сожалению, датировка пряжек весьма затруднительна: авторы изданного в 1991 альбома году дают широкую дату I–III вв. н. э. (Пугаченкова, Ртвеладзе, Като. Табл. 244, 245). Литвинский определяет время создания пряжек третьим веком (Litvinsky 2001. P. 155). Б. И. Маршак датирует памятник III–IV веками (в частной беседе Маршак высказался в пользу четвертого века), приписывает его миру кочевников и связывает с вторжением племен сюнну в Согд (Маршак 1987. С. 235–236). Такой же даты придерживается и М. В. Горелик, который считает, что роспись из «Пещеры художников» могла быть выполнена в IV–V веках. На костяной пластине изображена сцена конного боя. Художник тщательно проработал во всех деталях доспех, шлем и особенности их структуры. Не будучи специалистом по вооружению, могу только повторить описание М. В. Горелика. Он полагает, что воины из Курган-тепе были непосредственным источником реалий для росписи из Кызыла (или наоборот: вооружение воинов из Кызыла было источником реалий для Орлата? – *прим. К. С.*) и что оба изображения относятся к надежно датированным комплексам вооружения Евразии. Составленные им типологические ряды доспехов и шлемов дают полную картину восточно-туркестанского защитного вооружения. «Панцири – длинные кафтаны с осевым разрезом, скроенные в талию (либо это куртка и юбка), с высоким стоячим воротником, с защитными узкими металлическими вертикальными пластинами. Верхняя часть тела могла прикрываться и корсетом – кирасой, дополненным пелериной с воротником. Узкие, по локоть, нарукавья крепились к проймам кафтана или пелерины» (Горелик 1995. С. 404–

---

[27]   Библиографию и детальное описание см. в статье Б. А. Литвинского (Litvinsky 2001. P. 137–157).

408. Табл. 51). Таким образом, исследование реалий и сравнительный материал подтверждают раннюю дату для воинского доспеха рыцарей из сцены «Осада Кушинагары» в «Пещере художников», которая оказывается более ранней, чем принятая датировка всей пещеры.

В «Проповеди Будды» (кат. 3) изображен стоящий в профиль, на цыпочках, рыцарь. На правом боку висит колчан с петлей, изображенный лежащим поверх налучья для спущенного лука. Воин держит длинный штандарт; справа к поясу подвешен короткий кинжал. Фигура имеет аналогию в росписях «Пещеры художников» и «Пещеры Майя». Нужно заметить, что профильное изображение чрезвычайно редко встречается в росписях Кызыла; столь же редкой является форма колчана с петлей. Фигура плохо сохранилась, не виден ни головной убор, ни голова. Возможно, доспех этого воина имел такой же высокий ворот как у рыцарей из «Осады Кушинагары» пещеры № 207. Во всяком случае, эти две фигуры выполнены в одно время. Интересны выводы сотрудника Эрмитажа Светланы Владимировны Панковой (Панкова 2011. С. 18–21). Она использовала материалы Кызылских росписей, в том числе изображения доспехов с высоким воротом у воинов из пещеры № 207, для составления типологии доспехов и вооружения кочевников степной зоны Минусинской котловины (современная Хакассия) на таштыкских дощечках. По мнению С. В. Панковой, с которым я согласна, именно петля позволяет датировать колчан и, соответственно, роспись пятым веком. С. В. Панкова считает дощечки самой близкой «конструктивной» и хронологической аналогией росписям из Кызыла. Высокий ворот рыцарского доспеха на тепсейской плакетке близок вороту на доспехе воина из пещеры № 207. [Илл. 57] Исследованные С. В. Панковой формы колчанов помогли датировать «Сцену проповеди» из Кучи. (кат.3) Эти детали доспеха и вооружения вызывают сомнение в правильности датировки росписи VI веком, сделанной еще Н. В. Дьяконовой и повторенной в каталоге «Пещеры тысячи будд» (Пещеры 1000 будд. Российские экспедиции на Шелковом пути. СПб 2008, кат.75). Теперь для росписи можно предложить дату, больше чем на сто лет раньше. Такие детали, как отсутствие стремян в конском доспехе в росписи пещеры № 207 Кызыла и их наличие в сбруе коня в Карашаре (Шикшине), также свидетельствуют о более ранней дате, во всяком случае, до V века для коней и всадников из Кызыла, и о более поздней – конец VI века – для Шикшина.

Сюжеты и Иконография

Сюжеты или, точнее, типы изображений, в настоящем каталоге сгруппированы традиционно по формальным признакам: будды стоящие, будды сидящие, житийные сюжеты и легенды из жизни Будды, ученики Будды Шакьямуни. Далее – иконография дэва, демонов. Скромность эрмитажного собрания материалов из Кучи не позволяет сколько-нибудь полно осветить многообразие росписей на сюжеты джатак и авадан, которые являются одной из главных особенностей декора пещер Кучарского оазиса. Состав коллекции не позволяет группировать росписи по отдельным пещерным комплексам, как это было сделано немецкими исследователями в начале XX века и успешно продолжено в монографии М. Ри (Rhie 2002).

Стоящие фигуры будд расположены вдоль нижнего края росписи со сценами пранидхи – подношения даров и принесения обета Будде. (кат. 29) На чередующихся по цвету фонах (желтом, оранжевом, серовато-синем), украшенных разбросанными ратна «драгоценностями», изображены стоящие или идущие фигуры будд. Фриз, по всей вероятности, занимал верхнюю часть стены обходного коридора пещер, на которую опирались пяты свода. Эти маленькие картинки, заключенные в квадраты, представляются упрощенным, кратким изложением легенд о буддах прошлых мировых периодов, передающих «эстафету спасения мира, которую те понесут в будущей жизни» (Дьяконова 1989, ТГЭ, XXVII, С.13).

Плащи плотно облегают тела Будд. Вспоминаются определения двух стилей буддийской живописи в трактатах танского автора Чжан Яньюаня (IX в.) и сунского Го Жосюя (XI в.): «Платья на картинах У Даоцзы как будто развеваются от ветра, а в платьях на картинах Цао Чжунда как будто выходят из воды» (Го Жосюй 1978. С.31). Цао Чжунда – выходец из Согда, работавший при династии Северная Ци, представлял скорее западную, индийскую эпохи Гуптов, чем согдийскую художественную манеру. Особенность костюма, а также форма ушниши, позволяет датировать роспись серединой – второй половиной VI века.

В росписях и скульптуре всех комплексов Кучарского оазиса, по подсчетам японского ученого Мори Митико, имеется 35 сцен принесения обета пранидхи: пятнадцать из них происходят из Кызыла, причем в пяти пещерах вместе с изображением пранидхи были изображены донаторы. Обычно в сюжете принесения обета представлено семь или восемь будд: шесть будд прошлого и Шакьямуни или шесть будд прошлого, Шакьямуни и Майтрейя (Сутра о цветке лотоса. С. 50. Прим. 223).

Пранидхи в Куче датируются начиная с IV и до середины VII века, т. е. до китайского завоевания. Потом этот сюжет исчезает вплоть до уйгурского периода и возобновляется в Турфане в XI веке (Lüders 1940. S. 255–274).

Сидящие Будды изображались очень часто. Они представлены с двумя мудрами: мудрой проповеди – в сценах «проповедей» и мудрой медитации – в глиняных или деревянных нимбах. *(кат.3,4,5,68,69)* Обычно в нимбах изображены семь будд – это либо будды прошлого, либо дхьяни будды. В пещерах Кызыла статуи сидящих будд помещались в нишах, высеченных в центральном столбе-ступе или в стенах слева и справа от входа.

В пещерных комплексах Кучи росписи с изображением сцен проповеди наиболее популярны. Они располагались в два ряда на боковых стенах по сторонам от входа в храм.

В эрмитажной коллекции мы имеем пять «Проповедей», датируемых от V и до первой половины VII века. К ним же примыкает «Сцена искушения Будды демоном Мара», и два фрагмента из сцен «Проповедей» с изображением Ваджрапани и дэва. *(кат. 1–8)*

Иконография «Проповедей» канонична, хотя могут быть различия как в составе слушателей, так и в картинах, представляющих разные этапы жизни Шакьямуни. Однако определить какую именно проповедь написал художник, удается очень редко. В центре на троне типа «Горы Сумеру» (в форме двух пирамид с усеченными верхушками или, точнее, в форме песочных часов) восседает Учитель. В зависимости от сюжета, руки сложены в мудре проповеди или мудре поворота Колеса Учения, или в мудре призывания земли в свидетели. Ушниши различаются по форме: более ранние, IV – первой половины V века, когда искусство стран Синьцзяна зависело от стиля Гандхары, высокие, выпуклые. Во второй половине V – в VI веках они становятся полукруглыми, и «продолжают» шапку волос Будды. Учитель одет в темный плащ; нижнее одеяние обычно не показано или едва намечено, правое плечо открыто. Голова склонена вправо к слушающим. Фигура Будды больше по размеру, чем фигуры персонажей свиты. В росписях всегда соблюдалась иерархия размеров. В некоторых случаях трон покрыт ковриком с различными узорами на каймах. Сам трон обрамлен столбиками-колонками. Все перечисленные детали: форма ушниши, складки плаща или их отсутствие, узор коврика, форма колонок, особенности вооружения, форма корон дэва, форма ваджры, цвет и орнаментация фона – весь комплекс декора – составляют типологические ряды и могут быть использованы для уточнения времени написания росписи. Центральная фигура окружена паривара – свитой, состоящей из учеников Будды – монахов (их может быть пять или десять), божествами дэва, иногда якшами. Все они изображены с молитвенно сложенными руками. На головах дэва надеты короны, иногда божества украшены пышными прическами, ожерельями, браслетами и серьгами, подобными уборам бодхисаттв. Ученики, не обладая никакой божественной сущностью и принадлежащие, также как и сам Шакьямуни, к земному миру, представлены бритоголовыми монахами в монашеских плащах, причем в ранних росписях плащ сшит из цельного куска ткани, а не из отдельных лоскутов, как было принято по иконографии изображения монахов в позднее время. Они написаны художниками более жизнеподобно, чем дэва, и отличаются от последних меньшим размером фигур. Довольно редко в «Проповедях» можно увидеть донаторов или каких-то реальных исторических персонажей. Легендарные персонажи из жития Шакьямуни, правители древности, его современники, одеты в кушанские или индианизированные костюмы. По левую или по правую руку от Будды на наших росписях представлен Ваджрапани. Количество слушателей колеблется от восьми *(кат.3,4)* до двенадцати-четырнадцати персонажей (Grünvedel 1920. S. 191, 237, 238). Ваджрапани держит в руках булаву ваджру. Ваджрапани (санскр. «молния в руке») в Хинаяне был единственным стражем, который должен был следовать за Буддой и охранять его. «Ваджра» – атрибут стража – в росписях Кучи подобна гандхарским памятникам. В древней Индии ваджра была атрибутом «громовержца» Индры. В других контекстах он – Великий предводитель якш, позже, в Махаяне обретает статус одного из Великих бодхисаттв. Будучи единственным стражем в пантеоне Хинаяны, он положил начало развитию культа стражей в Махаяне и Ваджраяне: у входа в пещеру или храм, по сторонам от дверей стоят два стража, в более поздней иконографии «держателей ваджры» может быть четыре, восемь или двенадцать. Меняется и форма ваджры: архаичная в кучарских росписях в виде особой формы булавы суживающейся по середине; в более поздних памятниках ваджра – это своего рода рукоять, заканчивающуюся зубцами. На росписях из Кучара Ваджрапани предстает либо как брахман с высокой прической и густой бородой, либо как знатный тохарский рыцарь в кольчужном доспехе и круглой шапке, либо в высоком головном уборе, с тремя отогнутыми вверх углами. *(кат.2)*

Как правило, в свиту не включаются миряне, поэтому удивительно, что в «Проповеди» *(кат.3)* по правую руку от Будды стоит как будто бы на пуантах рыцарь шакья в полном доспехе и с колчаном у бедра. К сожалению, плохая сохранность росписи не позволяет ни уточнить сюжет проповеди, ни объяснить неожиданное появление этого персонажа в свите будды. Н. В. Дьяконова отметила позу рыцаря и определила его как представителя воинского рыцарского сословия. Поза «на пуантах» имеет много аналогий и в росписях Кызыла и в рельефах погребальных ложах согдийцев. Однако не исключено, что стоящий рыцарь шакья не является реальным персонажем, а является персонажем какой-то неопознанной нами буддийской легенды, но одетый в костюм воина, современный художнику. Аналогичный пример того, как может быть «осовременен» облик героев из жития Шакьямуни, содержится в росписях из берлинской коллекции, определенных Альбертом Грюнведелем как сцены проповеди Буддой Шакьямуни отцу Суддходане и членам его семьи: (Serinde, Terre de Buddha, cat. 191) или же в изображении четы правителей в костюмах тохарской знати, слушающих слова Учения, или другие эпизоды жития Учителя, в которых различные герои легенд представлены в костюмах, с прическами и коронами кучарских жителей. (Serinde cat 238), Zin 2005–2011

Сидящий Шакьямуни в сцене «Искушение демоном Мара» *(кат. 8)* окружен воинством Мара с устрашающими лицами, звериными оскалами, клыками, копьями и стрелами. Составленная из отдельных небольших фрагментов, и отреставрированная специалистами эрмитажной мастерской реставрации монументальной живописи, роспись, очевидно, была поднята с пола или же по кускам снята со стены, скорее всего, после работ немецких экспедиций в «Пещере демонов (№ 198). На листах альбома с акварельными рисунками Н. М. Березовского изображены фрагменты этой росписи и указано место их нахождения: «со стены или с потолка справа или слева». Сюжет «Искушения» описан во многих сутрах, посвященных житию Будды. В поисках просветления и открытия истины Шакьямуни, разочаровавшись в упражнениях аскезы, на семь дней погрузился в глубокую медитацию под деревом бодхи. Этот сюжет описывает момент накануне просветления Шакьямуни. Мара, демон зла и божество смерти, опасаясь, что просветление бодхисаттвы будет угрожать его власти, подверг Шакьямуни нападению воинства и разного рода искушениям. Но как только демоны касались его тела, безобразные устрашающие существа чудесным образом превращались в гирлянду цветов. Мара наслал своих трех дочерей, которые красотой и танцами должны были соблазнить Шакьямуни, но он щелкнул пальцами, и красотки превратились в безобразных старух. Шакьямуни опустил правую руку и коснулся земли, призывая богиню земли в свидетели своего просветления – он стал Буддой. Этот жест бхумиспарса-мудра означает самый важный момент в жизни Учителя. Сюжет привлекал верующих драматическим содержанием, занимательностью и морализаторством, а изобразительные мотивы вызывали желание рассматривать детали и ужасаться демоническим персонажам и безнравственным поведением дочерей Мара. В разных сутрах повествование имеет отличия, и, как полагает А. Сопер, они зависят от места перевода сутр и от происхождения переводчика (Soper, 1959, P. 185–186).

Отдельную и важную проблему изучения росписей является прочтение сюжетов многочисленных джатак и авадан.

В первых веках нашей эры джатаки проникли в Центральную Азию и были переведены на местные языки, а потом и на китайский и тибетский.[28]

В коллекции Эрмитажа нет ни одной джатаки из Кучара, и только один сюжет аваданы повествует о житии Дипамкары, 24-го Будды прошлого (кат. 14).

Джатаки и аваданы в пещерных храмах различных комплексов Кучарского оазиса – Кызыле, Кызыл-карге, ранней Кумтуре, Таджике (Тограклык акыне) расположены на потолках, украшают верхнюю часть стен и своды. [Илл. 37] Они сочетаются гармонично с архитектурой и подчиняются ее формам. Как уже упоминалось, обычные для Кызыла и других комплексов Кучи композиции росписей сводов представляют собой так называемый горный пейзаж, вписанный в горы-ромбы. В ромбах помещены легенды о жизни Будды в предыдущих рождениях или о его земном существовании, каждая из которых повествует о жертвенном подвиге Учителя или о явленных им чудесах. Росписи сводов различаются по трем типам композиции. Наиболее ранние росписи стен украшены просто и, как полагают исследователи, в IV – начале V веках ромбовидные формы гор еще отсутствуют, а зенит свода украшен изображением солнца, луны, звезд, птиц, летающих монахов. В VI – первой половине VII века всю поверхность сводов покрывает плотный узор, состоящий из ромбовидных гор с вписанными в них сюжетами. Это так называемый «ковровый» стиль. Третий стиль пейзажа появляется в декоре пещер после завоевания оазиса китайцами во второй половине VII века. Ромбовидные горы опять исчезают и заменяются медальонами с вписанными в них сценами или орнаментами. Влияние китайской традиции приносит в искусство Центральной Азии новое отношение к передаче пространства.

Таким образом, чисто формальные признаки позволяют проследить особенности стиля росписей на сюжеты джатак. В них непременно включались элементы пейзажа или, точнее сказать, в пейзажные композиции «вставлялись» сюжеты.

Интересно сравнить росписи на сюжеты джатак из пещер Кызыла с аналогичными сюжетами, но иными композиционными построениями, в Дуньхуане. В определении особенностей стиля пейзажных росписей в раннем Дуньхуане и в сопоставлении их с памятниками центральноазиатского искусства на первом месте стоят способы передачи пространства и композиционная структура. Важным является и место джатак в иконографической программе пещер. Самые ранние «пейзажные» картины в пещерах Могао близ Дуньхуана, заимствованные из Кучарского оазиса, с запада, не имеют подобной Куче структуры, хотя они тоже лишены пространственного построения и основаны на заполненности фона без попытки передать глубину пространства. [Илл.52] Третье измерение появляется в Дуньхуане не раньше конца VI века, в то время как на юге Китая уже в период правления Шести династий, в начале V века стала формироваться и расцветать пейзажная живопись. Интересно, что при всех «западных» чертах вэйских росписей в Дуньхуане – плотный красный фон с разбросанными по нему цветами, замкнутое цепями гор пространство и характерная форма холмов – в них угадываются черты будущих пейзажей как на стенах пещер Могао, так и в свитковой живописи. Горы в вэйских росписях замыкают пространство, оно осмысляется как закрытое, изолированное и чрезвычайно конкретное: это место, где развертывается действие. Происходит полное совпадение трактовки пространства и повествовательно-иллюстративных задач.

Особенно важна трактовка пространства в период становления пейзажного жанра в Китае, т. е. в послеханьское время после третьего века. Интересно, что, несмотря на сильное влияние искусства Кучарского оазиса на искусство Дуньхуана, пейзаж в пещерах Могао с самого начала приобретает собственные черты. Там нет «коврового» стиля: даже если сюжет заключен в замкнутую форму «хоровода гор», где горы окружают сцену кольцом с волнистыми или неправильными границами, в росписях отсутствует геометричность «коврового» стиля кызылских росписей. [Илл. 53] Художники Кызыла, в отличие от мастеров пещер Могао, совершенно не интересовались передачей пространства.

---

[28]   На русском языке была опубликована «Гирлянда джатак» Арья Шуры (Арья Шура 1962). Большое количество джатак и авадан собрано в «Сутре о мудрости и глупости» (Сутра о мудрости и глупости).

Формальные признаки, такие как формы холмов; расположение цепи гор вдоль нижнего края росписи так, что цепь как будто является естественной рамой живописного произведения, обозначением места действия; расположение гор по диагонали или кольцом – «хоровод гор»; позиция отдельного холма у верхнего края композиции являются свидетельством развития и изменения стиля живописи от династии Северная Вэй до Суй включительно. Цепь гор вдоль нижнего края не соотносится масштабно с фигурами, участниками повествования, она несет декоративную функцию и функцию композиционного обрамления. О таком типе изображения гор пишет Чжан Яньюань: «если обратиться к династиям Вэй, Цзинь и после, то я видел все знаменитые следы кисти (художников этих династий), которые сохранились среди людей. Когда они писали горы-воды, то формы горных вершин уподобляли золотым шпилькам и гребню из рога носорога. Воду изображали без легкого скольжения волн, а люди получались больше гор. Ко всему этому добавляли деревья и камни и опоясывали (ими) землю. Если (эти формы) поставить в ряд, то они будут походить на кисть руки с растопыренными пальцами» (Чжан Яньюань, 2002 с.64). [Илл. 61]

Свод пещеры, из которой происходит роспись «Зодиак», представляет собой симметрично расположенный по обеим сторонам от центра – небесного свода – горный пейзаж, заключенный в ромбовидную геометрическую форму. (кат.29)

. В росписи «Зодиак» пейзаж имеет самостоятельную ценность: горы населены животными и птицами, там есть подробности, запечатлено увиденное. Три ряда гор написаны симметрично по обеим сторонам свода, граница гор-ромбов очерчена волнистой линией, которая переходит на теле горы в своего рода овалы с цветными пятнами посередине, передающие нечто вроде объема, массы горы. Горы чередуются по цвету: оранжевые, светло-серые, белые. Вытянутые пирамидальные деревья делят тело горы на две части, там растут деревья и пасутся животные. У основания горы изображен водоем, возле которого горный баран и олень пьют воду. В нижнем ряду справа написана обезьяна, горный баран и олень, в верхнем симметричном ряду - лисица, прыгающий горный баран. Собственно знаки зодиака занимают центральное поле потолка пещеры и являются единственной в кучарском оазисе композицией с таким сюжетом. В светлом пространстве между двух цепей гор представлены знаки греческого зодиака: Овен, Телец, Близнецы, Лев и Дева. В Восточном Туркестане, на перекрестии дорог и влияний, зодиак индианизировался: Близнецы изображены как индийские возлюбленные «митхуна» – юноша, играющий на флейте, и девушка с арфой (наблюдение Н. В. Дьяконовой). Н. В. Дьяконова отметила также оригинальность трактовки Девы: «Моделью для изображения Девы, вне всякого сомнения, были образы небесных нимф – апсар. Ее окруженную нимбом голову украшает золотой венец, плечи и обнаженный до пояса стан обвивает длинный шарф – дапатта, бедра и ноги одеты складками пышной юбки – паридхана. Сильная потертость живописи не позволяет разглядеть, что находилось в руках Девы, скорее всего какой-то сосуд или поднос. Быть может, в них помещались колосья – постоянный атрибут Девы, иногда даже заменяющий ее изображение» (Дьяконова 1989. С. 13). По всей вероятности, это изображение знаков зодиака является наиболее ранним в искусстве Центральной Азии, возможно, оно было принесено в Центральную Азию эфталитами или тюрками после 600 года.

Сюжет росписи, несмотря на стилистическую близость к сохранившимся потолочным росписям пещер, уникален. Не похоже и колористическое решение. В пещерах №.14, 17 и некоторых других чередуются горы-ромбы ярко синего, зеленого, коричневого, иногда черного и белого цветов. В нашей картине превалируют оранжевый, светло-серый, белый оттенки. Фон нижнего фриза с изображениями будд прошлого ярко оранжевый, такой же, как цвет некоторых гор. В разработанной китайскими учеными типологии форм гор, деревьев и цветов нет таких вытянутых остроконечных деревьев, которые делят ромб пополам. Знаки зодиака можно увидеть в более поздних росписях пещеры № 61 из Дуньхана, в Турфане и иконах из Хара-Хото.

Для определения происхождения лучшей в нашей коллекции росписи «Зодиак» в качестве аналогий использованы несколько акварельных копий и калек Н. М. Березовского. Среди калек одна, скопированная в пещерах Таджик, обращает на себя внимание (место указано надписью, сделанной рукой Н. Березовского). Рисунок на большом листе кальки близок по оранжевому цвету, форме гор и пирамидальных деревьев, а также своеобразному решению сюжета к нашему «Зодиаку». Цветовое и формальное решение обеих росписей настолько близки и не повторяются в других пещерных комплексах ни в Кызыле, ни в Кумтуре, что можно предположить иное происхождение «Зодиака», а именно, из пещер Таджик (Талалык булака). В альбоме рисунков Н. Березовского, который хранится в архиве ИВР РАН, на нескольких страницах нарисованы животные, близкие к представленным на росписи «Зодиак»: горный баран белый на красно-коричневом фоне (со свода), белая лиса, дважды изображена коричневая лань. Кроме того, без обозначения места, обезьяна, сидящая с поджатыми ногами, обезьяна на коленях, олень с ветвистыми рогами в прыжке над горой (также со свода (Архив ИВР РАН. Ф.59).

Близкой к росписям комплекса Таджик аналогией является и оранжевый цвет тела Нагараджи (Альбом Березовского, стр. 15) и оранжевый, характерный для росписей из местности Таджик (Талалык булак), цвет одеяния Будды из сцены «Нирваны». Из местности Таджик происходят и несколько акварельных копий из собрания калек в Эрмитаже, в том числе № 2505–92 bis по нумерации Н. М. Березовского. На рисунке воспроизведены ромбовидные горы, трактованные овалами с пятнами внутри и с деревом пирамидальной формы, характерными для «Зодиака». *[Илл. 54]*

Интересно впечатление П. Пелльо о колорите фонов росписей в местности Таджик: одна из пещер с красным фоном, «который я больше нигде не видел», привлекла его особенное внимание (Mission Paul Pelliot 1987. P. 6).

Именно в росписи «Зодиак» мы видим действительно необычный для росписей Кызыла и Кумтуры красно-оранжевый колорит.

На основании вышеперечисленных стилистических аналогий можно предположить, что рисунки, акварельные копии, на которых рукой Н. М. Березовского написано «Таджит», и снятая со свода и потолка обходного коридора роспись «Зодиак» происходят из пещерных храмов местности Таджик (Талалык булак). Однако директор музейного комплекса «Кызыл» Чжао Ли, прекрасно знающая все памятники Кучи, невзирая на стилистическую близость «Зодиака» и калек Н. М. Березовского, с уверенностью приписала нашу роспись пещерам Кызыла. Ее определение основано на знании точных размеров пещер: «Пещеры бесов» (№ 198) и расположенной рядом маленькой пещеры[29] (Чжао Ли 2000. С. 224). Мнение Чжао Ли совпало с определением Н. В. Дьяконовой, которая тщательно изучила записи С. Ф. Ольденбурга. Именно Ольденбург нашел место «Зодиака». Н. В. Дьяконова обнаружила в архиве сделанную Сергеем Федоровичем запись, указывающую на место, откуда была снята роспись. К сожалению, мне не удалось найти этот «листок миллиметровой кальки» из архива, на который ссылается Н. В. Дьяконова (Полевой дневник. ПФА РАН. Ф. 208. Оп. 1. Хр. 162). Приведу отрывок из статьи Н. В. Дьяконовой: «Единственным прямым указанием на возможное происхождение нашего потолка может служить лишь краткая помета, сделанная рукой С. Ф. Ольденбурга на краю листа миллиметровой кальки с эскизным планом каких-то пещер. Набросанные простым карандашом кроки представляют план: обычный для Синьцзяна пещерный храм «со столбом» и примыкающий к его восточной стене узкий коридор. На верху листа надпись карандашом «Кизил Минуй 23/1 1910». Около чертежа – надпись, обведенная черными чернилами (по-видимому, этой помете акад. Ольденбург придавал особое значение): «отсюда взяты фрески» и немного выше – карандашом, очень сильно стертая: «отсюда потолок коридора». И далее: «…Особо тщательное и подробное описание пещеры С, выполненное Грюнведелем, и опубликованные им прорисовки некоторых изображений из этой пещеры подтверждают идентичность наброска Ольденбурга с "Пещерой бесов" и то, что именно из этой пещеры происходят находящиеся теперь в Эрмитаже стенные росписи»[30] (Дьяконова 1989. С. 11; Grünvedel 1912. S. 136–142. Fig. 311–315).

Из композиции, украшающей своды потолка пещеры, происходит картина с изображением бога ветра Ваю (V–VI вв.). (кат 30) Этот фрагмент росписи вырезан в пещере Сымсыма. Там, как и в пещерах Кызыла,

---

[29] Выражаю глубокую благодарность Чжао Ли за помощь в работе над настоящим каталогом.

[30] Посетив в октябре 2013года пещеру № 198 и соседнюю с ней, я не нашла места для «Зодиака»: потолки обходных коридоров заполнены росписями in situ, так что вопрос остается открытым.

Ваю изображен в центре потолка вместе с солнцем, луной, птицами, летающими по кругу небесного свода; фигурами будд и другими персонажами. Написанная только контуром, экспрессивная женская фигура с развевающимися волосами, раздутыми щеками, в полете на облаке, вызывает ассоциации с древнейшей ведической мифологией Индии, где бога ветра (в Индии изображали в образе мужчины – прим. К. С.) называют «владыкой дыхания», хранителем северо-запада.

***

Украшавшая храмы скульптура вписывалась в общую схему декора. Обычно статуи занимали место в центральной нише и представляли собой триаду со стоящей в центре фигурой будды в окружении бодхисаттв, учеников Будды, монахов и стражей. Скульптурные головы персонажей буддийского пантеона из Кучи, по всей вероятности, были включены в какие-то многофигурные композиции. Они обычно занимали место у стены, и не были «круглой» скульптурой, хотя спины фигур, хотя и не видимые зрителям, иногда обрабатывались.

Для монастырей, расположенных и на южной, и на северной ветках Шелкового пути, скульптура выполнялась ремесленниками по матрицам (кат.197–207). Несмотря на штамповку и казалось бы механическую повторяемость формы матрицы, они отличаются мягкостью моделировки полных округлых лиц.

Ранние статуи, выполненные в V – первой половине VII века имеют общие признаки: мягкие и правильные черты лица, круглая форма головы, изящные дуги бровей. Волосы надо лбом уложены симметрично расположенными локонами, головы бодхисаттв украшены «короной» с тремя дисками, дэвы (божества) и бодхисаттвы изображены с полуприкрытыми глазами, маленьким ртом; пышные прически убраны гирляндами, лентами, коронами, драгоценными жемчужинами.

Первым делом мастер обматывал деревянный или тростниковый стержень соломой и веревками, который потом покрывал толстым слоем грубой глины смешанной с соломой, который формировал каркас будущей статуи. Каркас вставлялся в гипсовую или известняковую матрицу, наполненную влажной смесью из хорошо отмученной глины и лёсса.

Отдельные детали статуи – складки одежды, цветочные розетки, ладони, уши отливали в специальных формах, и прикрепляли к готовой статуе. Во влажной глине художник мог придать лицу нужное выражение, доработать детали фигуры (кат.198–208). Когда статуя высыхала, ее раскрашивали и золотили. Формы-матрицы, по всей вероятности, перевозились с места на место, поэтому сохранившиеся до наших дней головы статуй, происходящие из разных комплексов, порой очень близки друг другу и имеют много стилистических аналогий в музейных коллекциях европейских стран, привезенных немецкими, французскими и российскими исследователями Центральной Азии.

Со второй половины VII века памятники скульптуры северного отрезка Шелкового пути повсеместно подверглись сильному влиянию китайского искусства.

Отдельную группу скульптуры из глины составляют небольшие статуи воинов «рыцарей» шакья. Они – персонажи сюжета дележа шарира и обычно занимают место на задней стороне столба. На противоположной от входа стене пещеры традиционно изображали нирвану, а на стенке столба, вокруг которого совершали ритуал прадакшины (обхода вокруг столба по часовой стрелке), вооруженных рыцарей шакьев, дележ реликвий и бодхисаттв с урнами.

Небольшие деревянные статуэтки, в отличие от массового ремесленного производства скульптуры из глины, несут печать индивидуальной манеры художника, характеризуются уникальностью каждого произведения, изяществом исполнения (кат. 151–160).

Ритуал

Памятники искусства Кучи показывают, как важно было создать единое сакральное пространство, включающее архитектуру, живопись, скульптуру и музыку. Буддийские монахи – проповедники Учения, – заимствуя из Индии ритуал службы, должны были опираться на собственные традиции праздников для оформления литургии в буддийском храме так же, как и на особенности местных традиций архитектуры. Мы мало знаем о ежедневных службах и о литургии в храмах вдоль Шелкового пути, но все же можем реконструировать некоторые детали. «Ежедневно проводилась церемония рецитации славословий. Во второй половине дня или к концу его, на закате, монахи собирались у ворот монастыря. Они трижды совершали ритуальный обход ступы, при этом один из них, обладающий чистым и звонким голосом, распевал славословия, прославляя добродетели Великого Учителя». Ритуал прадакшины наверняка сопровождался музыкой. Монахи выказывали почтение изображениям Будды, возлагали цветы и приносили дары. (Цит. по: Литвинский 1989, с. 172, 178 – 179). Праздничный ритуал в честь дня рождения Шакьямуни сопровождался пышными церемониями, описанными китайскими паломниками Фасянем на рубеже IV и V веков, Ицзином и Сюаньцзаном в VII веке и не раз упомянут в китайских танских «историях» искусства. Они назывались ратха-ятра, по-китайски – син сян – процессия передвижения статуи на повозках вокруг города или монастыря. У Сюаньцзана читаем: «В монастырях обряжают статую Будды, украшая ее драгоценностями, облачая в великолепные одеяния, а затем ставят на повозки. Этот праздник называется шествие статуи. Все движутся тысячами и собираются, подобно тучам, к месту собора» (цит. по Александрова 2008. С. 154).

Правители и население Поднебесной империи испытывали интерес к иноземной, кучинской музыке и танцам, которые были модными в столицах Китая в VI – VII веках. «Искусство игры на музыкальных инструментах гораздо выше, чем в других странах. Одежда – из расшитой узорами ткани из грубого холста. Стригут волосы, носят шапки. Для торговли используют золотые, серебряные и мелкие медные монеты». Beal 1884-1886. Reprint 1983, p.19).

Музыканты Кучи и Согдианы славились по всей Восточной Азии и уже в первых веках, при династии Хань, вывозились в Китай. *[Илл. 55]* Сначала это были военнопленные – и при китайском дворе зазвучала военная музыка. Одновременно в Китае появились и западные инструменты: флейта, флейта с двойной тростью, лютни пипа и усянь, арфа ушунхоу, барабаны. Музыка проникала из Ирана, Индии, Согда в IV–V веках по Шелковому пути. Индийская музыка была известна в Западном крае как музыка буддийских ритуалов.

В Китае был создан отдел музыки Кучи. Известно, что Император династии Суй Ян-ди (569–618) предпочитал иноземную музыку китайской (Сисаури 2008. С. 55–56). При династии Суй музыка Западного края была особенно популярна в Китае. Музыканты из Кучи, Гаочана, Кашгара, Бухары и Самарканда, Индии и Кореи буквально наводнили дворцы императоров и знати. Музыка Кучи и Самарканда входила в официальный придворный ритуал, танцорами из Кучи любовались знатоки, и китайцы, мужчины и женщины, подражали западной моде.

В росписях пещерных храмов музыкантов изображали под сводами на балконах, среди них можно увидеть лютниста и флейтиста. В сценах проповеди в свиту Будды включены божества с лютней (индийская Сарасвати). В коллекции миниатюрной деревянной скульптуры из Кучи есть изображение флейтистки *(кат. 160)*.

Заключение

Архитектура и декор пещерных храмов Кучарского оазиса занимают одно из выдающихся мест среди памятников культуры Синьцзяна и глубоко исследуются китайскими, японскими и европейскими учеными. Несмотря на большие потери и разрушения, памятники оазиса являются хранилищем древнего искусства буддизма в Центральной Азии. Они принадлежит культуре тохаров – народа индоевропейского происхождения, этногенез которых не ясен (Иванов 1992. С. 18–19; Бонгард-Левин, Ильин 1985. С. 394).

Культура Кучи – феномен истории распространения буддизма, деятельности знаменитых проповедников Учения. Искусство оазиса свидетельствует о единстве буддийского мира в эпоху раннего средневековья, о связях между различными художественными школами, об их сходстве и различии. Куча – самостоятельное тохарское княжество – в течение столетий не всегда сохраняло политическую независимость и, так или иначе, вступало в контакт с Китаем и с миром кочевников – сяньбийцами, тюрками, тибетцами, эфталитами, уйгурами. Однако не они определяли культуру Кучи, а, скорее, наоборот, кучинская культура вовлекала соседей в круг своего влияния посредством искусства, образованности, литературы, переводческой деятельности. Культура Кучи складывалась под влиянием Гандхары, Индии, искусства эллинизма, иранских веяний и, после завоевания Синьцзяна танским Китаем, – китайского.

Начиная со второй половины VII века, после китайского завоевания края, начинается сильное влияние искусства эпохи Тан – самой мощной культуры за всю многотысячелетнюю историю Китая. В коллекции Эрмитажа хранятся несколько фрагментов росписей на сюжет «Чистой Земли Будды Амитабхи», написанных под влиянием искусства пещер Могао, а, возможно, пришедшими из Дуньхуана художниками или по принесенным оттуда прописям.*(кат. 42–46)*

***

Исторические источники и сравнительный стилистический анализ произведений дают возможность выявить отличительные черты искусства Кучарского оазиса, проследить его становление, связи и влияния, которое оно получало извне и, в свою очередь, распространяло в соседние культурные центры – Карашар, Турфан, вплоть до северного и центрального Китая. Можно сказать, что Куча создавала модель религиозной культуры и продолжала строительство единого культурного пространства, возникшего ранее при Кушанах. Именно в искусстве Кучи турфанские, карашарские и китайские мастера заимствовали художественный язык в большей степени, чем религиозные идеи и образы.

Искусство Кучарского оазиса показывает, как архитектура и содержание декора в сочетании с иконографией и стилистикой формировало не только культуру Таримского бассейна, но оказало огромную роль в становлении искусства Дуньхуана и Китая.

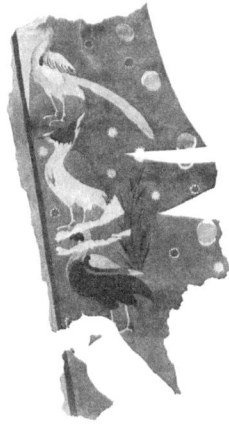

The Art Of The Kuche Buddhist Cave Temples

Kira Samosyuk

The Kuche Oasis lies on the Great Silk Road, the main trading route linking the capital of the Middle Kingdom with the Western Regions of Chinese chronicles, and is now in the administrative Xinjiang-Uighur Autonomous Region. Historically, however, the Oasis is part of Central Asian culture, or the culture of what was known in the nineteenth century as Xinjiang.

The Kuche Oasis lies amidst stony and sandy deserts, west of the Taklamakan Desert, in the western part of the northern Silk Road. It occupies a vast territory in the basins of the Kuche and Muzart Rivers, tributaries of the Tarim River that are turbulent in spring but which dry up in autumn. It is surrounded by the spurs of the Tian Shan, and to the south those of the Kunlun Mountains. Mountain streams bring down sand and stones, over millions of years forming slopes along the river banks from which caves were to be hewn. China conducted trade with the Western Regions via roads passing along the mountain slopes and the shores of the rivers in the Tarim Basin. It was here that states or kingdoms were founded in ancient times. The Kuche Oasis is a geographical concept. Kuche itself was the main city of the state (kingdom) known in Chinese chronicles as Qiuci Qiuzi, although there are numerous variations of the name, such as Guici, Quci, Chiu-tzu, Kuei-tzu and Kucher (see further: Malyavkin 1989: 218).

The archaeological sites of Kizil, Kizil Karga, Kumtura, Subashi, Tadjik, Tograklyk-akyn, Achik-ilek and Kirish, which include both cave temple complexes and buildings, are on the territory of the Oasis, although they are located at considerable distances from each other.

A combination of Russia's political interests and the cultural crisis of the late nineteenth and early twentieth century turned government interest towards the East. It should be noted that this was the second wave of interest in the Orient, which had already drawn not only scholars but artists and poets and plain lovers of the exotic in search of a new spirituality and different cultural values. Now committees were set up in Europe and in Russia to organise study of the Western Regions and an agreement was reached between different countries regarding the territorial limits of their exploration. As a mark of the considerable importance that the Russian government gave to the study of its neighbour, Xinjiang, and the competition between the great powers in the Central Asia that became known as The Great Game, the Russian Committee for the Study of Central and Eastern Asia was attached to the Ministry of Foreign Affairs. But finances were not forthcoming for serious research and Sergey Oldenburg, who dreamed of a large and organised expedition, was pre-empted by Western European scholars.

Between 1905 and 1907 a limited expedition worked in the Kuche Oasis under Mikhail Mikhaylovich Berezovsky, its purpose being the preliminary assessment, description, photography and tracing of the wall paintings in the cave temples. Amongst those working with Berezovsky was a relative, the artist and architect Nikolay Matveevich Berezovsky.

The First Russian Turkestan Expedition of 1909–1910, financed by the Russian Committee, was led by Academician Sergey Oldenburg, and Indologist and scholar of Buddhism who was also a superb organiser of scholarly research projects. It published its first preliminary report in 1914 [Oldenburg 1914]. Oldenburg's expedition worked at Turfan, at the Karasahr and Kuche Oases but spent less than one month in the Kuche Oasis, between 19 December 1909 and 12 January 1910 (St Petersburg Branch of the Archive of the Russian Academy of Sciences, Fund 208, opis 3, ed. khr. 53: ff. 13, 13a, 14).

Lack of time and resources meant that both expeditions were limited largely to a general analysis of the complexes, to listing, recording and photographing the monuments, with the result that the Hermitage's collection of pieces from the Kuche Oasis is extremely modest in terms of both quantity and quality. It consists mainly of removable items and small fragments from wall paintings and sculptures, and it cannot be compared with the collections assembled by the outstanding German scholars of Xinjiang Albert Grünwedel and Albert von Le Coq, now in the Museum für Asiatische Kunst in Berlin.

It is hard to say much about the sources of the art of Kuche: we have only a general idea of the links with Gandhara, Kashmir, the Gupta Indian Empire and Iran, with hellenistic and Roman monuments. Obvious borrowings of individual compositions and direct analogies with works of art as far as the Amu-Darya and Southern Siberia have all been looked at, yet the overall picture of how the unique art of this oasis emerged remains insufficiently studied.

India was the source rather of Buddhism itself than of art. Any artistic creation has two sides, semantic and plastic. There can be no question that the Buddhist sutras and literary works brought from India determined religious content and imagery, subjects and iconography, i.e. the meaning of the paintings and sculptures at Kuche. In this sense the works of art are a cultural phenomenon, a historical source. But if that is the first role of religious art it is not the only one: wall paintings and temple decorations are also plastic, physical phenomena, the sources, artistic language and formal qualities of which make up the second aspect of all religious art, including the Buddhist art of Kuche.

Two genres can be identified in the decoration of the cave temples. One is sublime expressed in altar sculptures, in wall paintings with scenes of Buddha teaching and of his Great Departure and achievement of Nirvana. The other, aimed at a wider auditorium, is represented by scenes from jātakas, tales of the altruistic feats of the bodhisattva who was to become Buddha Śākyamuni, from avadāni or legends from the life of Buddha, and by didactic tales from the hagiography of Śākyamuni. Each genre is characterised by its own formal artistic language, but that language differs in altar decorations and the 'landscape' paintings of vaults and it seems likely that the decoration of altar niches and the vault paintings were the work of different artists. Indeed, it would be correct to say that the decoration of the temples employed two different methods of acting on the viewer, that it aimed at two different kinds of perception: firstly through prayerful contemplation and secondly through a simple reading of narrative pictures with a didactic meaning.

A statue of Buddha surrounded by his pupils, usually placed opposite the entrance that provided almost the sole light source, would be lit by the rays of the sun at certain times of the day, thus creating a striking impression on believers. This main statue of Buddha was frontal, static and immobile; most often Buddha was shown in a state of meditation (seated) or making the gesture known as the abhaya mudrā (standing), eyes half-closed, and therefore set apart from the visitor gazing upon him

Śākyamuni is surrounded by his pupils and by his guardian, Vajrapāṇi (in early Buddhism the regular companion and guardian of Buddha Śākyamuni, later a bodhisattva).

Of similar importance, quite naturally, are the impressive scenes of Buddha in the act of teaching: eight almost identical compositions repeated in two or three rows on the walls to right and left of the main figure that inevitably affect the viewer's psyche as does any rhythmic repetition of identical imagery.

Buddhists consider that teaching should be intelligible, that preaching should be accessible to different levels of consciousness. It should affect the mind and spirit of the believer by different means. Thus the paintings on walls and vaults that take their subjects from the jātakas contain none of the cardinal ideas of the Teaching, for their task is to teach true morality to both monks and ordinary believers through examples of altruistic feats, the bodhisattva's self-sacrifice and the piety of donors. These attractive narrative images thus serve a purely educational role. Hero of the jātakas is the bodhisattva, later to become Buddha Śākyamuni, and it is he who performs all the altruistic feats. But he is impersonal, deprived of personal characteristics, and he is not always shown in anthropmorphic form but might appear as a lion, monkey, bird or tortoise.

The rulers of Kuche who guided the culture of their relatively small state, surrounded as it was by mighty ancient civilisations, chose Buddhism as the state religion..Certainly we know that in the fourth century the Teaching was patronised by the king of Kuche, who brought in a number of preachers including Kumārajīva, then still very young but already advising the king. Kumārajīva's mother was the king's sister and an enlightened Buddhist adept.

From the expedition of Mikhail Berezovsky the Hermitage has just one image of a donor, a noble Tocharian woman, and one image of a warrior from a scene of Buddha

During the early period of Kuche art the function of donor images was relatively simple: they commissioned the construction and adornment of temples and were thus patrons and promoters of sacred ritual, so their role was in essence representative. They asked for nothing, unlike the supplicant donors who appear, for instance, in the scenes of The Pure Land of Amitābha in the Mogao Grottoes near Dunhuang or in the Righteous Man in thePure Land of Amitābha from Khara-Khoto.

The true mission of those medieval artists who painted the cave temples was very far from any modern idea of self-expression or individual creativity. They sought to carry out the commission to the best of their ability, aided by the confidence that their reward would come in future incarnations. All Buddhist artists were guided by rules attributed to Buddha Śākyamuni himself and formulated in the Vinaya, providing a framework for monks and the monastic community and including instructions for artists. '

Nonetheless, the main compositions remained more or less canonical. It is hard to imagine a medieval artist who would construct his own individual composition or follow some iconographical programme only in accordance with his own desires. Painters made use of models and there were probably several different sketches for each subject or for each wall painting. It is also possible that with time new models or sketches were produced to replace those that had become worn and damaged, allowing for the introduction of variations into the decoration.

Documents in the Saka language of Khotan, in Chinese and Tibetan provide evidence that some monasteries had their own resident monk artists. Those without their own painters invited them from elsewhere to work in return for payment, which provides us with one explanation for the similarities between compositions in cave complexes in the Kuche Oasis that are set at considerable distances from each other [Litvinsky 1989: 172].

The huge, often decisive, role played by the material in creating any image is well known. If cartoons or sketches were used to create wall paintings, MOULDS were employed in the making of clay statues

In Xinjiang sculpture was modelled from ordinary coarse clay applied to a framework of sticks, reeds and straw. It was only in the final stages that matrixes or plaster forms (of which the Hermitage has examples, e.g. were used.

Indian (or rather late Gandhāra) depictions of subjects from the same jātakas are high-relief stone carvings or paintings that retain the sense of volume, even tactility of form, traditional for Indian art. This is in contrast with the artistic language of the paintings in the Kuche cave temples, employing lines and local colours and only occasionally applying a broad 'Indian' contour with tonal washes to suggest that the artist wished to indicate modelling of volume and mass.

Stylistic analysis allows us to clarify the dating of certain works and opens up a totally new world of plastic representation and new visual systems. Indian models can be identified for sculptural altar groups, for some canonical compositions and the subjects of wall paintings in the Kuche temples. We do not know, however, where to find models for the rhomboid mountain landscapes of the all-over 'carpet style', or what source was used for the decoration of vaults, ceilings and domes. We might propose that the decoration of the Kuche cave temples was the work of local masters who used cartoons and sketches made in situ.

Kuche's monuments demonstrate how important it was to create a single sacred space that would incorporate architecture, painting and sculpture. Buddhist monks preaching the Teaching borrowed their rituals from India but had to rely on their own traditions when giving form to the liturgy in the Buddhist temple and on local architectural traditions when temples were built

Together the architecture and interior decoration formed a united artistic image that created the necessary setting for ritual.

The interior of a cave temple consists of two spaces, a large cell and a smaller area behind the pillar/stupa, and lighting was used to reinforce the effect of the artistic images within. The first cell is open to the rays of sunlight that enter via the doorway and, in some caves, through small windows. Behind the pillar, however, is gloom and darkness, creating an almost intimate chamber that suits the subject of the paintings there, the Nirvāṇa of Buddha Śākyamuni.

The space beneath the keystone vault was usually decorated with 'landscapes', an example of which, with signs of the zodiac, is to be found in the Hermitage.

Pradakṣina ritual was probably accompanied by music and the music of Kuche is a separate subject in itself. Musicians from the kingdom were famed across Eastern Asia. They were taken to China under the Han Dynasty, as far back in the first centuries AD, initially as prisoners of war (hence military music sounded at the Chinese court). At the same time Western instruments – the flute, double reed flute, pipa and wuxian lute, the wushunghou harp and drum – made their appearance in China. Music came from Iran, India and Sogdiana via the Silk Road in the fourth to fifth centuries. Indian music was familiar in the Western Regions as the music of Buddhist ritual.

In the paintings of the cave temples musicians were depicted beneath vaults on balconies; there are surviving images of lute and flute players. The Hermitage collection has a miniature wooden statuette of a female flautist. In teaching scenes, Buddha's suite includes divinities with lutes (the Indian goddess Saraswati). Xuanzang too was impressed by the musicians and dancers of Kuche, and the most elegant images in the Kuche wall paintings are of devas in dancing poses that recall today's balletic pirouettes

Historical sources and comparison of style allow us to identify the specific features of art from Kuche, to trace its establishment, connections and influences from without, as well as its own influence on neighbouring cultural centres – on Karasahr and Turfan and even as far as northern and central China. We might say that Kuche created a model for religious culture and continued the construction of a single cultural space that had arisen earlier under the Kushan Empire. From the art of Kuche, Turfan, Karasahr Chinese craftsmen borrowed not so much religious ideas and images as the artistic language itself.

Thus the art of Kuche demonstrates how architecture and decoration, combined with iconography and style, not only shaped the culture of the Tarim Basin but played a vast role in the development of the art of Dunhuang and China.

Preface

Tshering   Fu Xianzhan

Kuche Art Relics Collected in Russia is the third large relic catalog, which is the joint work of Northwest University for Nationalities, Shanghai Chinese Classics Publishing House and the State Hermitage Museum, Russia. On the basis of the six-volumes *Dunhuang Art Relics Collected in Russia,* which are published by Shanghai Chinese Classics Publishing House, cooperated with the State Hermitage Museum, Russia, Zhao De'an (the president of Northwest University for Nationalities), Ma Jingquan (the vice-president) and Wang Xingkang (the president of Shanghai Chinese Classics Publishing House), together with Shu Xihong (the director of overseas national documents institute of Northwest University for Nationalities), Cai Rang (the vice-director) and Fu Xianzhan (the head of Dunhuang and Western editorial department of Shanghai Chinese Classics Publishing House), We have made several discussions with G. V. Vilinbahov (the Vice-director of the State Hermitage Museum, Russia), with the late Grigory Semenov (the head of the Oriental department), with doctor Kira Samosiuk (the research fellow), and carried out a series of projects on the publication of the archaeological documents of Northwest China collected in Russia as follow. Derived mainly from Dr. Kira Samosiuk's collections and researches, two volumes of *Khara-Khoto Art Relics Collected in Russia,* an archaeological data of Kozlov's expedition team in 1909 were published in 2008 and 2011. Based on Natalya Vasilevna Dyakonova's Shikchin, added more translated new materials, Shikchin Art Relics Collected in Russia was published in December 2011, which was a result of the research of the expedition of S. F. Oldenburg's in 1909. The publication of Kuche Art Relics Collected in Russia will further complete the collections and researches on relics from Silk Road in Northwest China obtained by Russia expedition teams in the beginning of 20th century.[1]

Cooperated with St. Petersburg Branch of the Institute of the Russian Academy of Sciences（the Institute of Oriental Manuscripts of the Russian Academy of Sciences, the Central Department of Oriental Literature and "NAUKA" Publishing House since 1989, Shanghai Chinese Classics Publishing House has published in succession 17 volumes of Dunhuang Documents Stored in Russia (about 18911 numbered pieces, some are missing.)，which included most of the manuscripts found from Xinjiang and Dunhuang during two expeditions of S. F. Oldenburg's team in 1909 and in 1914. At the same time, Shanghai Chinese Classics Publishing House, together with St. Petersburg Branch of the Institute of the Russian Academy of Sciences and Institute of Nationality Studies of the Chinese Academy of Sciences have published Khara-Khoto Documents Stored in Russia since 1996 included 1-6 volumes of the Chinese parts and 7-14 volumes of the secular parts in Xixia language, and are going on and about to be done in the publication of the Buddhism parts in Xixia language, to reach a total volumes of 32. Since 1997，Shanghai Chinese Classics Publishing House, the State Hermitage Museum and the Dunhuang Research Institute have together published 6 volumes of Duhuang Arts Stored in Russia, which included all murals, sculptures, silk paintings, the painted Buddhist banners and art objects collected by Oldenburg's expedition team, as well as all archaeological records of Oldenburg's expedition during their journey in Dunhuang Grottoes and the Western Regions, such as photographs, expedition maps, sketches and notes. The publications of the documents undoubtedly have filled up the lacuna in related historical sources, and made a break-through improvement of the Dunhuang and the Xixia Study since 1990s.

---

[1]   Turfan cultural relics and Khotan cultural relics stored in Russia, because of the unfinished work in the Museum, have not been published.

The catalogue of Kuche materials is the first published compendium of the collection. The catalogue is divided into two parts. The first part is dedicated to the history and shaping of the unique culture of Kuche Oasis, the characteristic features and influences on art. The second part are the catalogue and entries.

Formerly known as Qiuci，Kuche was one of the places of Anxi Duhufu (garrison), where the Tang dynasty governed the Western Region. Qiuci Grottoes，the oldest in China, were built in the 3rd century. Qiuci Grottoes is a general name for all Buddhist Grottoes in present Kuche areas, including Kizil Grottoes, which Russia Expedition teams explored, Kumtura, Kizil Kargha, Simsim, Douldour-aquour, Subashi, Tadjik, Tograklyk-akyn and over 20 other grottoes as well as ancient ruins. Since Han and Tang dynasties, the Silk Road has extended west from Qiuci, through Shule and Pamirs, Central Asia to Europe, and lasted for thousand of years. Between India and Qiuci, at the Silk Road there are also many grottoes and temple sites in China, such as the Three Immortal Caves, Mor Stupa, Tumshuk Temple, Tokuz Saray Temple in Shule (which is now called Kashgar), in which there is no lack of beautiful paintings and sculptures, while their sizes and quantity of relics can not be compared with Qiuci Grottoes. Actually Qiuci area has the largest number of the caves and they are the most central and the most ancient Buddhist grottoes in Xinjiang. These grottoes number more than a half of the total quantity of all caves in Xinjiang.

Located in the middle of the Silk Road, Qiuci Grottoes were influenced firstly by the Gandhara period style, and formed later a unique art style during 4th century and 8th century, which concentrated in Kuche, Baicheng and Xinhe areas. Qiuci, being the front line of Central Asian culture extended to the West, had been influenced most deeply by the Han culture among the territories to the west of Turfan and Karasahr. Around the 7th - 9th centuries, murals in the Han style in the Western Region were concentrated in Kumtura and A-ai Grottoes, which have international character compared with Dunhuang grottoes.[2]

As a result of the weather, natural destruction and human activity, most of the grottoes had been damaged.

At the beginning of the 20th century, due to competition for the sphere of influence in Central Asia, Western countries sent a number of Expedition teams for investigations of geography, ecology and the culture of the ancient sites of Xinjiang. The teams from Russia, Great Britain, Germany, Sweden and Japan, and from China afterwards, had undertaken the broad investigations and excavations of Buddhist grottoes in all areas of Xinjiang. The excavations initiated by some foreign expedition teams lead to great damages of murals in the Qiuci Grottoes. Nearly all moveable relics, such as sculptures, building components and small pieces of art were gone. The German seized and removed the large quantity big part of the monuments, which are now stored in the Museum für Ostasiatische Kunst, Berlin.

Qiuci relics preserved in the State Hermitage Museum, Russia (on the display in the galleries of the Winter Palace) were obtained first by the expeditions in 1905 and 1907, team headed by Mikhail Mikhailovich Berezovsky (1848-1912), geographer, ethnologist and zoologist, and Nikolay Matveevich Berezovsky (1879 – 1941), his relative, artist, college student majored in civil engineering. The collections also contain relics from explorations of the expedition team in 1909 and 1910 by S. F. Oldenburg's (1863-1934) – Academician, famous Indologist, specialist in Buddhist studies, organizer of the Academy of Science in Russia after the Revolution of 1917. The total number of relics recorded in the book is 262, about half of which are murals, and the others include painted clay and wooden sculptures, the fragments of architecture and carving, a variety of seals from Eurasian countries and coins of different dynasties.

Just as Natalya Vasilevna Dyakonova, the famous archaeologist of the Western Region of the State Hermitage Museum said: "At first sight, the collections systematized by Russian scholars are indeed not comparable to abundant British ones, and much less than German ones. ······ but when we study on our materials, especially the materials collected from two expeditions led by S. F. Oldenburg, the situation is clear. Although the sample number of murals and

[2]   Chao Huashan, "The Qiuci Style of the Murals in the Xinjiang Grottoes", *Chinese Art Collection. Painting 16. Xinjiang Grottoes Murals*, Cultural Relics Press, 1989, p. 2.

statues gathered is not large, and although they are fragmentary or poorly preserved, they were carefully selected and embody a variety of styles and themes, which is enough to present a picture of the development of art forms."[3]

The publication of the documents of art relics of Qiuci collected in Russia is not only the supplement to research objects, but also raise the new problems, new studies, and new ideas.

Stories of Buddha's life of Theravada Buddhism embody the initial evolutions of Buddhism dissemination spreading, while paintings of Mahayana Buddhism ordered by merchants, travelers, military garrison, painters and craftsmen reflect communication and the feedback with the influence of sinized Buddhism coming from the east to the west. Major scenes of the murals are Scenes of Buddha Preaching and the Subjugation of Māra's Demons.

Although "Shakya knights" sculptures included in the composition of the story of "Eight kings dividing Buddhist relics" (or "Siege of Kushinagari") was purchased by Berezovsky and its exact unearthed place could not be found, its style essentially corresponds to the images of murals in Kuche. As author of the catalogue Kira Samosiuk analyzed, "The small Buddha Shakya knights constitute an independent set of clay statue. They usually occupy the place at the back of the pillar, around which the ritual procession moved, opposite a scene of Nirvana scene on the rear wall".

There are the fragments of the clay sculptured heads with likeness of a Turkic people (Chinese tujue). They do not only approve their convert to Buddhism but also remind us of the important roles played by Turkic tribes in the activities on the Silk Road. Their positions and functions in the caves are very interesting subject which is worth studying. (These clay heads were also purchased by Berezovsky.)

Some Dragon images of wooden fragments of halos are very interesting and suggestive materials: as we can read in Xuanzang "Xi yu ji", legend narrate, that the people of Kuche had [4] dragon as a totem. Qiuci's sovereigns were originating from the dragon. Two dragon-head carved fragments of the nimbus reflect the style of the dragons of Central Plains, while seven snakelike fragments of the wooden nimbus reflect the style of Indian dragons, which are usually seen in the carved stones in Gandhara.

A large number of plaster moulds are found in many temple ruins surrounding the Tarim Basin. For example, A. Stein had found more than 30 pieces in Yanqi and in the year of 1928, Huang Wenbi as a member of Sino-Switzerland joint investigation group had discovered some as well. Some were also unearthed in Minfeng, Qiemo and Pishan which are located on the south road of the Silk Road. More, completer pieces were found in Qiuci. As the Samosiuk said, "one of the most significant findings by Mikhail Mikhaylovich Berezovsky was a set of moulds for making clay sculptures. Of them, there are trunks, heads, faces and single fragments of a statue such as ears, legs, as well as weapons."[5]

Seals and coins were acquired. Moreover, a lack of reliable records leads to careful screening. Some seals could be identified as "Changyi zhi yin" (Seal of "Chang Yi") or "Chang zhi yin" (Seal of "Chang") and dated around the sixth century. There were also seals with patterns or symbols. Some seals made of jade and agate of the western style show an influence of the Eastern Roman Empire. Some seals used for sealing clay and wax are three-dimensional gems, with carved figures which include humans, heads, animals, and Arabic inscriptions.

Currencies of different countries along the Silk Road carried frequently, showing trading activities and associated with Xi'an and Central Asia and Europe. Besides the "Wu Zhu" Coin of the Han and Wei dynasties, "Kaiyuan Tong Bao" and "Qian Yuan Zhong Bao" of the Tang dynasty from the Central Plains, there were as well Sasanian, Genghis Khan, Chagatai Khanate silver coin and Rashid-al-Din Khwaja copper coin and so on, which came from different regions of

---

[3]   N. V. Dyakonova, "Shikchin: History and Research", *Shikchin Art Relics Collected in Russia*, Shanghai Chinese Classics Publishing House, 2011, p. 46.

[4]   Xuanzang. Da Tang xiyu ji . "There is a big dragon pond in the East." "People are all dragon species in the Qiuci kingdom". See Ji Xianlin and other notes *Datang western region notes*, Beijing: Zhonghua Book Company, 1985, p. 57.

[5]   See the section of "mould" in this book.

Xinjiang and Central Asia, and some of them are the precious archaeological findings.

The tracing–paper and water-colour copies by Nikolai Berezovsky have undoubtedly important scientific and artistic values. It is possible to form an opinion on preservation and state of condition of murals hundred years ago. Researchers, by site comparison, could identify the original murals from the copies. Some original murals, soon after copying, were seized by the expeditions team. Sometimes it is difficult to trace original positions of the mural in the cave, their relations to the whole wall paintings. Thanks to copies after at least one century of natural and man-made damages, we still can see relatively complete pieces of the murals and ornamentation. Because scholars from the East and the West usually have different concerns, the copies, or rather sketches are very helpful for posterity to understand the grotto murals.

If We can say we say that materials published in Dunhuang Art Relics Collected in Russia presented relative pure Chinese Buddhism art, the pieces from Heishui cheng are witness of national arts of Song, Xia, Liao, Jin and Yuan (*Khara-Khoto Art Relics Collected in Russia*). The collection from Shikshin (Karashahr) inherited the style of western sculptures and paintings of Central Asian (Shikchin Art Relics Collected in Russia). Then, masterpieces from the Buddhist temples of Kuche oasis truly reflect an infiltration and integration of several main cultures of Eurasia (Kuche Art Relics Collected in Russia).

The publication of the book, also according to the plan since the first publication of Dunhuang Art Relics Collected in Russia, is not a simple catalogue of relics, but a compilation of comprehensive archaeological documents: photographs, painted copies and notes by all members of the investigation teams. The published archaeological documents of Dunhuang, Khara-Khoto and Shikchin in Yanqi have already appeared to be useful for the researches, plans and restoration of the original appearance of the historical sites. The publication of *Kuche Art Relics Collected in Russia* will contribute greatly to the researches of Qiuci in the aspect of combining and restoring images of grotto murals, as well as reconstructing the historical landscape of the Silk Road.

We are delighted to see that, *the Frescoes Restoration Project of the Kizil Grottoes*, which has been engaged in by Zhao Li (researcher of the Qiuci Academy) for many years, has investigated all the Kizil's frescoes collected in Germany, the UK, Russia, France, Hungary, the US, Japan and South Korea. And the Qiuci Academy and its cooperatives are carrying out the digital restoration project of murals. Without doubt, Kizil's murals collected in Russian, will also be restored in the Kizil Grottoes with international cooperation. We are very grateful to Researcher Zhao Li for providing us with the materials and researche results during works and academic projects for decades, and for correcting some errors of the records of expedition teams about sites of the unearthed relics.

We are in an age of great change. Digital technology and three-dimensional images have brought more powerful means and vivid graphics to archaeological research. The combination of graphic catalogues and digital technology will promote the protection, research and inheritance of cultural heritage as never before. In the near future, readers of this book could take a look at the virtual scene of these artifacts returning the caves. On the contrary, after visiting the virtual scene, it is also necessary to find the original images and records from the book.

This is just the beginning. More cultural relics lost abroad should be recorded and disseminated both in traditional paper books and with new digital technology.

(Translator: Zhang Xiuqing and Sheng jie)

藝術品圖版
Artwork Plates

1. 佛說法場景

Scene of Buddha Preaching

黃土，麥秸，含膠顏料；描繪在乾灰泥皮上的壁畫　75 釐米 × 78 釐米

龜茲，庫木吐喇　公元 6 世紀

1930 年接收自人類學及人種學博物館；1905 – 1906 年 M・M・別列佐夫斯基考察隊

資產清冊編號：KУ- 613

題材類似的：譚樹桐、安春陽，上卷，圖版 19–28、90–93、109–111；下卷，圖版 123–128；圖畫類似的：阿爾伯特・格倫威德爾，1920 年，II-18、II-19，圖 23、24。

壁畫類似於"佛說法圖"（圖錄 2）。佛端坐於須彌寶座中央，雙腿略下垂，相交於脚踝。右手施說法印。上排，佛的左邊和右邊描繪兩位弟子。寶座左邊是佛的護衛：婆羅門形象的金剛力士（梵語"執金剛者"），戴冠，鬍鬚濃密，右手持古老形狀的金剛杵，呈兩個頂部相接的錐體，其形狀類似於壁畫"金剛力士"（圖錄 13）中的金剛杵。金剛力士的雙腿上是婆羅門的標志的豹皮綁腿。寶座右邊描繪一跪着的裸體小男孩：善財童子，戴金片飾物，雙手伸向佛。小男孩的圖像類似於壁畫"阿輸迦施土"（圖錄 24）中的男孩形象。

首次公佈

2. 金剛手菩薩

Vajrapāṇi

黃土，麥秸，含膠顏料；描繪在乾灰泥皮上的壁畫 55 釐米 × 23.5 釐米

龜茲，庫木吐喇 公元 6 世紀

1930 年接收自人類學及人種學博物館；1905－1906 年 M·M·別列佐夫斯基考察隊

資産清册編號：КУ- 618

類似的頭盔：格倫威德爾，1912 年，圖 177、266；格倫威德爾，1920 年，II-18，圖 23；A·勒柯克，1928 年，圖 54、81。

佛說法場景的壁畫殘塊。金剛力士雙腿相交而坐，穿裝飾有金片的吐火羅騎士盔甲，着燈籠褲。頭上是形狀獨特的盔，因保存差而無法描述。但清楚的是，盔不像釋迦武士塑像上的盔（圖録 131、134）。長髮垂落雙肩。以雙綫精緻地描繪左手手掌，大拇指和食指連接成環，構成說法印。右手持金剛杵，類似於圖録 2、3 中的金剛杵，但顏色和圖案裝飾不同（金剛杵爲褐色，有小方塊圖案）。臉面豐滿圓潤，下巴厚重，小唇髭，雙目半閉，用細綫畫出下垂的眼瞼。

參考文獻：佳科諾娃，1989 年，圖録 153；《西域》（Serinde），1993 年，圖録 218；《千佛洞》（Пещеры тысячи будд），圖録 77。

2.1（局部 Part)

3. 佛説法場景

Scene of Buddha Preaching

黃土，麥秸，含膠顏料；描繪在乾灰泥皮上的壁畫

74 釐米 × 73 釐米

龜茲，庫木吐喇 公元 6 世紀（？）

1930 年接收自人類學及人種學博物館；1905 – 1906 年 M・M・別列佐夫斯基考察隊

資產清册編號：KY- 614

類似的：類似的"佛説法"場景均有不同的脅侍圍繞着主像：丁明夷，1989 年，圖版目錄 44、45、59、99。還請看圖録 1。

佛端坐於須彌寶座中央，雙腿略下垂，相交於脚踝。右手呈説法印。寶座左邊（觀衆的右手）站立佛的侍衛：金剛力士，手持金剛杵。他被描繪成吐火羅貴族年輕人，穿着在家人的衣服：戴圓帽，穿緊身長外衣，着披風，其邊緣以鈕固定在胸上。寶座右邊描繪一站立的騎士，手中持矛，右臂上繫着一隻有鈕環的箭筒，裝有箭和弓弦。他穿着束腰長外衣，脚尖向下伸，似乎是脚尖站立。這樣姿勢的脚出現於龜茲石窟"圍攻拘尸那城"題材的所有壁畫中，其中描繪着騎在無鐙馬上的武士或供養人（格倫威德爾，1912 年，圖 116、117、356）。也許，這樣的騎士肖像存在於馬鐙發明之前，是斷代的標志特徵，因爲一般認爲，馬鐙於公元 5 世紀或甚至略早在朝鮮投入使用。此外，脚掌的這個姿勢是騎士階層的特徵。В・Г・盧科寧（Луконин）指出了這個特徵："在國王（沙普拉（Шапура）一世，243–273 年——作者）的這個形象中，一切都是常見的，甚至是標準的，個別細節已典範化，如脚尖向下拉伸的姿勢。"

參考文獻：佳科諾娃，1989 年，圖録 152；《西域》（Serinde），1993 年，圖録 93；佳科諾娃，2000 年，第 260–262 頁；《千佛洞》（Пещеры тысячи будд），圖録 75；盧科寧，1977 年，第 185 頁。

3.1 （局部 Part)

4. 佛說法場景

Scene of Buddha Preaching

黃土，麥秸，含膠顏料；描繪在乾灰泥皮上的壁畫

78 釐米 × 60 釐米

龜茲，庫木吐喇 公元 6 世紀（？）

1930 年接收自人類學及人種學博物館；1905 – 1906 年 M·M·別列佐夫斯基考察隊

資產清冊編號：КУ- 615

類似的：格倫威德爾，1912 年，圖 346，圖 9c 局部；勒柯克，1928 年，表 3b，克孜爾；勒柯克 II，1928 年，表 3，庫木吐喇；H·哈特爾（Hartel）、M·雅爾荻茲（Yaldiz），1987 年，第 45 頁。還請看圖錄 1。

壁畫題材類似於前一幅（圖錄 2）。佛的寶座覆蓋花毯。金剛力士被畫成婆羅門，鬍鬚濃密，唇髭蓬鬆，長髮。金剛杵的形狀也像前一幅壁畫中的一樣，但保存得很好，雙色。頭上有箍環，其上固定着珠冠，大珠周圍是小珍珠，中央有裝飾着流蘇的角。這種形狀的冠盛行於龜茲壁畫中，也盛行於中國北方同時期的雕塑像上，但有些差異。佛背部周圍的身光在白色背景上有兩道紅色緣飾，類似於圖錄 3 中的繪畫；鼻子與眉毛的形狀、右手的手勢和其他小細節略有不同。很難說，這些不同是否是斷代的特徵。

參考文獻：H·B·佳科諾娃，2000 年，第 260–262 頁；《千佛洞》（Пещеры тысячи будд），圖錄 76。

4.1（局部 Part）

5. 釋迦牟尼立佛與兩身坐佛

Śakyamuni and Two Seated Buddhas

黃土，麥秸，含膠顏料；描繪在乾灰泥皮上的壁畫

80 釐米 × 283 釐米

龜茲，森木塞姆（援引格倫威德爾） 公元 7 世紀

1930 年接收自人類學及人種學博物館；1909—1910 年 С・Ф・奥登堡的俄羅斯第一次新疆考察隊

資産清册編號：КУ-589 а、б、в

　　壁畫是墻壁接近頂部邊緣部分。中央是佛的頭與雙肩。據人物圖的比例判斷，佛被描繪爲站立着的。可以大致恢復圖像的高度約 150 釐米，而整幅壁畫的通高約 250 釐米。如果想象地加上覆蓋着墻壁下邊的裝飾壁畫，那麼通高將達 300 釐米。頭光和身光環繞佛像。大幅頭光由兩道同心圓構成，内側繪以粗的紅色輪廓，其中以自由流暢的筆觸畫出圖案裝飾。頭光的外輪廓也是紅色的，畫滿花卉圖案，但保存狀況不好。身光也像頭光那樣彩繪。中部的壁畫背景是藍色，有白斑，也許是描繪樹冠的。不高的蹄鐵形肉髻類似於圖録 8 壁畫中的肉髻。頭光和身光的彩繪以及豐滿圓潤的臉、無彎曲的雙眉、拉長的耳垂均近似於莫高窟唐代的圖案裝飾，這使得有可能將這幅壁畫斷代爲公元 7 世紀下半葉。

　　在中央的左邊和右邊，在大幅頭光的高度上是兩身坐佛，均環繞五彩的頭光和身光。兩者右肩半露，着褐色袈裟，其下

可見灰藍色底衣，右手持説法印，肉髻與主佛的形狀相同。兩身形象均描繪爲四分之三側向中央，因此傾斜的身體包圍着構圖。以紅色細輪廓綫描繪出人物和手。

在中央右邊（觀衆的左邊）的坐佛和大佛之間，在紅色背景上描繪有穿戴盔甲的騎士；右手揮舞着劍，以便擊斃一個小腿肌肉强健、半彎曲站立的惡魔。惡魔綠髮直立，雙目圓鼓，彎眉皺起，胸上有金銀頸飾或護肩，褐色織物包裹臀部。惡魔似乎以手臂防禦劍的打擊。在稍靠近大佛的上部，繪有頭光圍繞的天人頭，戴三珠冠，佩耳環。髮綫似小屋狀聚集在額上，眉綫幾乎是直的。手持琵琶，右手撫弦。

大佛左邊還有一幅對稱的坐佛圖。寶座保存下來了，佛端坐其上，雙腿相交，雙手爲禪定印。寶座側壁繪有花紋。佛前跪着的天人，雙手爲合掌印，可見頭光、手鐲和搭在肩上的帛帶。在其上方，佛前坐於鍋中的惡魔或罪人，火舌從鍋中竄出。惡魔被描繪得張嘴鼓目。類似的形象在其他壁畫中也保存下來了，但題材的解釋尚不清楚。

黑色背景有小花或小菱形，儘管這幅壁畫繪於公元 7 世紀，在壁畫個別細節中可以看出受到了中原漢風藝術，確切地説是敦煌藝術的影響。

首次公佈

參考文獻：格倫威德爾，1912 年，第 190 頁。

5.1 （局部 Part)

5.2（局部 Part)

6. 佛與僧人

The Buddha and Monks

黃土，麥稭，含膠顏料；描繪在乾灰泥皮上的壁畫

55 釐米 × 105 釐米

龜茲，庫木吐喇　公元 7 世紀下半葉

1930 年接收自人類學及人種學博物館；1909—1910 年 С·Ф·奧登堡的俄羅斯第一次新疆考察隊

資産清册編號：ΚУ- 591

　　右邊描繪大幅坐佛半身圖，穿褐色袈裟，右肩半裸，右臂肘部彎曲並向上抬起，右手持盅，左手下垂，手掌向外，施與願印。蹄鐵形肉髻不高，髮邊繪以紅色輪廓綫，沿邊緣有絡緦卷髮。圓臉的大部分未保存下來，頸部僅繪以一條表現立體感的綫（代替根據"三十二相"規定的三條綫）。頭光和身光由三個同心圓構成：黃土色（也許曾貼金，但未保存下來）、紅色、綠色。

　　佛像右邊，在頭光的高度上有未保存下來的天人像的頭與雙肩，他似乎是在向佛遞盅。接下來的右邊是佛的大頭和雙肩，他是構圖的中心。頭髮爲藍色，耳垂長；形象右傾（顯然傾向未保存下來的大圖的中心）。形象描繪在飾以白色、綠色和深色綫條的身光背景上。

　　首次公佈

7. 佛説法場景

Scene of Buddha Preaching

黃土，麥秸，含膠顔料；描繪在乾灰泥皮上的壁畫

45.5 釐米 × 145 釐米

龜兹，克孜爾第 198 窟　公元 5–6 世紀

1930 年接收自人類學及人種學博物館；1909—1910 年 С・Ф・奥登堡的俄羅斯第一次新疆考察隊

資産清册編號：КУ- 570、 571、572、584（集中在一塊圖板上）

　　保存下來的殘塊無法完整恢復原構圖。壁畫中描繪佛説法場景。聞法者：菩薩、婆羅門、僧人。黑色背景有花，與圖録 8 的壁畫類似。佛頭圍繞着頭光。頭光和身光由三條帶紋構成：中央是藍色，兩邊是紅色，佛的身體爲白色，頭髮爲藍色。臉、眼、眉以黑色細綫繪輪廓。借助褐色色調暈染輪廓來表現立體感。聞法者面部顔色交替變换：仁慈人物繪有白色面孔，周圍繪以無明暗立體感的黑色細輪廓綫。婆羅門則繪成令人生畏的神的面貌，臉爲紅褐色，耳尖，頭髮四散開來，有唇髭和獠牙。

　　參考文獻：《千佛洞》（Пещеры тысячи будд），圖録 80。

7.1 （局部 Part）

7.2 （局部 Part）

7.3 （局部 Part）

7.4 （局部 Part）

8. 降魔變

Buddha Tempted by Demon Māra

黃土，麥秸，含膠顏料；描繪在乾灰泥皮上的壁畫

59 釐米 × 98.5 釐米

龜兹，克孜爾第 198 窟 公元 5－6 世紀

1930 年接收自人類學及人種學博物館；1909—1910 年 С・Ф・奥登堡的俄羅斯第一次新疆考察隊

資産清册編號： КУ- 569、573、574、575、576

　　五塊壁畫集合在一塊圖板上。題材爲魔羅軍隊的惡魔誘惑釋迦牟尼。佛的形象爲白色，藍髮，右肩袒露。右手下垂，施"觸地印"（手未保存下來）。佛應位於中心，但僅保存下來構圖的右部。釋迦牟尼傳記題材：當他在菩提樹下沉思時，在悟道的前夕，惡魔魔羅帶着軍隊誘惑導師，並以惡魔恐嚇他。壁畫的背景爲黑色，有小花圖案裝飾，是這一時期克孜爾許多石窟的典型構圖。

　　參考文獻：格倫威德爾，1912 年，圖 311–314；《千佛洞》（Пещеры тысячи будд），圖録 82；Н・М・別列佐夫斯基畫册中有題記的一張册頁："克孜爾，繪自甬道壁"，資産清册編號：ЗК V 743。

8.1（局部 Part）

9. 降魔變中的惡魔頭部

Head of Demon from the Scene of Buddha Tempted by Demon Māra

黃土，麥秸，含膠顏料；描繪在乾灰泥皮上的壁畫

22 釐米 × 18 釐米

龜茲，克孜爾第 198 窟　公元 5 –6 世紀

1930 年接收自人類學及人種學博物館；1909—1910 年 С·Ф·奧登堡的俄羅斯第一次新疆考察隊

資産清册編號：КУ-578

圖錄 8 中描繪的壁畫 “降魔變” 的殘塊，與壁畫的主要部分接合不上。

惡魔的頭，微帶綠色的大眼，尖耳，翹鼻，唇髭向兩邊翹起。右手抬向臉，左手緊握成拳，面白，周圍繪以黑色輪廓綫，背景爲藍色，右下部有鮮艷的綠斑。圖畫富有表現力。

參考文獻：《千佛洞》（Пещеры тысячи будд），圖錄 82；格倫威德爾，1912 年，圖 295；Н·М·別列佐夫斯基畫册中有題記的一張册頁：“克孜爾，繪自甬道壁”（3K V 743）。

10. 惡魔

Demon

黃土，麥稭，含膠顏料；描繪在乾灰泥皮上的壁畫

30.0 釐米 × 17.0 釐米

龜兹，克孜爾第 198 窟　公元 5 – 6 世紀

1930 年接收自人類學及人種學博物館；1909—1910 年 С·Ф·奥登堡的俄羅斯第一次新疆考察隊

資産清册編號：КУ-577

根據過去的鑒定，人物被確定爲站立的天人，手中有貝殼。天人爲白色，全身繪以眼紋。格倫威德爾的這塊壁畫或類似的壁畫被確定爲"惡魔"。艾爾米塔什博物館收藏的壁畫的尺寸和保存狀況與格倫威德爾公佈的壁畫（26 釐米）完全一致，格倫威德爾認爲，壁畫來自"惡魔窟"（現編號第 198 窟）。

參考文獻：格倫威德爾，1912 年，圖 315。

11. 四個惡魔

Four Demons

黄土，麥稭，含膠顔料；描繪在乾灰泥皮上的壁畫

20 釐米 × 24 釐米

龜兹，克孜爾或克孜爾尕哈（？） 公元 6 世紀

1930 年接收自人類學及人種學博物館；1905 – 1906 年 М・М・別列佐夫斯基考察隊

資産清册編號：KY-588

惡魔們被描繪爲側面像；面白，看向右邊，周圍繪以紅色細輪廓綫。黑色背景有細小的花，是克孜爾壁畫特有的。

參考文獻：佳科諾娃，1989 年，圖録 151。

12. 五位僧人 Five Monks

12.1 （局部 Part）

12.3 （局部 Part）

12.2 （局部 Part）

12. 五位僧人

Five Monks

黃土，麥秸，含膠顏料；描繪在乾灰泥皮上的壁畫

35 釐米 ×54 釐米

龜茲，克孜爾（？） 公元 5 世紀

1930 年接收自人類學及人種學博物館；1909—1910 年 С・Ф・奧登堡的俄羅斯第一次新疆考察隊

資產清冊編號： КУ-585

　　站成一排的僧人，很可能是釋迦牟尼佛十名弟子中的五位。目犍連（Маудгальяна）穿着白色外衣，年老，突出强調了臉上的皺紋和胸上的肋骨。他向上看，看向未保存下來的佛像。正是畫家賦予他的年齡特徵使得可以確定其名字和壁畫的題材：描繪的不僅僅是僧人，而是佛的弟子。其他四位身穿顏色不同的圓領外衣；相互照應的頭使構圖生動活躍起來。從站在右邊僧人的衣服底下可見施説法印的手。在頭的上方是未保存下來的佛像的脚掌。

　　參考文獻：《千佛洞》（Пещеры тысячи будд），圖録 74。

13. 兩身天人

Two Devatas

黃土，麥秸，含膠顏料；描繪在乾灰泥皮上的壁畫
83 釐米 × 26.5 釐米

龜茲，庫木吐喇　公元 6 世紀

1930 年接收自人類學及人種學博物館；1905 –
1906 年 M·M·別列佐夫斯基考察隊

資産清册編號：KY- 620

類似的構圖：格倫威德爾，1912 年，第 150、151 頁，
圖 344。

壁畫下部描繪一跪着的天人在供養佛。圓臉，細長
眼，高揚眉，均繪以細綫。頭上是三珠冠，頭髮一小縷
一小縷地散落在雙肩，帛帶自肩垂落至膝，形象上部裸
露，腰下兜提裙。構圖上部的立像保存差。殘塊的竪幅
及其尺寸都近似於説法題材的其他壁畫。依據兩身天人
形象和右邊消失佛像周圍的部分身光還可推測，壁畫殘
塊可能是説法場景的一部分。

首次公佈

14. 阿輸迦施土

Emperor Aśoka and the Gift of Dirt

黃土，麥秸，含膠顏料；描繪在乾灰泥皮上的壁畫
65 釐米 × 48 釐米

龜茲，庫木吐喇 公元 5–6 世紀

1930 年接收自人類學及人種學博物館；1905 –
1906 年 M·M·別列佐夫斯基考察隊

資産清册編號：KY- 621

類似的：圖録 1、18

壁畫殘塊上描繪一個穿着綉有金片飾短衣的小男孩

形象。在艾爾米塔什 1935 年的新疆藝術展上，這幅壁畫被介紹爲"女舞蹈家"（佳科諾娃口説）。修復後清楚了，描繪了一個小男孩。小孩頭左側剃光，僅留一綹頭髮，穿過髮釦——這是中亞孩童髮型特有的細節。小孩小心地捧着什麼。

該壁畫題材依據《賢愚經卷第三·阿輸迦施土品第十七》經文：佛爲募化前往王舍城。一些小孩在街上用泥土搭建倉房儲存財寶五穀玩耍，其中有一個貴族家庭的小孩名叫阿輸迦。看到佛後，他大喊到："我要給他面粉"，並收集一捧塵土當做穀物敬獻給佛。佛稱贊了孩子的行爲，並將孩子的行爲理解爲踏上救贖之路的誓言。燃燈佛預言小孩來生將有一個良好的出生。他重生爲貴霜阿育王，佛教的保護人。（С·Ф·奧登堡曾第一個確定了犍陀羅浮雕的類似題材。）

在艾爾米塔什博物館的照片檔案中，保存着 М·М·別列佐夫斯基 1905 年在庫木吐喇該窟中拍攝的一張照片。

在圖録 1 的壁畫中呈現一坐佛，周圍有脅侍，而其右手站立着一個同樣的小男孩。

（根據 Н·В·佳科諾娃的材料描述）

參考文獻：佳科諾娃，1989 年，圖録 154；《西域》（Serinde），1993 年，圖録 94；《千佛洞》（Пещеры тысячи будд），圖録 73。

14.1 （局部 Part）

15. 天人或菩薩面部
Face of Devata or Bodhisattva

黃土，麥秸，含膠顏料；
描繪在乾灰泥皮上的壁畫
11.5 釐米 × 9.0 釐米
龜茲，庫木吐喇
公元 7 世紀上半葉
1930 年接收自人類學及
人種學博物館；1909—1910 年
С・Ф・奧登堡的俄羅斯第一
次新疆考察隊
資産清册編號：КУ-596

天人或菩薩的面部繪以黑
色細輪廓綫，朝向右。

首次公佈

16. 天人頭
Head of Devata

黃土，麥秸，含膠顏料；
描繪在乾灰泥皮上的壁畫
13 釐米 × 13 釐米
龜茲 公元 6 世紀
1930 年接收自人類學及
人種學博物館；1905 – 1906 年
М・М・別列佐夫斯基考察隊
資産清册編號：КУ-617

"龜茲" 類型的臉，轉向
右，豐滿，圓潤，爲略帶點褐
色的暖黃色，雙眉彎曲，小唇
髭很細。額上方的頭髮梳成綹
綹卷髮，耳後的頭髮垂落於肩。

首次公佈

Ky-617

17. 天人

Devata

　　黃土，麥秸，含膠顏料；描繪在乾灰泥皮上的壁畫

　　35 釐米 × 24 釐米

　　龜茲，克孜爾（或庫木吐喇？） 公元 6 世紀

　　1930 年接收自人類學及人種學博物館；1905 – 1906 年 M・M・別列佐夫斯基考察隊

　　資産清冊編號：KY- 616

　　佛説法場景壁畫中心的右邊。紅褐色背景上描繪一跪着的天人形象，軀幹裸露，佩圓形金片串飾，金片中央有圓孔，與圖錄 24 的小男孩形象上的裝飾物相似。手鐲也是圖錄 24 壁畫中的那樣。天人被描繪在寶座前，寶座僅保存下來了有同樣紋飾的花毯邊緣。軀幹上飄擺着的帔帛，用細綫描繪出腰上和腹部的褶皺來表現形象的立體感，腰下有打結的腰帶。壁畫下邊緣以數道白色、紅色和藍色條紋爲界。殘塊大概是佛説法題材壁畫的一部分。

　　首次公佈

18. 天人頭

Head of Devata

　　黃土，麥秸，含膠顏料；描繪在乾灰泥皮上的壁畫

　　7 釐米 × 21 釐米

　　龜茲 公元 6 世紀

　　1930 年接收自人類學及人種學博物館；1905 – 1906 年 M・M・別列佐夫斯基考察隊

　　資産清冊編號：KY- 623

　　暖黃褐色的頭向右。有紅色顏料痕蹟，也許是殘餘的頭光圖。風格近似於圖錄 16 的繪畫。

　　首次公佈

19. 天人頭

Head of Devata

黃土，麥秸，含膠顏料；描繪在乾灰泥皮上的壁畫

15.5 釐米 × 16 釐米

龜茲，克孜爾 公元 5–6 世紀

1930 年接收自人類學及人種學博物館；1909—1910 年 C·Ф·奧登堡的俄羅斯第一次新疆考察隊

資産清冊編號：КУ- 581

天人頭向左。龜茲類型的細綫圖：淺色的面部周圍繪以紅褐色輪廓。頭上可見保存下來的冠或頭光的殘塊；額上的髮邊用黑色波浪綫表現。

首次公佈

20. 天人臉部

Face of Devata

黃土，麥秸，含膠顏料；描繪在乾灰泥皮上的壁畫

18.5 釐米 × 17 釐米

龜茲 公元 5 – 6 世紀

1930 年接收自人類學及人種學博物館；1905 – 1906 年 M·M·別列佐夫斯基考察隊

資産清冊編號：КУ-568

臉圓，四分之三轉向左邊，長圓形大眼睛，頸上 —— 褶皺和殘餘的項圈。眼瞼、眉毛、臉部繪以細輪廓綫。

首次公佈

Ky-568

21. 天人

Devata

黃土，麥稭，含膠顏料；描繪在乾灰泥皮上的壁畫

46 釐米 × 27 釐米

龜茲，森木塞姆 公元 6 世紀

1930 年接收自人類學及人種學博物館；1909—1910 年 C·Ф·奧登堡的俄羅斯第一次新疆考察隊

資産清冊編號：КУ- 587

　　天人站立的身軀僅保存至髖部。橙褐色，繪以黑色輪廓綫表現立體感。腰帶勒緊，臂戴手鐲，前臂上佩臂釧，頸上有項圈。天人雙手置於胸前；頭微傾，戴冠，冠上有一圓珠和細條帶。頭光幾乎爲黑色，顏料剝落。形象右邊可見帔帛條帶的細綫，它們與形象無關。給人的印象是，該形象重叠繪製在老壁畫上。

　　首次公佈

22. 持舍利盒的菩薩

Bodhisattvas Holding Relic Caskets

黃土，麥秸，含膠顏料；描繪在乾灰泥皮上的壁畫

40 釐米 × 50 釐米

龜茲 公元 5–6 世紀

1930 年接收自人類學及人種學博物館；1909—1910 年 С·Ф·奧登堡的俄羅斯第一次新疆考察隊

資産清册編號：КУ- 586

　　分舍利題材的壁畫殘塊。舍利是釋迦牟尼佛火化後的遺骸。釋迦牟尼佛涅槃發生在拘尸那城。城主準備埋葬遺體並建立
窣堵婆以紀念這一事件。鄰國的國王們要求分舍利並率領軍隊恐嚇拘尸那。於是不得不將舍利分成八份，並將每一份放入各
自的舍利盒中，其上方立刻燃起火焰。

　　"涅槃"和"分舍利"題材在龜茲綠洲非常盛行。這種題材的壁畫位於洞窟中心柱後。在洞窟後壁塑造涅槃像，而在環
繞中心柱進行右旋儀式的柱壁上則描繪釋迦武裝騎士、分舍利和持舍利盒的菩薩。這一題材在龜茲石窟、錫克沁石窟、莫高
窟的塑像（圖録 125–134；舍利盒 —— 圖録 65）和壁畫中頻繁出現。通常，菩薩面部的顏色因藝術理解而不同：有淺色的，
有深色的。面部周圍繪以細輪廓綫，髮邊繪以波狀黑綫。雙眉在鼻根處相接，脣髭畫得很精美。白淨臉的菩薩向上看，第二
個菩薩的目光向下。頭的周圍是五彩頭光。飾物有環形耳環、有"小圓豆"的項圈。二者均手持裝飾着幾何圖的舍利盒。除
了衣服上的綠斑，整個表面大量失去顏料層。總的色調爲淺褐色，背景爲黑色（或變黑）。

　　參考文獻：《神與人》（God and Man），圖録 III-14。

23. 婆羅門

Brahmin

黃土，麥秸，含膠顏料；描繪在乾灰泥皮上的壁畫

17 釐米 × 10.5 釐米

龜茲，克孜爾 公元 4 世紀末 – 5 世紀

1930 年接收自人類學及人種學博物館；1909—1910 年 С·Ф·奧登堡的俄羅斯第一次新疆考察隊

資産清册編號：КУ-562

在被燒過的壁畫殘塊上保存下來了無鬚禿頭老人——婆羅門至胸部的圖像。他臉帶悲傷，面部特徵突出，雙眉連接。耳上是花形耳環，周圍有珍珠，頸上戴珍珠項圈。頭周圍繪以黑色粗輪廓綫。壁畫殘塊與圖録 26 的壁畫組成一個整體。

首次公佈

24. 阿羅漢

Arhat

黃土，麥秸，含膠顏料；描繪在乾灰泥皮上的壁畫

18 釐米 × 18 釐米

龜茲，克孜爾 公元 4 世紀末 —5（？）世紀初

1930 年接收自人類學及人種學博物館；1909—1910 年 С·Ф·奧登堡的俄羅斯第一次新疆考察隊

資産清册編號：КУ- 608

被燒過的壁畫殘塊上的兩個面對面的形象。左邊形象的臉上失去大塊顏料層和黃土泥底層。僅保存下來攏爲一束頭髮的髮型，與第二個人物的髮型相同。第二個人物的臉繪以黑色輪廓，印度人類型的臉，傳神的大眼，有鬍鬚，戴耳環，頸上飾有扭卷成辮形的帔帛，胸上有肩帶。右手抬至肩的高度，手印難以分辨，佩有克孜爾早期壁畫典型的三環手鐲。保存差，無近似的，因此無法對圖像進行準確斷代。

參考文獻：《千佛洞》（Пещеры тысячи будд），圖録 94。

25. 圖案和吐火羅語字母

Patterns and Tocharian Writings

黃土，麥秸，含膠顏料；描繪在乾灰泥皮上的壁畫

9.0 釐米 × 6.2 釐米

龜茲，庫木吐喇（克孜爾？）

公元 6 世紀 – 7 世紀初

1930 年接收自人類學及人種學博物館；1909—1910 年 C·Ф·奧登堡的俄羅斯第一次新疆考察隊

資産清冊編號：KY- 611

有殘餘的藍色和綠色顏料；藍色背景上是克孜爾典型的紅花，周圍有白點。下面有三個梵語或吐火羅語字母。

首次公佈

26. 堅牢地神

Pṛthivī

黃土，麥秸，含膠顏料；描繪在乾灰泥皮上的壁畫

34 釐米 × 53 釐米

龜茲，克孜爾 – 尕哈（？）　公元 6 –7（？）世紀

1930 年接收自人類學及人種學博物館；1909—1910 年 C·Ф·奧登堡的俄羅斯第一次新疆考察隊

資産清冊編號：KY-607

壁畫殘塊上描繪堅牢地神 (Prthivi)，她身穿寬大的褲子和細長袖的短上衣。雙手向上抬起，支撐着站在蓮花上的神的腳掌。

首次公佈

27. 供養人或僧人

The Figure of Donor or Monk

黃土，麥秸，含膠顏料；描繪在乾灰泥
皮上的壁畫

35 釐米 × 13 釐米

龜兹，克孜爾 公元 4 世紀

1930 年接收自人類學及人種學博物館；
1909—1910 年 С·Ф·奧登堡的俄羅斯第一
次新疆考察隊

資産清册編號：KУ- 580

壁畫保存狀況很差，無法確定所繪人物。
交脚姿勢重叠站立的兩個供養人或僧人形象。
風格特徵（姿勢、身體顏色、用粗輪廓描繪
的具有立體感的形象、手鐲的形狀）均可將
壁畫斷代爲公元 4 世紀，即克孜爾石窟最早
的時期。

參考文獻：《千佛洞》（Пещеры
тысячи будд），圖録 84。

28. 吐火羅女供養人

A Tocharian Female Donor

黃土，麥秸，含膠顏料；描繪在乾灰泥皮上的壁畫

43 釐米 × 31 釐米

龜茲，克孜爾　公元 5–6 世紀

1930 年接收自人類學及人種學博物館；1909—1910 年 С·Ф·奧登堡的俄羅斯第一次新疆考察隊

資產清冊編號：КУ- 582

類似的：格倫威德爾，1912 年，圖 17、18；勒柯克，1928 年，圖 5。

　　站立在有球狀花朵的黑色背景上的女性形象。她右手持一盞燈，左手執長梗蓮花。女士有特意表現出的細腰，身穿用整塊布料裁成的中亞單部外衣，圓領，袖細窄。淺色外衣中央、兩邊的翻領和袖口鑲着寬寬的黑緣飾，上有聯珠紋。翻領內側爲藍色。頭髮梳爲直分頭髮型，頭頂上飾以獨特的橢圓形帽和兩邊的帛帶。克孜爾壁畫中最常見的女性衣服 —— 雙部外衣，由圓領緊身胸衣和急劇向下擴展的裙子組成，在格倫威德爾的圖畫中有描繪。

　　參考文獻：《生趣》（Joy of Life），第 120 頁，圖版 II-01；佳科諾娃，1989 年，圖 150；《千佛洞》（Пещеры тысячи будд），圖錄 72。

29. 黄道十二宮和祈願風景圖

Landscape with the Signes of the Zodiac and a Scene of Praṇidhāna

黄土，麥秸，含膠顔料；描繪在乾灰泥皮上的壁畫

三塊殘塊中：下邊的：44 釐米 ×303 釐米，上邊的：85 釐米 ×141 釐米，單獨的殘塊：40 釐米 ×57 釐米

龜茲，克孜爾，開鑿在第 198 窟旁的洞窟　公元 6 世紀

1930 年接收自人類學及人種學博物館；1905 – 1906 年 M · M · 別列佐夫斯基考察隊

資産清册編號：KY- 821

　　券頂的壁畫殘塊。沿下邊緣分布着供養佛和發下誓願的場景。背景顔色交替變換（黄色、紅色、藍色），裝飾着撒開的 "珠寶"，其上描繪立佛像。在他們前面，從右至左展示有：跪着的人物，正從高水罐中倒出净水或者燈油，向佛獻上帔帛的僧人，他面前有燈盞。

　　稍上 —— 在兩條山脉之間的淡灰藍色區域，那裏樹木生長，動物在草地上吃草，呈現有希臘黄道十二宮的標志符號：白羊座、金牛座、雙子座、獅子座和處女座。在處於歐亞道路十字路口的新疆，黄道十二宮被印度化：雙子座總是按印度傳統描繪爲印度人鍾愛的 "米特洪那（митхуна）"（Н · 佳科諾娃觀察的）。大概，這幅黄道十二宮標志符號圖是中亞藝術中最早的，儘管與窟頂保存下來的壁畫風格相近，但題材獨特。

　　請看本書的引文。根據 Н · В · 佳科諾娃的資料描述。

　　參考文獻：佳科諾娃，1989 年，圖録 156；佳科諾娃，《國立艾爾米塔什博物館文集》（ТГЭ）XXVII，第 10–14 頁；《西域》（Serinde），1993 年，圖録 95；《神與人》（God and Man），圖録 III-13；《千佛洞》（Пещеры тысячи будд），圖録 71。

29.1 （局部 Part）

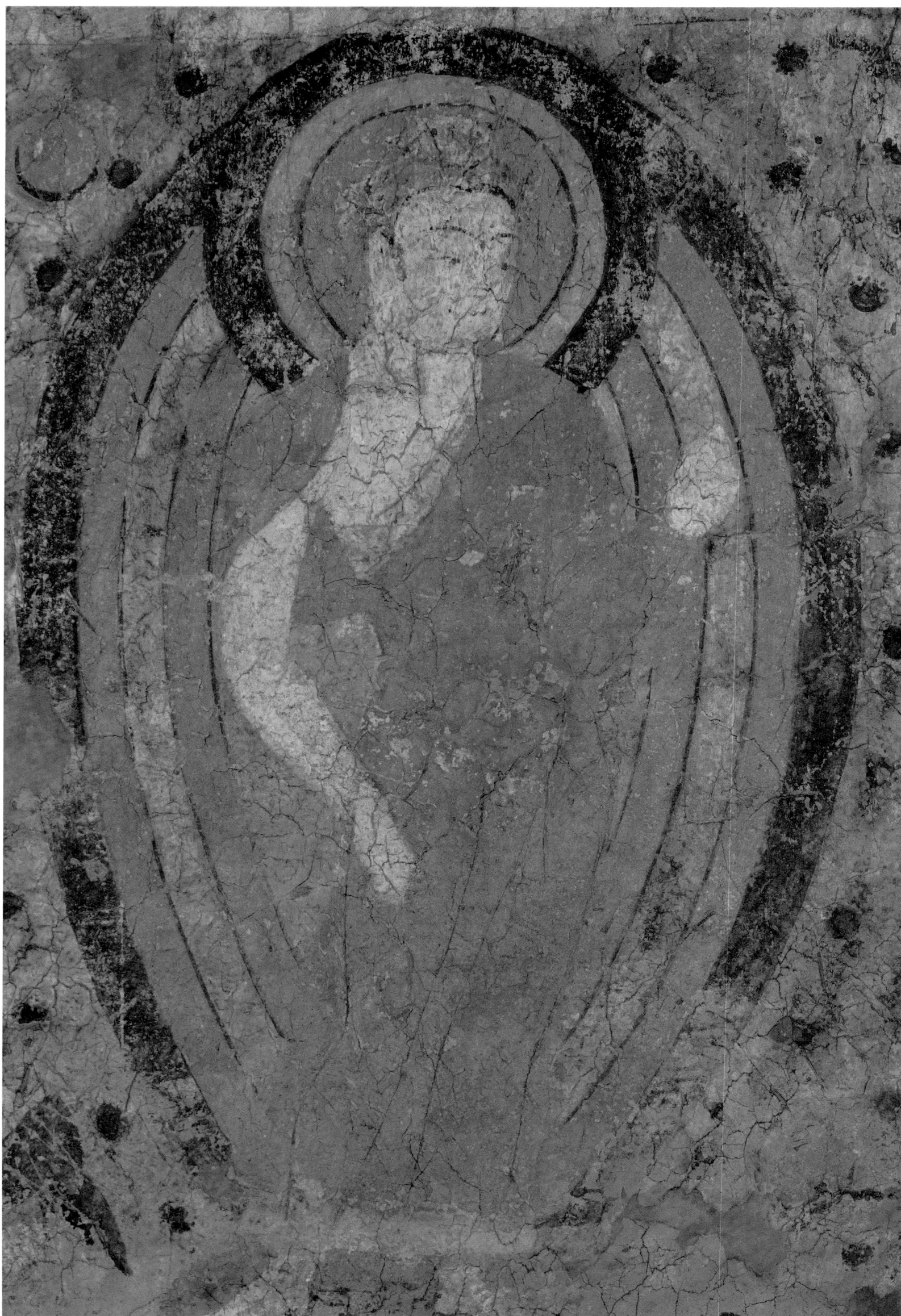

29.2（局部 Part）

29.3 （局部 Part）

29.4 （局部 Part）

30. 風神

The God of Wind

黃土，麥秸，含膠顏料；描繪在乾灰泥皮上的壁畫

25 釐米 × 15.5 釐米

龜茲（？） 公元 6 世紀

1930 年接收自人類學及人種學博物館；1909—1910 年 C·Φ·奧登堡的俄羅斯第一次新疆考察隊

　　資産清册編號：КУ-607

　　類似的：勒柯克，1928 年，表 19；譚樹桐、安春陽，1981 年，圖版 11、116。

　　在頂部保存下來的殘塊上，飛鳥圖佔據着壁畫的大部分，長頸，白羽，身體周圍繪以黑色輪廓。下面，黑色背景上 —— 風神，黑髮直立，胸部鬆垂，面有圓眼。臉、鼻、嘴旁的褶皺均繪以黑色輪廓綫。"風神"呈飛行狀描繪在券頂上或頂的中部。

　　首次公佈

31. 風景畫中的婦女

A Figure of the Woman in Landscape

黃土，麥秸，含膠顏料；描繪在乾灰泥皮上的壁畫

32 釐米 × 64 釐米

龜茲 公元 6 世紀

1930 年接收自人類學及人種學博物館；1909—1910 年 С・Ф・奧登堡的俄羅斯第一次新疆考察隊

資產清冊編號： KY- 590

穿着龜茲服裝的女性，衣服有淡藍色束胸和白色內裏。抬起的手中持一高水罐和某物。她被描繪在橙黃色背景上，位於有圓形樹冠的樹之間。在白色分界綫上方是殘餘的建築物。

首次公佈

32. 樹木間的動物

Animals Among Woods

黃土，麥秸，含膠顏料；描繪在乾灰泥皮上的壁畫

42 釐米 × 73 釐米

龜茲，克孜爾（？） 公元 6 – 7 世紀

1930 年接收自人類學及人種學博物館；1909—1910 年 C・Ф・奧登堡的俄羅斯第一次新疆考察隊

資産清册編號： KY- 593

壁畫保存差，無法確定描繪了哪些動物。也不明白淺色背景和輪廓圖畫是否因顏料層脱落或畫家的處理造成。

首次公佈

33. 水鳥

Waterfowls

黃土，麥秸，含膠顏料；描繪在乾灰泥皮
上的壁畫

22 釐米 × 17 釐米

龜茲，克孜爾（？） 公元 6 – 7 世紀

1930 年接收自人類學及人種學博物館；
1909—1910 年 С・Ф・奧登堡的俄羅斯第一次新
疆考察隊

資產清冊編號： КУ- 599

兩隻水鳥站在樹上。

首次公佈

34. 聯珠紋中的雁

Goose in "Sasanian" Pearls Roundels

矼奇（Ганч，音譯，石灰、沙和黃土的混合物）、含膠顏料壁畫

49 釐米 × 88 釐米

龜茲，克孜爾第 60 窟 公元 6 – 7 世紀初

1930 年接收自人類學及人種學博物館；1905 – 1906 年 M・M・別列佐夫斯基考察隊

資産清册編號：КУ- 624

類似的：龜茲綠洲鐵吉克，Н・М・別列佐夫斯基的水彩畫複製品（資産清册編號：ЗК-488，探險考察編號 № 2505 – 77）；格倫威德爾，1912 年，圖 172；葛羅珀（Gropper）、雅爾荻茲（Yaldiz），2003 年，圖錄 31；R・韋陀（Whitfield），1995 年，圖版 125、386；片治肯特，SA-16225。

　　有圓形框的壁緣紋飾，裝飾着黏土混合物塑造的長臺前壁，長臺沿窟壁分布；描繪有相互對稱的雁圖，喙銜珠環串飾。鳥的頸、尾和翼均繫以珠帶，以波浪狀綫表示羽毛。圓形框之間以珠環連接。雁背後飄擺着帛帶——頸上的懸帶。壁緣飾的壁畫模仿整個東方流行的織物花紋。同樣的圖案裝飾——周圍是珍珠的圓形框，獲得了"薩珊聯珠紋"的名稱。大雁銜環是拜占庭以及薩珊藝術中爲人熟知的主題，一直持續到中世紀晚期。在中亞壁畫的圖案裝飾中，經常采用織物中的"薩珊"題材，如，吐峪溝麻扎模仿織物的壁畫，織物的圓形裝飾中有野豬；片治肯特的壁畫，或吐魯番綠洲的頂部壁畫。

　　在唐朝張彦遠寫於公元 847 年的論著《歷代名畫記》中有關於唐代紋飾的有趣信息。在第 10 卷中，作者叙述貴族官員竇師綸官封"陵陽公"，"修造凡創瑞錦宮綾，章彩奇麗，蜀人至今謂之陵陽公樣"。"高祖（618–627）和太宗（627–650）時內庫瑞錦對雉（或鳳凰）、鬥羊、翔鳳、游麟之狀，創本師綸，至今傳之"。在日本奈良正倉院庫房中保存着有同樣"薩珊"圖案裝飾的絲綢（顯然僅指構圖，其中呈現面對面的鳥或動物）。

　　參考文獻：張彦遠，2002 年，第 467 頁。

35. 聯珠紋中的雁

Goose in "Sasanian" Pearls Roundels

黃土，麥稭，含膠顏料；描繪在乾灰泥皮上的壁畫

42 釐米 × 43 釐米

龜茲，庫木吐喇 公元 6 世紀

1930 年接收自人類學及人種學博物館；1905 – 1906 年 M·M·別列佐夫斯基考察隊

資產清冊編號：КУ- 625

壁畫殘塊類似於圖錄 34。

參考文獻：《軟烟羅與絲綢》（Weichrauch und Seide），1996 年，圖錄 197。

36. 佛像殘塊

A Fragment of Buddha Statue

黃土，麥秸，含膠顏料；描繪在乾灰泥皮上的壁畫

17 釐米 × 17 釐米

龜茲　公元 5–6 世紀

1930 年接收自人類學及人種學博物館；
1905 – 1906 年 М·М·別列佐夫斯基考察隊

資產清册編號：КУ- 612

根據人物穿着的袈裟可以推測，畫中描繪的是佛。拉丁字母 V 形襞褶的位置，像和闐黏土塑像上的一樣，以及壁畫整體的褐色色調都證明壁畫描繪的年代很早（公元 5–6 世紀）。

首次公佈

37. 僧人頭部

A Head of a Monk

黃土，麥秸，含膠顏料；描繪在乾灰泥皮上的壁畫

13.5 釐米 × 9.5 釐米

龜茲，克孜爾（庫木吐喇？）　公元 6 – 7 世紀

1930 年接收自人類學及人種學博物館；
1909—1910 年 С·Ф·奧登堡的俄羅斯第一次新疆考察隊

資產清册編號：КУ-560

用紅色輪廓綫描繪在白底色上的繪畫，有殘餘的藍色顏料。

首次公佈

38. 僧人頭部

A Head of a Monk

黃土，麥秸，含膠顏料；描繪在乾灰泥皮上的壁畫

12 釐米 × 33.5 釐米

龜茲 公元 6 –7（？）世紀

1930 年接收自人類學及人種學博物館；1909—1910 年 C·Ф·奧登堡的俄羅斯第一次新疆考察隊

資産清册編號：KY- 601

僅保存顏料層的殘塊。中央是用輪廓綫描繪的僧人頭，閉目張嘴，可見牙齒。

首次公佈

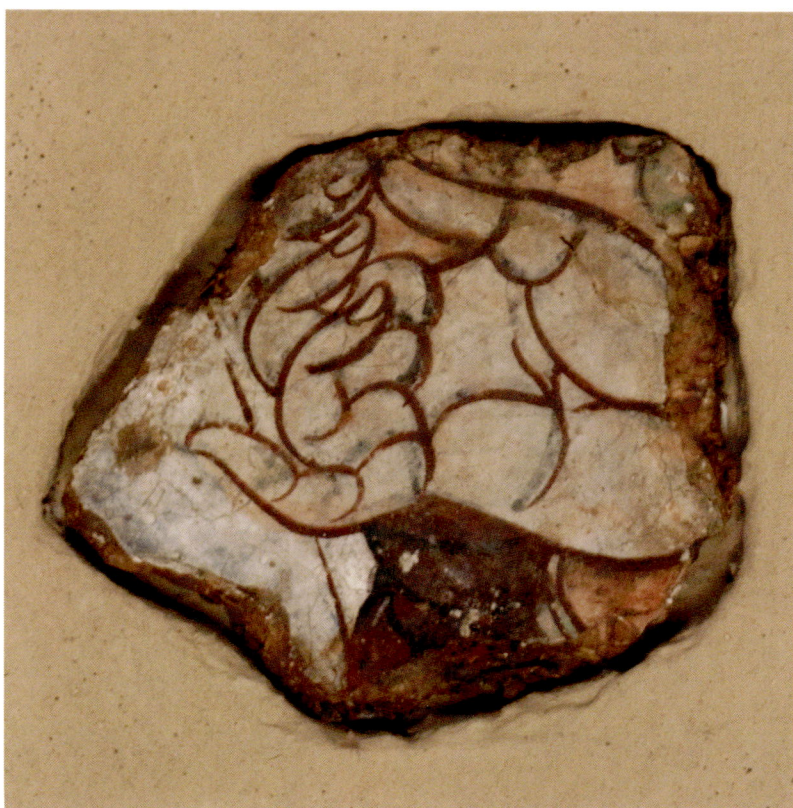

39. 佛像手印

Gesture of Buddha

黃土，麥秸，含膠顏料；描繪在乾灰泥皮上的壁畫

7 釐米 × 6 釐米

龜茲 公元 6-7 世紀

1930 年接收自人類學及人種學博物館；1909—1910 年 C·Ф·奧登堡的俄羅斯第一次新疆考察隊

資産清册編號：KY-603

手指結爲印，富有表現力的輪廓綫表現出手掌的褶皺和綫條，灰褐色。

首次公佈

40. 佛塔中的舍利盒

Relic Casket in Stupa

黃土，麥秸，含膠顏料；描繪在乾灰泥皮上的壁畫

27 釐米 × 23 釐米

龜茲，庫木吐喇（？） 公元 6–7（？）世紀

1930 年接收自人類學及人種學博物館；1909—1910 年 С·Ф·奧登堡的俄羅斯第一次新疆考察隊

資産清册編號：КУ-592

在幾乎爲黑色的深褐色背景上是方格圖案裝飾。

首次公佈

41. 婆羅門

Brahmin

黃土，麥秸，含膠顏料；描繪在乾灰泥皮上的壁畫

48.0 釐米 × 23.5 釐米

龜茲，庫木吐喇 公元 6 世紀

1930 年接收自人類學及人種學博物館；1905 – 1906 年 М·М·別列佐夫斯基考察隊

資産清册編號：КУ- 619

婆羅門呈坐姿，雙腿交叉，這是早期壁畫的典型姿勢。身體爲紅磚色。

首次公佈

42. 阿彌陀佛來迎和供養文

The Guidance and Reception of Amitābha

黄土，麥秸，含膠顏料；描繪在乾灰泥皮上的壁畫

36 釐米 × 94 釐米

龜兹，庫木吐喇 公元 8 –9 世紀

1930 年接收自人類學及人種學博物館；1909—1910 年 C·Ф·奧登堡的俄羅斯第一次新疆考察隊

資産清册編號：KY- 824

風格類似的：勒柯克，II，1928 年，圖 25、26、28。

　　右邊殘塊上描繪阿彌陀佛，他乘雲來接引亡故的清信士。佛前是開放的蓮花，是爲清信士化生準備的。清信士躬身立於亭子的臺基上，雙手合十祈禱。畫中很可能是按照《九品往生阿彌陀三摩地集陀羅尼經》描繪九品往生阿彌陀佛净土的内容。圖與經文用黑細竪綫分隔開。經文保存很差，根據若幹可識讀的文字得以確定：九品往生（"九品"）和六道。"九品往生"中的每一輩（上、中、下三輩）又分爲三品，信衆往生净土取決於累世的修行功德。"六道"表示死後往生的六種境遇，取決於在世時的善行或惡行：天道、人間道、修羅道、畜生道、餓鬼道、地獄道。

　　參考文獻：《神與人》（God and Man），圖録 III-18；《千佛洞》（Пещеры тысячи будд），圖録 83。

　　吳榮鑒：兩組舞伎中間繪有一座帶華蓋置十層燃放燈燭的燈樓。這種畫面便是《藥師如來本願經》所描述和展示的，勸誠人們爲身患重病面臨死亡者，連續四十九晝夜誦藥師如來本願經、掛五彩幡、燃四十九盞長命燈，便能得以延生續命的内容，

43. 菩薩足部

Feet of Bodhisattva

黃土，麥秸，含膠顏料；描繪在乾灰泥皮上的壁畫

17 釐米 × 20 釐米

龜茲，庫木吐喇 公元 7 世紀下半葉 –8 世紀

1930 年接收自人類學與人種學博物館；1909—1910 年 С·Ф·奧登堡的俄羅斯第一次新疆考察隊

資産清册編號：KY-563

類似的：勒柯克，1928 年，圖 22；《絲綢之路》（Seidenstrasse），2003 年，圖錄75。

阿彌陀佛净土殘塊。（？）壁畫殘塊上描繪有右脚。脚上方有織物襞褶，稍下是五彩蓮花。在左邊深紅色背景上有殘餘的寶座，底座飾有圓珠。圖錄 41–52 描述的殘塊可能均屬於同一塊壁畫，它們風格相近。

首次公佈

Ky-563

44. 化生童子
Reborned Child

黄土，麥秸，含膠顏料；描繪在乾灰泥皮上的壁畫

32 釐米 × 14 釐米

龜茲，庫木吐喇（克孜爾尕哈？）

公元 7 世紀下半葉 –8 世紀

1930 年接收自人類學與人種學博物館；1909—1910 年 С·Ф·奧登堡的俄羅斯第一次新疆考察隊

資産清册編號：KY- 598

童子在蓮花花蕾中化生；在其上方有鋪着方磚的水岸。故推測其爲阿彌陀佛浄土變殘塊。

首次公佈

45. 鳥和菩薩足部
Birds and Feet of Bodhisattva

黄土，麥秸，含膠顏料；描繪在乾灰泥皮上的壁畫

26 釐米 ×32 釐米

龜茲，庫木吐喇 公元 7 世紀下半葉 – 8 世紀

1930 年接收自人類學與人種學博物館；1909—1910 年 С·Ф·奧登堡的俄羅斯第一次新疆考察隊

資産清册編號：KY-599

阿彌陀佛浄土殘塊。（？）綠色背景上有兩隻鳥。

首次公佈

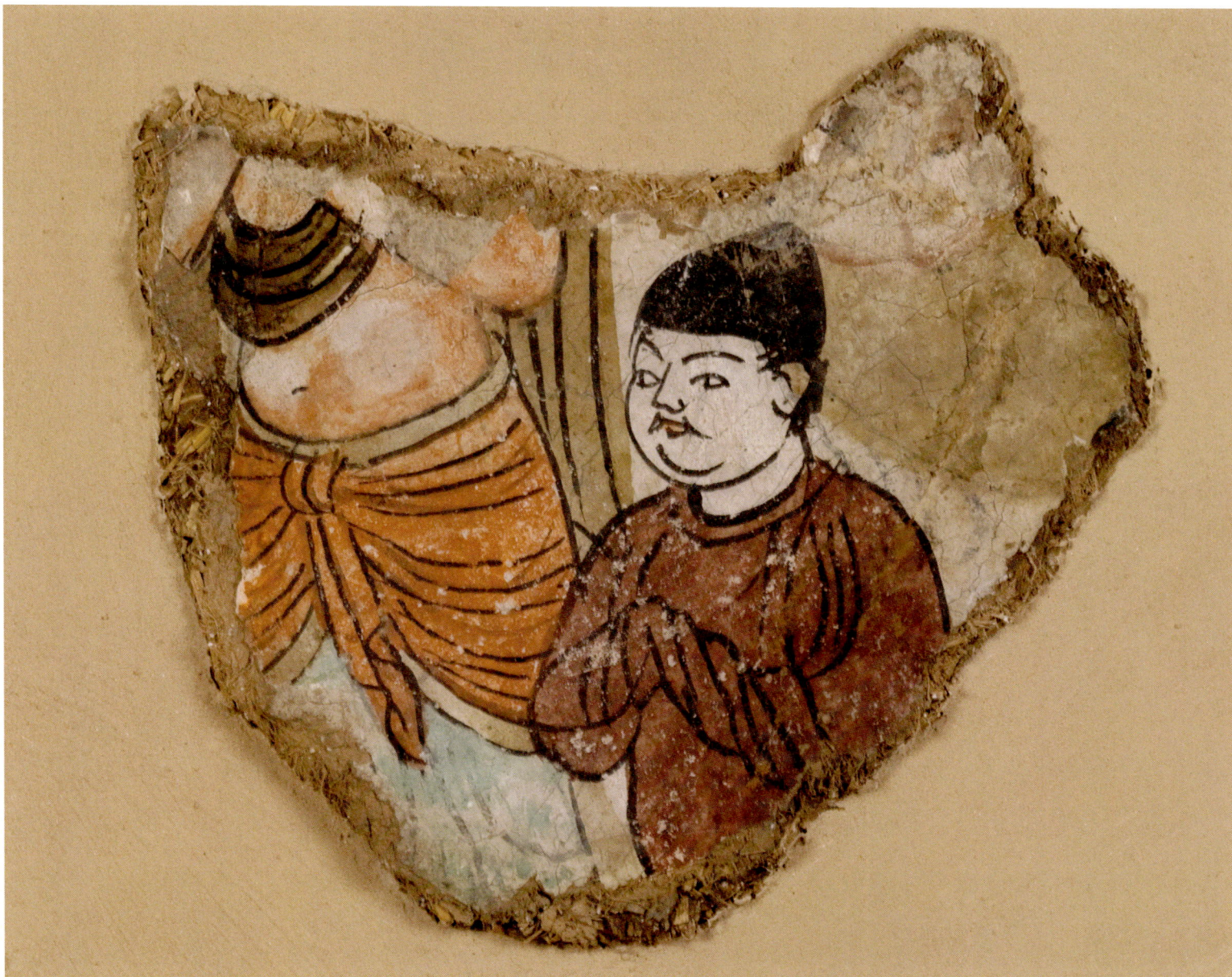

46. 供養人與菩薩

Donor and Bodhisattva

黃土，麥秸，含膠顏料；描繪在乾灰泥皮上的壁畫

11 釐米 ×14 釐米

龜茲，庫木吐喇　公元 7 世紀下半葉 – 8 世紀

1930 年接收自人類學與人種學博物館；1909—1910 年 C・Ф・奧登堡的俄羅斯第一次新疆考察隊

資產清册編號：KY-597

　　阿彌陀佛净土殘塊。小幅供養人形象，穿褐色外衣，戴黑帽或繒巾，雙手隱於袖中，爲祈禱姿勢。供養人右側繪有菩薩的胸腹部，穿着打結的橙黃色裙裾。襞褶用黑色細輪廓綫表示。

　　首次公佈

47. 鳥

Bird

黃土，麥稭，含膠顏料；描繪在乾灰泥皮上的壁畫

14.0 釐米 ×8.5 釐米

龜茲，庫木吐喇 公元 7 世紀下半葉 – 8 世紀

1930 年接收自人類學與人種學博物館； 1909—1910 年 C·Φ·奧登堡的俄羅斯第一次新疆考察隊

資產清册編號：КУ- 594

阿彌陀佛净土殘塊。（？）綠色背景上的鳥。也許是圖錄 45 的壁畫的一部分。

首次公佈

48. 供養菩薩

Attendant Bodhisattva

黃土，麥秸，含膠顏料；畫在乾灰泥皮上的壁畫

14 釐米 ×13 釐米

龜茲，庫木吐喇 公元 7 世紀下半葉 – 8 世紀

1930 年接收自人類學及人種學博物館；1905 – 1906 年 M · M · 別列佐夫斯基考察隊

資產清冊編號：KY-610

阿彌陀佛淨土殘塊。（？）供養菩薩的頭、雙肩與雙手。臉面豐滿圓潤，唐代類型，臉轉向左，雙手執瓶。頸上和手上有飾物。
有複製品於 H · M · 別列佐夫斯基的畫冊中，第 1 頁上有別列佐夫斯基手寫的題記："庫木吐喇，明屋，壁畫碎塊"。

類似的：勒柯克，1928 年，表 22；H · M · 別列佐夫斯基的畫冊，有別列佐夫斯基手寫題記的第 1 頁："庫木吐喇，明屋，壁畫碎塊"，資產清冊編號：3KV 743

首次公佈

49. 佛像

Buddha

黃土，麥秸，含膠顏料；描繪在乾灰泥皮上的壁畫

9.5 釐米 ×7.8 釐米

龜茲，庫木吐喇　公元 7 世紀下半葉 – 8 世紀

1930 年接收自人類學及人種學博物館；1909—1910 年 С·Ф·奧登堡的俄羅斯第一次新疆考察隊

資産清册編號：КУ-658

阿彌陀佛净土殘塊。（？）所繪人物身穿有黃色緣飾的深紅色外衣；壁畫背景爲白色。

首次公佈

50. 佛像

Buddha

黃土，麥秸，含膠顏料；描繪在乾灰泥皮上的壁畫

8.0 釐米 × 4.5 釐米

龜茲，庫木吐喇

公元 7 世紀下半葉 – 8 世紀

1930 年接收自人類學及人種學博物館；1909—1910 年 С·Ф·奧登堡的俄羅斯第一次新疆考察隊

資産清册編號：КУ-680

阿彌陀佛净土殘塊。（？）粉紅色頭光背景上的臉與肩的一部分，有眉間白毫。

首次公佈

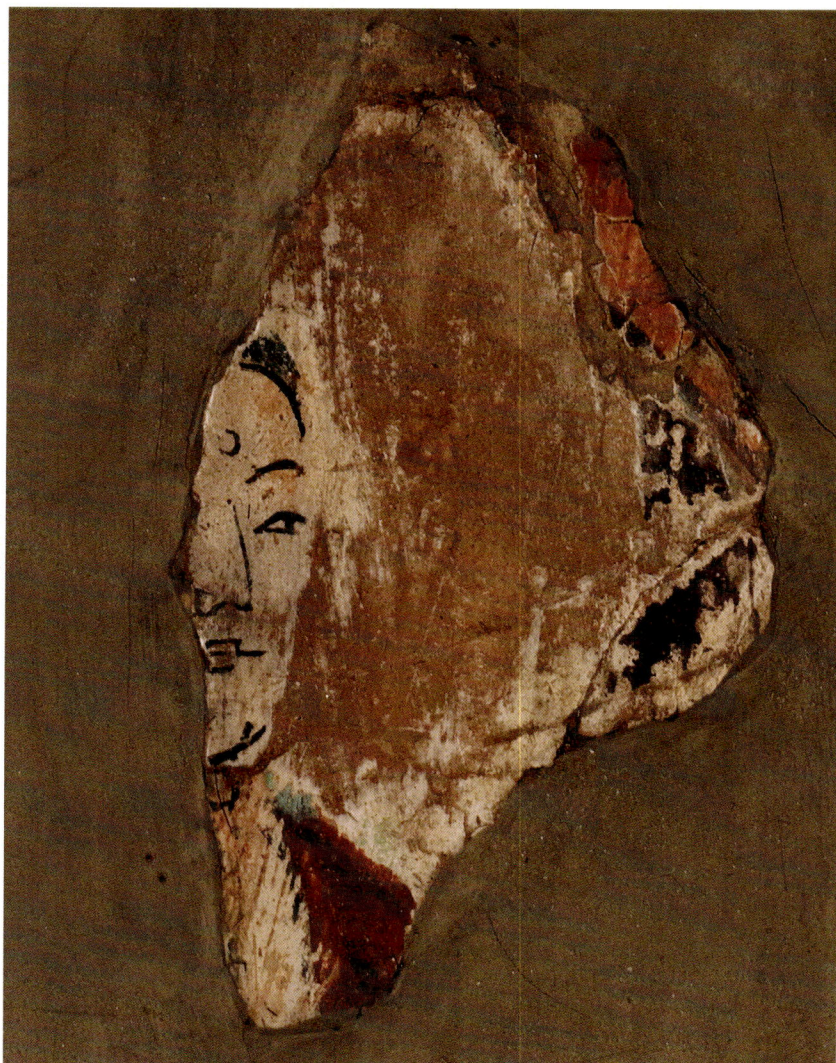

51. 馴服野象

Taming the Wild Elephant

黃土，麥秸，含膠顏料；描繪在乾灰泥皮上的壁畫

6 釐米 ×3 釐米

龜茲，庫木吐喇 公元 7 世紀下半葉 – 8 世紀

1930 年接收自人類學及人種學博物館；1909—1910 年 C・Ф・奧登堡的俄羅斯第一次新疆考察隊

資産清册編號：КУ-677

似乎是天人或力士馴服野象的壁畫。

首次公佈

52. 五彩頭光

Colored Head Light

黃土，麥秸，含膠顏料；描繪在乾灰泥皮上的壁畫

9 釐米 × 9 釐米

龜茲，庫木吐喇 公元 7 世紀下半葉－8 世紀

1930 年接收自人類學及人種學博物館；

1909—1910 年 С·Ф·奧登堡的俄羅斯第一次新疆考察隊

資産清册編號：КУ-602

佛像背光的一部分，外輪爲紅色底牡丹花紋。

首次公佈

53. 五彩頭光

Colored Head Light

黃土，麥秸，含膠顏料；描繪在乾灰泥皮上的壁畫

24.0 釐米 ×13.5 釐米

龜茲，庫木吐喇 公元 7 世紀下半葉－8 世紀

1930 年接收自人類學及人種學博物館；

1909—1910 年 С·Ф·奧登堡的俄羅斯第一次新疆考察隊

資産清册編號：КУ-600

扭曲變形的花瓣紋背光。

首次公佈

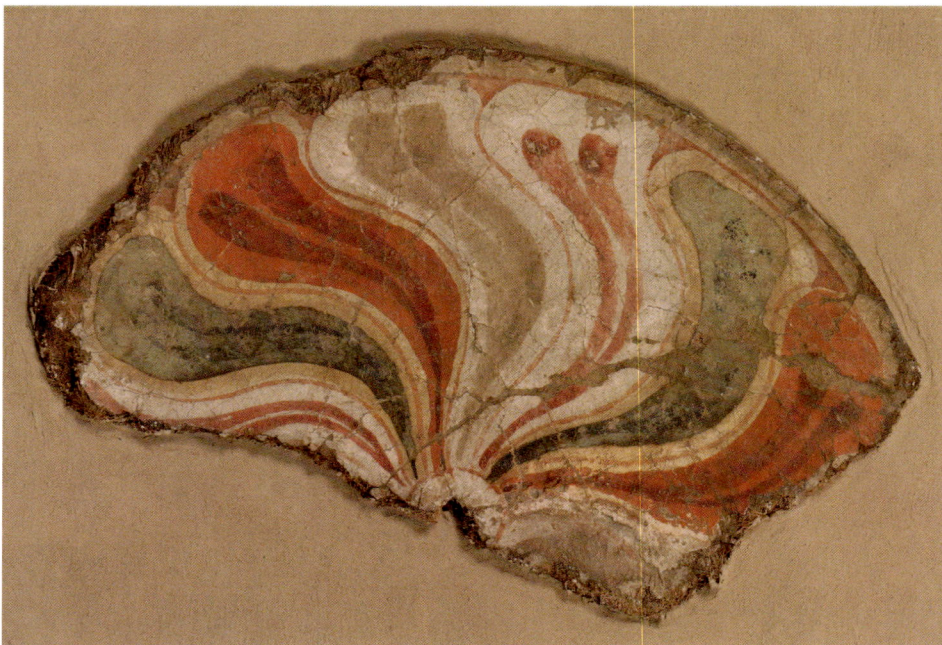

54. 紋飾

Patterns

黃土，麥秸，含膠顏料；描繪在乾灰泥皮上的壁畫

16.5 釐米 ×11.0 釐米

龜茲 公元 7 世紀下半葉－8 世紀

1930 年接收自人類學及人種學博物館；

1909—1910 年 С·Ф·奧登堡的俄羅斯第一次新疆考察隊

資産清册編號：КУ-659

蓮花紋邊飾的殘塊，有綠色和紅色顏料痕蹟。

首次公佈

55. 兩位僧人

Two Monks

黃土，麥稭，含膠顏料；描繪在乾灰泥皮上的壁畫

21.5 釐米 × 31.0 釐米

龜兹　公元 7 世紀

1930 年接收自人類學及人種學博物館；1909—1910 年 C·Ф·奧登堡的俄羅斯第一次新疆考察隊

資産清册編號：KY-605

右側僧人眉眼鼻梁用直綫勾勒，臉型圓潤扁平，是爲漢僧；左側僧人眉眼鼻梁用曲綫勾勒，表示深目高鼻，是爲梵僧。

首次公佈

56. 菩薩頭像

Heads of Bodhisattvas

黃土，麥稭，含膠顏料；描繪在乾灰泥皮上的壁畫

12.0 釐米 × 2.0 釐米；10.0 釐米 ×6.0 釐米；9.0 釐米 ×5.0 釐米（КУ-657а、б、в）；20 釐米 × 10 釐米（КУ-663）

龜茲 公元 6–7 世紀

1930 年接收自人類學及人種學博物館；1909—1910 年 С・Ф・奧登堡的俄羅斯第一次新疆考察隊

資產清冊編號：КУ-657а、б、в，КУ-663

四塊分割開的壁畫殘塊，共有八個佛龕和菩薩頭像。僅將菩薩頭像繪於佛龕中而不是全身坐像或立像，此種形式比較少見。

首次公佈

57. 佛像

Buddha

黃土，麥稭，含膠顏料；描繪在乾灰泥皮上的壁畫

21 釐米 × 15 釐米

龜茲 公元 7（？）世紀

1930 年接收自人類學及人種學博物館；1909—1910 年
С·Ф·奧登堡的俄羅斯第一次新疆考察隊

資産清册編號：КУ-676

保存下來的殘塊上的圖勉强可見，不經心描繪的壁畫。

首次公佈

58. 圖案

Patterns

黃土，麥稭，含膠顏料；描繪在乾灰泥皮上的壁畫

6.0 釐米 ×6.5 釐米

龜茲，庫木吐喇（？） 公元 6－7 世紀

1930 年接收自人類學及人種學博物館；1905－1906 年
М·М·別列佐夫斯基考察隊

資産清册編號：КУ-565

深紅色緣飾，有構成菱形的白點。

首次公佈

59. 圖案

Patterns

黃土，麥稭，含膠顏料；描繪在乾灰泥皮上的壁畫

30 釐米 × 30 釐米

龜茲 公元 7 世紀

1930 年接收自人類學及人種學博物館；1905－1906
年 М·М·別列佐夫斯基考察隊

資産清册編號：КУ-567

緣飾爲深紅色，稍上是褐色、綠色和白色條紋，其上
方殘存部分右脚，位於有回紋（？）紋飾的黃色毯上。

首次公佈

60. 菩薩

Bodhisattva

木頭，顏料；彩繪

15.5 釐米 × 7.5 釐米

龜茲 公元 6 世紀

1931 年接收自人類學及人種學博物館；1905－1906 年 M·M·別列佐夫斯基考察隊

資產清冊編號：КУ-526

站立形象，臉部爲白色，身體爲青色，戴高冠，頭周圍有頭光，綹綹長髮和帛帶下垂於肩。保存得很差，無法確定人物。

首次公佈

61. 坐佛

Seated Buddha

木頭，顏料；彩繪

19.5 釐米 × 9.5 釐米

丹丹烏里克（？） 公元 7–9 世紀

1931 年接收自人類學及人種學博物館；1905－1906 年 M·M·別列佐夫斯基考察隊

資產清冊編號：КУ-527

有尖三角形頂的小木板上的繪畫，描繪結跏趺坐佛，其手爲禪定印，雙肩遮蓋。胸乳部似繪有雙眼。

大概是 M·M·別列佐夫斯基在庫車購買的。風格上類似於丹丹烏里克的繪畫。中國學者將他們發現的整個遺址斷爲唐代 (618–907)。（榮新江，《丹丹烏里克的考古調查與唐代于闐傑謝鎮》，載《新疆文物》，2005 年，第 3 期，第 31－35 頁。）

首次公佈

62. 菩薩

Bodhisattva

木頭，顏料；彩繪

17 釐米 × 10.5 釐米

龜茲（？） 公元 6 世紀

1931 年接收自人類學及人種學博物館；1905 – 1906 年 M・M・別列佐夫斯基考察隊

資產清冊編號：KY-528

站立在蓮花上的人物圖，也許是手持香爐的菩薩，綠色頭光，腳着低靴。衣服上多圓形紋飾。

首次公佈

63. 花卉圖案

Flower Pattern

木頭，顏料；彩繪，殘餘的絲綢和綫

24 釐米 ×20 釐米 ×3.5 釐米

龜茲（？） 公元 6 世紀（？）

1931 年接收自人類學及人種學博物館；1905－1906 年

M・M・別列佐夫斯基考察隊

資産清册編號：KY-826

殘餘的絲綢、麥秸和綫繩證明，這些小木板是用來裝幀卷軸畫的上下兩端的，是懸掛時增添重力並防止卷曲的。它們起到了絹畫或紙本畫常見的圓柱木軸的作用。兩面均有花卉圖案裝飾；縫隙中有殘餘的絲綢。

64. 花卉圖案

Flower Pattern

19.5 釐米 ×20 釐米 ×4.0 釐米

資産清册編號：KY-827

65. 花卉圖案

Flower Pattern

21.5 釐米 ×20 釐米 ×3.8 釐米

資産清册編號：KY-828

66. 花卉圖案

Flower Pattern

23 釐米 ×20 釐米 ×3.6 釐米

資産清册編號：KY-829

粗糙的繪畫。

首次公佈

67. 舍利盒

URN-BOX for Sharira

木頭，含膠顏料；彩繪

帶蓋高 19 釐米，直徑 26 釐米

龜茲 公元 6 世紀

1931 年接收自人類學及人種學博物館；1905－1906 年 M・M・別列佐夫斯基考察隊

資産清册編號：КУ- 823

類似的：《伯希和中亞探險考察》（Mission Pelliot），1977 年，圖版 81、91。

小圓匣形舍利盒，有錐形蓋。繪有幾何圖案裝飾的痕蹟。形狀類似於"圍攻拘尸那"題材壁畫中天人拿着的舍利盒（請看圖錄 22）。

參考文獻：《千佛洞》（Пещеры тысячи будд），圖錄 78。

68. **佛**

Buddha

黃土，黏土，植物纖維，顏料；彩繪

高 12 釐米

龜茲 公元 6 世紀（？）

1931 年接收自人類學及人種學博物館；1909—1910 年 C·Φ·奧登堡的俄羅斯第一次新疆考察隊

資產清冊編號：КУ-24

　　影塑佛像。佛結跏趺坐於蓮花上，禪定印，雙肩披蓋深紅色袈裟，臉與頭髮磨損，可感覺到有肉髻。蓮花向下收縮。頭光爲橙黃色，身光爲綠色。整個形象大概是塑造的巨大背光的一部分。

　　首次公佈

69. 佛

Buddha

黃土，黏土，植物纖維，顔料；彩繪

高 15 釐米

龜茲 公元 6 世紀（？）

1931 年接收自人類學及人種學博物館；1909—1910 年 С・Ф・奧登堡的俄羅斯第一次新疆考察隊

資産清册編號：КУ-25

　　影塑佛像。佛結跏趺坐姿勢端坐在寶座上，手置爲禪定印，雙肩披蓋淡粉紅色袈裟，臉、頭髮和肉髻被打掉。袈裟襞褶以公元 5 世紀末至 6 世紀初典型的浮雕來表現。白色頭光輪廓有凸起的橙黃色圓圈，身光有緑色顔料痕蹟，也圍以凸起的橙黃色圓圈。整個形象大概是塑造的巨大背光的一部分。

　　首次公佈

70. 佛頭

Head of Buddha

黃土，黏土，植物纖維，顏料；彩繪

高 17 釐米

龜茲 公元 6 世紀

1931 年接收自人類學及人種學博物館；1909—1910 年 С・Ф・奧登堡的俄羅斯第一次新疆考察隊

資產清冊編號：KY-233

佛頭，無肉髻。臉部面容端正；眉綫過渡至細而直的鼻子。雙眼略凸，拉長，有白底色和藍色痕蹟。嘴小，優雅地彎曲成弧形；嘴角和下唇下方有酒窩。下巴下方是柔和的綫條，表示出第二道下巴。耳垂長。頭髮表現以波狀綫和之字形綫。

首次公佈

71. 佛頭

Head of Buddha

黃土，黏土，植物纖維，顏料；彩繪

高 15.5 釐米

龜茲　公元 6 世紀

1931 年接收自人類學及人種學博物館；1909—1910 年 C・Ф・奧登堡的俄羅斯第一次新疆考察隊

資產清冊編號：KY-234

類似於圖錄 70 的塑像。左面頰部分缺失，有些地方保存下來了白底色。

首次公佈

71.2（側面 Side View）

72. 佛頭

Head of Buddha

黃土，黏土，植物纖維，顏料；彩繪

高 15 釐米

龜茲　公元 6 世紀

1931 年接收自人類學及人種學博物館；1909—1910 年 С・Ф・奧登堡的俄羅斯第一次新疆考察隊（？）

資産清册編號：КУ-235

類似於圖録 70 的塑像。

首次公佈

73. 佛頭

Head of Buddha

黃土，黏土，植物纖維，顏料；彩繪

高 16.5 釐米

龜茲 公元 6 世紀

1931 年接收自人類學及人種學博物館；1909—1910
年 C・Ф・奧登堡的俄羅斯第一次新疆考察隊

資產清冊編號：КУ-242

　　在探險隊考察照片上可見眉間白毫相痕蹟。也可能
是天人像。臉厚重，豐滿，雙眼拉長，周圍繪以藍色輪廓。
嘴小，嘴角有酒窩，雙唇上保存下來了紅色顏料痕蹟。
下巴前突。頭髮僅保存下額上方的兩小綹，左側頭髮上
突起小花飾。整個臉曾覆蓋白色顏料，現在還保存下來
一些白斑。

　　首次公佈

74. 佛臉

Face of Buddha

黃土，黏土，植物纖維，顏料；彩繪

高 12 釐米

龜茲 公元 6 世紀

1931 年接收自人類學及人種學博物館；1909—1910
年 C・Ф・奧登堡的俄羅斯第一次新疆考察隊

資產清冊編號：КУ-243

　　有頭髮的部分額頭、右眼和鼻子保存下來了。額上
白毫相。眼大，長圓形，弧形雙眉。

　　首次公佈

75. 佛臉

Face of Buddha

石灰（？）。顏料；彩繪

高 9 釐米

龜茲 公元 6 世紀

1931 年接收自人類學及人種學博物館；
1909—1910 年 C・Φ・奧登堡的俄羅斯第一
次新疆考察隊

　　資產清冊編號：KY-244

　　有紅色和黑色顏料痕蹟。表面不平，有
些地方失去底色上層。稍稍拉長的雙眼半閉。
微笑的嘴角有酒窩。

　　首次公佈

76. 佛臉

Face of Buddha

黃土，黏土，麥秸，顏料痕蹟；彩繪

高 18.5 釐米

龜茲 公元 6 世紀（？）

1931 年接收自人類學及人種學博物館；
考察隊不明

　　資產清冊編號：KY-251

　　臉的左上側。黑色眉綫過渡至直鼻綫，
鼻翼凹陷。拉長的大眼繪出黑色輪廓綫，眼
瞳特意用在黏土上雕刻出的輪廓表示出來。

　　首次公佈

77. 天人頭

Head of Devata

黃土，黏土，麥稭，顏料；彩繪

8.5 釐米 × 6 釐米

龜茲 公元 6 世紀（？）

1931 年接收自人類學及人種學博物館；考察隊不明

資産清冊編號：KY-224

　　臉面豐滿，額高，弧形眉，小鼻子，嘴微笑。臉的左側缺失，雙耳被打掉。臉的顏色爲粉紅色，以黑色輪廓畫出雙眉和雙眼，嘴紅。也許，塑造描繪的是天人的臉，殘餘的黑髮證明了這一點。但給人留下的印象是，臉是用武士的面部模具製作的。

　　首次公佈

78. 天人頭

Head of Devata

黃土，黏土，麥稭，顏料；彩繪

高 17.5 釐米

龜茲 公元 6 世紀（？）

1931 年接收自人類學及人種學博物館；考察隊不明

資產清冊編號：КУ-226

塑像的頭與頸。臉向下收縮，額高。雙目半閉，細窄。雙眉爲弧形，鼻子細而直，嘴小。臉爲橙褐色，雙眉、眼瞳和唇髭飾以黑色。頭髮梳成直分的一綹綹的波浪狀頭髮，在頭頂上梳攏爲一束。

首次公佈

79. 天人頭

Head of Devata

黃土，黏土，麥稭，顏料；彩繪

高 13 釐米

龜茲 公元 6 世紀（？）

1931 年接收自人類學及人種學博物館；考察隊不明

資產清冊編號：KY-227

類似於圖錄 77 的塑像，不同的僅是在頭髮下方的額上畫有細卷髮。

首次公佈

80. 人臉

Man's Face

黃土，有白底色痕蹟，有殘餘的黑色和紅色顏料；
彩繪

高 17.4 釐米

龜兹　公元 6 世紀（？）

1931 年接收自人類學及人種學博物館；考察隊
不明

資産清册編號：KY-250

在保存下來的頭部殘塊上，頭髮表現爲竪綫，
耳垂下墜，戴耳環。細長的眼睛眉弓凸起，眉黑，
嘴角和下唇下方有酒窩。

首次公佈

80.2（側面 Side View）

81. 突厥人臉

Face of a Turkic Man

黃土，植物纖維，底色，顏料；彩繪

高 12.5 釐米

龜茲　公元 6 世紀（？）

1931 年接收自人類學及人種學博物館；考察隊不明

資產清冊編號：KY-252

右側臉面。以黑色輪廓綫畫出眉綫、眼、黑眼珠、細長的脣髭、絡腮鬍和前突的尖下巴上的"楔形"鬍鬚。鼻子隆起，細窄，塑型很好。嘴紅，眼角有殘餘的紅色顏料。突厥人類型的臉，在人類學類型上不同於印歐人的面貌。

詳見本書的引文。

首次公佈

82. 突厥人臉

Face of a Turkic Man

有植物纖維的黃土，淺底色，顏料；彩繪

高 11 釐米

龜茲 公元 6–7（？）世紀

1931 年接收自人類學及人種學博物館；
1909—1910 年 С・Ф・奧登堡的俄羅斯第一次新疆
考察隊（？）

資産清册編號：КУ-247

臉面豐滿，圓下巴，小嘴塗色，下唇下方有酒
窩。眼睛細窄，上眼瞼上方有褶皺，眼周圍畫出黑
色輪廓綫，輪廓綫向下，眉和長長的唇髭繪以黑色
粗輪廓綫。與圖錄 81 近似。

首次公佈

82.2（側面 Side View）

83. 突厥人臉

Face of a Turkic Man

黃土，黏土，麥秸，顏料；彩繪

高 16 釐米

龜茲 公元 6–7（？）世紀

1931 年接收自人類學及人種學博物館；
1909—1910 年 C·Ф·奧登堡的俄羅斯第一次新
疆考察隊

資産清册編號：KY-232

突厥人類型的頭。臉白，瘦長，周圍是黑
色長髮、鬍鬚和唇髭。一絡頭髮從額到下巴形成
細薄的絡腮鬍。額頭堆起皺紋，皺紋用紅色畫出。
眼向上看。

首次公佈

83.2（側面 Side View）

84. 突厥人臉

Face of a Turkic Man

黃土，黏土，底色，顏料；彩繪

高 14 釐米

龜茲 公元 6–7（？）世紀

1931 年接收自人類學及人種學博物館；考察隊不明

資產清冊編號：КУ-246

突厥人類型男性悲痛的臉，殘塊。額頭堆起皺紋，嘴微張，露齒，細長眼外眼角下垂。臉爲粉紅色，眼白爲白色。唇髭、雙眉、雙眼瞳孔黑色，嘴紅色。臉右側缺失。

首次公佈

85. 天人頭

Head of Devata

黃土，植物纖維，白色顏料痕蹟；彩繪

高 7.5 釐米

龜茲 公元 6 世紀

1931 年接收自人類學及人種學博物館；1909—1910 年 С・Ф・奧登堡的俄羅斯第一次新疆考察隊

資產清冊編號：КУ-39

臉面圓潤豐滿，蓬鬆的頭髮表現以綹綹波紋，眼細長，嘴微笑，下巴圓。

首次公佈

86. 天人胸像

Head and Torso of Devata

黃土，植物纖維，底色，顏料；彩繪

高 22 釐米

龜茲　公元 6 世紀（？）

1931 年接收自人類學及人種學博物館；考察隊不明

資產清冊編號：KY-259

遺存頭、軀幹上部與右臂。臉面豐滿圓潤，大眼，小嘴。頭髮在頭頂上收攏，額上方向後梳並梳成圓蓬頭；頸與胸上有飾物痕蹟：項圈和 X 字交叉懸掛至腰部的瓔珞。繪以白色、紅色和黑色。

首次公佈

87. 天人胸像

Head and Torso of Devata

黃土，黏土，麥秸，顏料；彩繪

高 21 釐米

龜茲　公元 6 世紀（？）

1931 年接收自人類學及人種學博物館；考察隊不明

資產清冊編號：KY-225

頭與軀幹。髮長，向後梳，額裸露。衣服在胸部有很長的 V 字形領口。左臂肘部彎曲，保存下來了至肩部的泥塑，稍下有麥秸的木骨架。彩繪有藍衣，黑髮，粉紅色的身體。

首次公佈

88. 僧人頭

Head of a Monk

黃土，黏土，植物纖維，顏料；彩繪

高 17 釐米

龜茲　公元 6 世紀

1931 年接收自人類學及人種學博物館；考察隊不明

資產清冊編號：KY-28

臉圓，髮黑，額低，雙眉繪以黑粗綫，與塑型不吻合，瞳孔黑，嘴紅。

首次公佈

89. 僧人頭

Head of a Monk

黃土，黏土，植物纖維，顏料；彩繪

高 17 釐米

龜茲 公元 6 世紀

1931 年接收自人類學及人種學博物館；考察隊不明

資産清册編號：KY-238

僧人頭，也許是佛的弟子。雙目半閉，臉面造型柔和，眉弓均勻協調地重複着眼裂的形狀。鼻子纖細，嘴微笑。額上的髮綫在兩鬢旁以角形結束。 缺一耳。

首次公佈

90. 人臉

Man's Face

黃土，黏土，麥秸；彩繪

高 14.5 釐米

龜茲 公元 6 世紀

1931 年接收自人類學及人種學博物館；考察隊不明

資產清冊編號：KY-245

　　橢圓形臉。下巴綫條圓潤，高額橫貫三道皺紋，雙眉緊蹙，鼻子細直，不大的嘴微張。臉塗白色，雙眉與雙眼是黑色，嘴是紅色。後腦勺缺失，雙耳與鼻尖損壞。

　　首次公佈

91. 護衛或惡魔的頭

Head of Guardian or Demon

黃土，黏土，麥稭顏料；彩繪

高 19 釐米

龜茲　公元 6 世紀（？）

1931 年接收自人類學及人種學博物館；考察隊不明

資産清册編號：KY-231

頭髮梳成向上竪起的濃密髮綹。眼圓且凸。臉與額的一部分被打掉。

首次公佈

92. 護衛或惡魔的頭

Head of Guardian or Demon

黃土，植物纖維，底色，顏料；彩繪

高 18.5 釐米

龜茲　公元 6 世紀（？）

1931 年接收自人類學及人種學博物館；考察隊不明

資産清册編號：KY-253

臉幾乎完全被打掉。眼圓且凸，毛茸茸的眉毛塗以黑粗綫，臉部有殘餘的白色。

首次公佈

93. 婆羅門

Statues of Brahmins

黃土，植物纖維，底色，顏料；彩繪

高 27 釐米

龜茲 公元 6 世紀（？）

1931 年接收自人類學及人種學博物館；考察隊不明

資產清冊編號：КУ-254、КУ-255、КУ-256、КУ-257

臉瘦長，鬍鬚長，雙眼大睜。頭髮在頭頂上梳成一個結，結之外的其他髮綹垂落在雙肩與背上。軀幹赤裸。身體虛弱疲憊，可見肋骨。長至膝蓋的衣服遮蓋着臀部。雙臂與雙足缺失。

首次公佈

94. 僧人頭

Head of a Monk

黃土，黏土，麥秸，木骨架，顏料；彩繪

高 9.5 釐米

龜茲 公元 6–7（？）世紀

1931 年接收自人類學及人種學博物館；1909—1910 年 С·Ф·奧登堡的俄羅斯第一次新疆考察隊

資產清冊編號：КУ-59

面部特徵難以分辨。可見殘餘的白色顏料。從頸中露出木骨架。

首次公佈

95. 人頭

Man's Head

黃土，黏土，植物纖維，顏料；彩繪

高 14.5 釐米

龜茲　公元 7–8 世紀上半葉

1931 年接收自人類學及人種學博物館；考察隊不明

資産清冊編號：KY-236

　　臉面豐滿圓潤，頭髮梳成直分頭，繫以帛帶或髮箍，並在額上梳成波狀髮綹。細長的雙眼半閉，下巴厚重，鼻翼寬，嘴小。唐代類型的臉，可斷代爲公元 7 世紀下半葉至 8 世紀上半葉。

　　首次公佈

96. 人頭

Man's Head

黃土，黏土，植物纖維，顏料；彩繪

高 14.5 釐米

龜兹 公元 7–8 世紀上半葉

1931 年接收自人類學及人種學博物館；考察隊不明

資産清册編號：КУ-240

　　臉面豐滿圓潤，頭髮梳成直分頭，繫以帛帶或髮箍，並在額上梳成波狀髮絡。細長的雙眼半閉，下巴厚重，鼻翼寬，嘴小。唐代類型的臉，可斷代爲公元 7 世紀下半葉至 8 世紀上半葉。

　　首次公佈

97. 天人腰腹與雙腿

A Thigh of Devata Statue

黄土，黏土，麥秸，木骨架，顏料痕蹟；彩繪

高 14 釐米

龜茲　公元 6 世紀（？）

1931 年接收自人類學及人種學博物館；1909—1910 年 C・Ф・奥登堡的俄羅斯第一次新疆考察隊（？）

資産清冊編號：KY-258

披裹着半圓襞褶的腰腹與雙腿。披裹的衣服繫以蓬鬆的花結。

首次公佈

98. 女性胸部

A Thigh of a Woman Statue

黃土，黏土，麥秸，木骨架，顏料痕蹟；彩繪

高 32 釐米

龜茲　公元 6 世紀（？）

1931 年接收自人類學及人種學博物館；考察隊不明

資產清冊編號：KY-261

女性軀幹，穿着衣服，收攏的細小襞褶緊裹着身體。衣領有很像回形紋的紋飾；胸部下方是大襞褶收攏的緣飾。

首次公佈

99. 口鼻

Nose and Mouth

黄土，黏土，植物纖維，顏料；彩繪

高 5.5 釐米

龜茲　公元 6 世紀（？）

1931 年接收自人類學及人種學博物館；1909—1910 年

С・Ф・奧登堡的俄羅斯第一次新疆考察隊

資産清冊編號：КУ-14

寬鼻翼和圓鼻孔。嘴塗以鮮艷的紅色，呲牙或微笑，露齒。

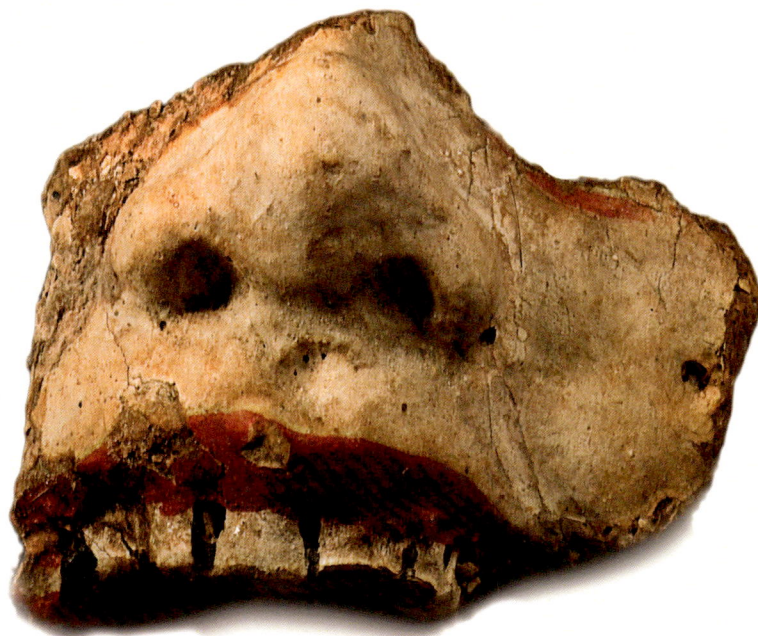

100. 耳

Ear

黄土，黏土

長 8 釐米

龜茲　公元 6 世紀（？）

1931 年接收自人類學與人種學博物館；考察隊不明

資産清冊編號：КУ-304

左耳殘件，較完整。

首次公佈

101. 鼻

Nose

黄土，黏土，植物纖維

長 6.5 釐米

龜茲　公元 6 世紀（？）

1931 年接收自人類學與人種學博物館；考察隊不明

資産清冊編號：КУ-305

殘存鼻梁和上唇。

首次公佈

102. 右手

Right Hand

黃土，黏土，植物纖維，顏料；彩繪

長 6 釐米

龜茲 公元 6 世紀

1931 年接收自人類學及人種學博物館；1909—1910 年

С·Ф·奧登堡的俄羅斯第一次新疆考察隊

資產清冊編號：КУ- 6

草泥塑造的右手，厚實，手指殘斷，敷白色。

首次公佈

103. 右手

Right Hand

黃土，黏土，植物纖維，顏料；彩繪

長 8 釐米

龜茲 公元 6 世紀（？）

1931 年接收自人類學及人種學博物館；1909—1910 年

С·Ф·奧登堡的俄羅斯第一次新疆考察隊

資產清冊編號：КУ-7

右手，手指並攏，大拇指殘斷。

首次公佈

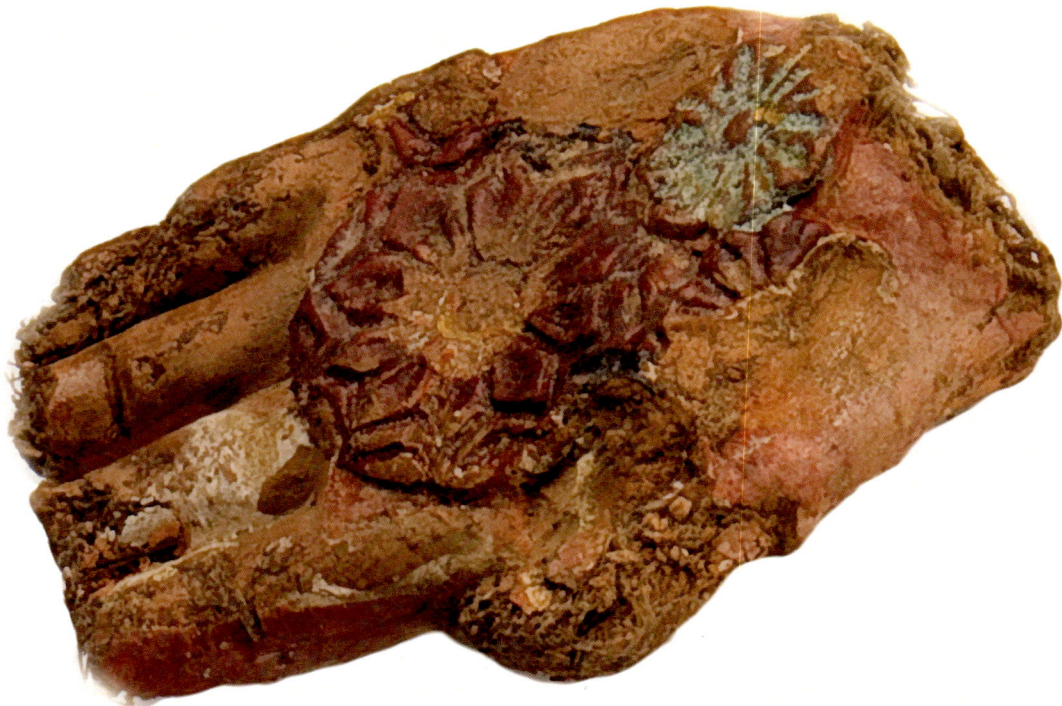

104. 左手

Left Hand

黃土，黏土，植物纖維，顏料；彩繪

長 7.5 釐米

龜茲 公元 6 世紀（？）

1931 年接收自人類學及人種學博物館；1909—1910 年 С·Ф·奧登堡的俄羅斯第一次新疆考察隊

資產清冊編號：КУ-11

左手手掌內塑造鮮花，殘存兩朵半。敷以紅色和淡綠色。

首次公佈

105. 左手

Left Hand

黃土，黏土，植物纖維，顏料；彩繪

長 4 釐米

龜茲 公元 6 世紀（？）

1931 年接收自人類學及人種學博物館；
1909—1910 年 C・Ф・奧登堡的俄羅斯第一次新疆
考察隊

資產清冊編號：КУ-51

握拳的左手。

首次公佈

106. 右手

Right Hand

黃土，黏土，植物纖維，顏料；
彩繪

長 9.5 釐米

龜茲 公元 6 世紀（？）

1931 年接收自人類學及人種學博
物館；考察隊不明

資產清冊編號：КУ-278

張開的右手，寫實感很強。

首次公佈

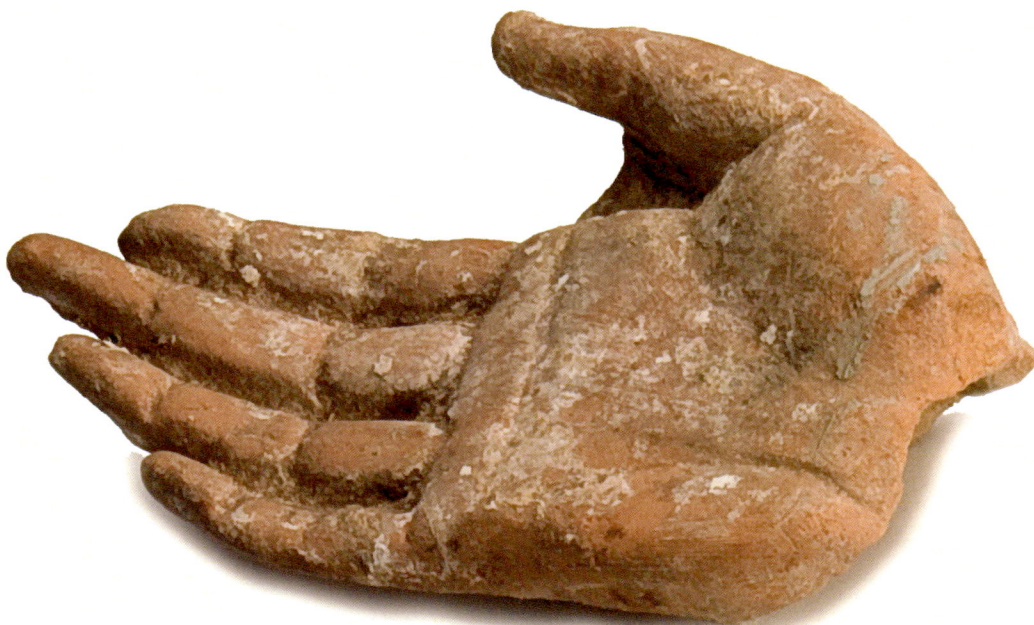

107. 左手

Left Hand

黃土，黏土，植物纖維，顏料；
彩繪

長 10 釐米

龜茲 公元 6 世紀（？）

1931 年接收自人類學及人種學博
物館；考察隊不明

資產清冊編號：КУ-282

手指細長，中指持有放在手掌上
的細帶。拇指和食指相拈。

首次公佈

108. 左手

Left Hand

黃土，黏土，植物纖維，顏料；彩繪

長 7 釐米

龜茲 公元 6 世紀（？）

1931 年接收自人類學及人種學博物館；考察隊不明

資產清冊編號：KY-280

右手，食指和拇指兜成弧形，原應有握持。手掌加工修飾得很仔細。

首次公佈

109. 左手

Left Hand

黃土，黏土，植物纖維，顏料；彩繪

長 6.5 釐米

龜茲 公元 6 世紀（？）

1931 年接收自人類學及人種學博物館；考察隊不明

資產清冊編號：KY-281

左手向下垂放。

首次公佈

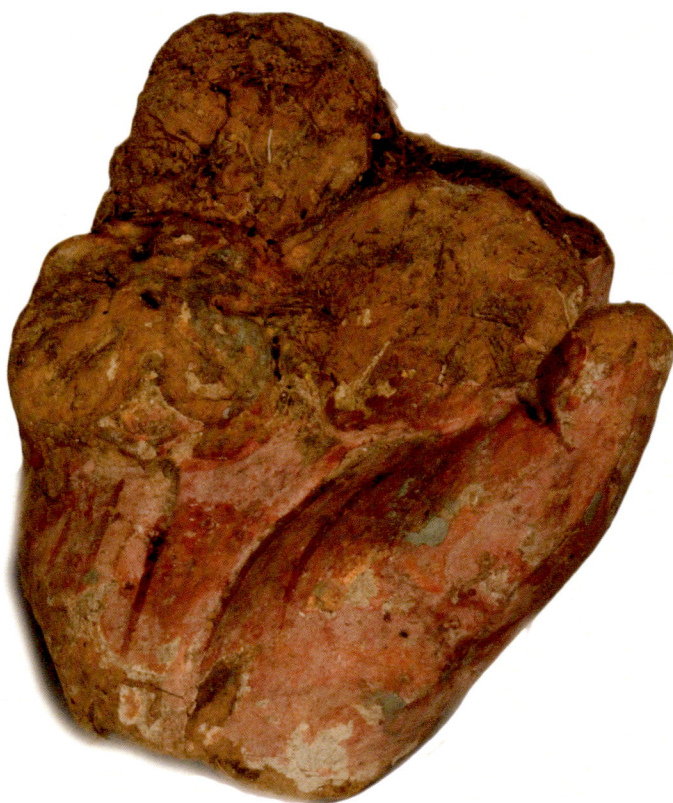

110. 右手

Right Hand

黃土，黏土，植物纖維，顏料；彩繪

長 8 釐米

龜茲 公元 6 世紀（？）

1931 年接收自人類學及人種學博物館；考察隊不明

資產清冊編號：KY-284

右手半握，似有所持。僅小指完整。

首次公佈

111. 合掌印的手

The Hand in Añjali Mudrā

黄土，黏土，植物纖維，顔料；彩繪

長 11 釐米

龜兹 公元 6 世紀（？）

1931 年接收自人類學及人種學博物館；1909—1910 年 C·
Φ·奥登堡的俄羅斯第一次新疆考察隊

資産清册編號：КУ-50

雙手合掌，十分端正。

首次公佈

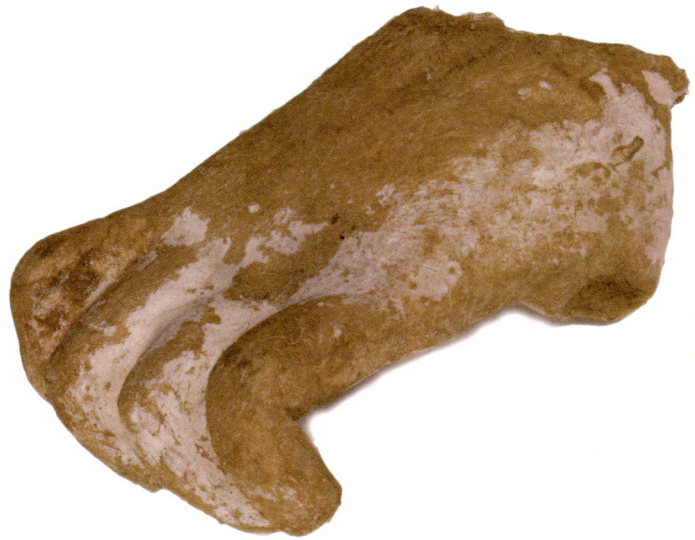

112. 右手

Right Hand

黄土，黏土，植物纖維，顔料；彩繪

長 11 釐米

龜兹 公元 6 世紀（？）

1931 年接收自人類學及人種學博物館；考察隊不明

資産清册編號：КУ-283

除拇指損毀外，其餘四指一起向内勾屈。

首次公佈

113. 右脚

Right Foot

黄土，黏土，植物纖維，顏料；彩繪

長 11 釐米

龜兹 公元 6 世紀（？）

1931 年接收自人類學及人種學博物館；考察隊不明

資産清册編號：KY-285

着凉鞋，凉鞋原先可能塗金，留下摳挖痕蹟。

首次公佈

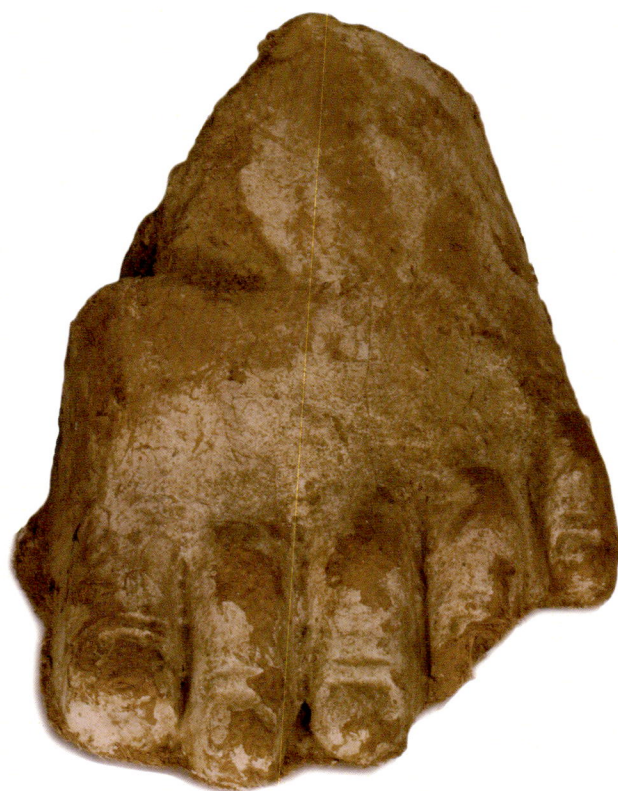

114. 左脚

Left Foot

黄土，黏土，植物纖維，顏料；彩繪

長 21 釐米

龜兹 公元 6 世紀（？）

1931 年接收自人類學及人種學博物館；1909—1910 年 C·

Ф·奧登堡的俄羅斯第一次新疆考察隊

資産清册編號：KY-5

塑造飽滿厚實。

首次公佈

115. 右脚

Right Foot

黄土，黏土，植物纖維，顏料；彩繪

長 9 釐米

龜兹 公元 6 世紀（？）

1931 年接收自人類學及人種學博物館；1909—1910 年 C·

Ф·奧登堡的俄羅斯第一次新疆考察隊

資産清册編號：KY-29

殘存脚趾和部分脚掌，脚趾抓地有力。

首次公佈

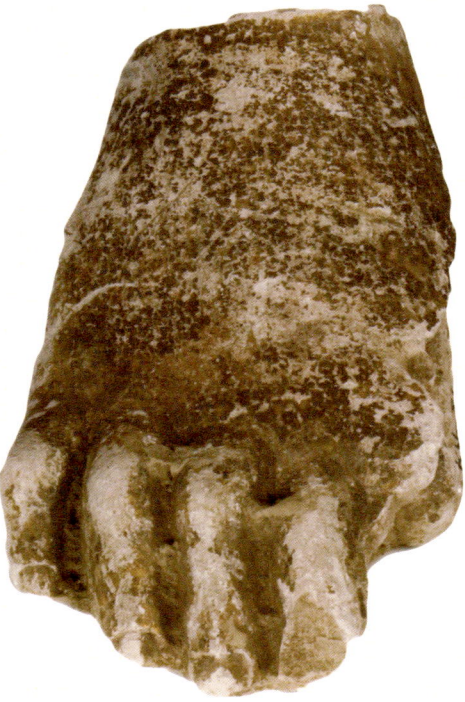

116. *右脚*

Left Foot

黃土，黏土，植物纖維，顏料；彩繪

長 17 釐米

龜茲 公元 6 世紀（？）

1931 年接收自人類學及人種學博物館；1909—1910 年 C・Φ・奧登堡的俄羅斯第一次新疆考察隊

資產清冊編號：KУ-31

殘留紅色，腳趾抓地有力。

首次公佈

117. *左脚*

Left Foot

黃土，黏土，植物纖維，顏料；彩繪

長 8 釐米

龜茲 公元 6 世紀（？）

1931 年接收自人類學及人種學博物館；1909—1910 年 C・Φ・奧登堡的俄羅斯第一次新疆考察隊

資產清冊編號：KУ-34

殘存三個腳趾和腳掌，敷白色。

首次公佈

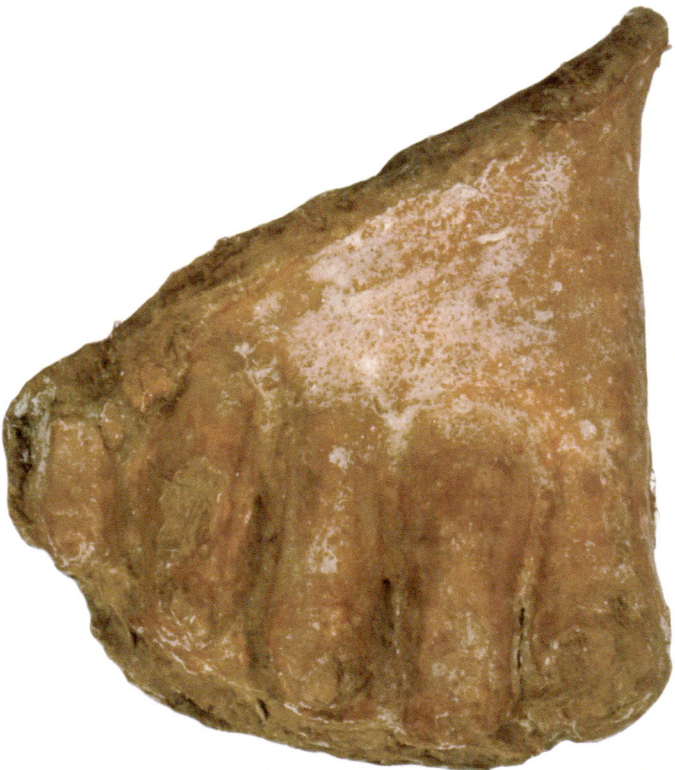

118. *右脚*

Left Foot

黃土，黏土，植物纖維，顏料；彩繪

長 11 釐米

龜茲 公元 6 世紀（？）

1931 年接收自人類學及人種學博物館；1909—1910 年 C・Φ・奧登堡的俄羅斯第一次新疆考察隊

資產清冊編號：KУ-36

殘存腳趾和腳掌前半部。

首次公佈

119. *右脚*

Left Foot

黃土，黏土，植物纖維，顏料；彩繪

長 15 釐米

龜茲 公元 6 世紀（？）

1931 年接收自人類學及人種學博物館；
1909—1910 年 C・Ф・奧登堡的俄羅斯第一次新疆考察隊

資產清冊編號：КУ-38

厚實而富肉感。

首次公佈

120. *左脚*

Left Foot

黃土，黏土，植物纖維，顏料；彩繪

長 6.8 釐米

龜茲 公元 6 世紀（？）

1931 年接收自人類學及人種學博物館；
1909—1910 年 C・Ф・奧登堡的俄羅斯第一次新疆考察隊

資產清冊編號：КУ-58

略有變形的脚，殘留紅色、綠色顏料。

首次公佈

克孜爾尕哈漢代烽燧

克孜爾朶哈石窟